看日出——
吴冠中老师66封信中的世界

邹德侬 编著

中国建筑工业出版社

图书在版编目(CIP)数据

看日出——吴冠中老师66封信中的世界/邹德侬编著.
北京：中国建筑工业出版社，2011.6
ISBN 978-7-112-13020-7

Ⅰ.①看… Ⅱ.①邹… Ⅲ.①吴冠中（1919~2010）
－书信集 Ⅳ.①K825.72

中国版本图书馆CIP数据核字（2011）第043464号

责任编辑：王莉慧　刘　静
装帧设计：付金红
责任校对：张艳侠　王雪竹

看日出——吴冠中老师66封信中的世界
邹德侬　编著
*
中国建筑工业出版社出版、发行（北京西郊百万庄）
各地新华书店、建筑书店经销
北京方舟正佳图文设计有限公司制版
北京方嘉彩色印刷有限责任公司印刷
*
开本：787×960毫米　1/16　印张：29¼　字数：580千字
2011年8月第一版　2011年8月第一次印刷
定价：88.00元
ISBN 978-7-112-13020-7
　　（20426）

版权所有　翻印必究
如有印装质量问题，可寄本社退换
（邮政编码 100037）

前言

1976年春，我赴北京前海北沿看望吴冠中老师，拜读他的近作，见到一幅水墨小品，名为《忆付家台枣树》。我正在读完画面周圈密密麻麻题字的激动中，吴师说，"送你吧"。我怀着欣喜与感激，连向吴师鞠躬致谢。

画面中间略偏左，满铺两颗枣树，树干、枝桠曲曲折折，红枣、绿叶麻麻点点。题字从左向右，自右往下，再由下而左，围着枣树几乎布满一圈，形成衬托枣树的一个灰面，好一幅彩点、墨线与灰面的小小交响诗。画上写的是：

"三月，所有的树木都已抽芽发叶，只枣树光秃着乌黑僵硬的干枝，死一般的沉寂，全不羡慕春色。

小院角落，平野荒漠，深山空谷，只要能伸下一脚，便足立命安家。

虽然瘦，顶风不低头。曲曲折折，遍体枝节，针刺密，并非就是荆棘，秋来挂满果实。

枣实甜蜜，红不似血，红得沉着朴实，是独特的红色，枣红色。"

这是吴冠中老师所独有的，与他的绘画同样具形式感的深邃文字，非诗，非词，也不像杂文，却有着与诗词及杂文一样的韵律和灵魂。这，是他在"文革"漫漫黑夜里的自叹，是他文字版的"自画像"，更

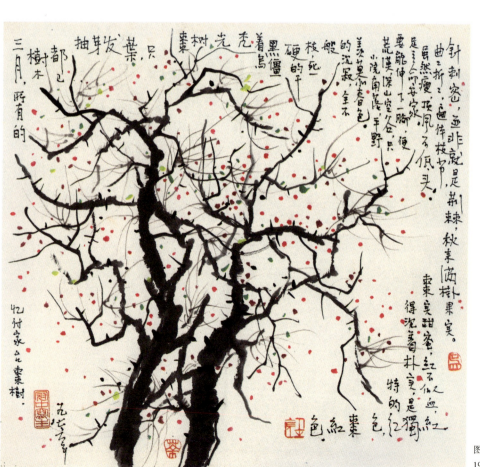

图1 吴冠中，墨彩，1976，忆付家台枣树

是吴冠中艺术在困苦的环境中，顽强拼搏并终将崛起的预言式写照。今天，我们都在享用着吴冠中艺术红得沉着朴实的甜蜜枣实。

1975年5月27日，吴冠中老师到青岛四方机车车辆厂的第二天，我和俞寿宾、张效孟三个业余画友开始了与吴师的一段亲密接触。在日夜相随的一个月崂山和市区写生中，详读了他艺术创作过程的细枝末节，聆听了他艺术人生的苦恋求索，领受了他作为教师的伟大人格魅力。这段经历成为我人生的转折点，特别是此后到1987年末的12年间，吴师给我等回的66封信，不但饱含他对我，一个建筑艺徒关爱、教育和扶持的心血，更重要的是，它们注解了吴冠中艺术迎着一切险阻去创造，赋予中国艺术以国际视野和现代精神的艺术进程。我庆幸，当年自作主张违背"信勿保留"的师命，小心珍藏了这些文献。

1980年代初，吴冠中艺术已坚定地跨越过"油画民族化"路标，开始了充满艰险的"中年变法"历程，他以"油彩墨彩转轮来"所激发的全新创造力，成功地画出了一批融中西艺术于一炉且具强烈现代性的全新中国绘画作品，并受到了广泛的欢迎。他那以《望尽天涯路》为代表的传奇艺术生涯，以《风筝不断线》为代表的艺术理论，以及包含在1987年出版的《吴冠中文集》[1]中的艺术思想，当然还有同时期举办的那些画展和出版的种种画册，都是吴冠中艺术冲破黎明前黑暗时刻的光

---

[1] 吴冠中.吴冠中文集.成都：四川美术出版社，1989.

芒。而在这66封个人信件里,吴冠中表达思想更为自由、直白。他对后生的满腔热忱,他对自己坦白而真诚的剖析,他针对社会艺术愚昧所作的精准而犀利的批判,以及他那隽永而优美的文字……无不鲜明地道出他压在心底的艺术诉求,生动地反映出他在新征程中的喜怒哀乐。每当翻动这些书信原件,那纸张、那字迹,真实而生动地诉说着那年月、那事情,字字让人怦然心动,信中字句的文学品性,散发着阵阵醇香……我愿与更多朋友分享阅读中的百味,共睹吴冠中艺术的凌晨及日出时光。

  这些信写在35年前,事情的确离我们很远了,但内中的道理却离我们很近,它对当今艺术社会和艺术人生的警示作用,依然鲜明。

  进入新的世纪以来,中国的艺术市场业已形成,社会对艺术之宽容度,已经和现代艺术的故乡相差无几,可以说,进入了一个什么都可以成为艺术品,谁人都可以成为艺术家的自由境界。然而,就在这创作环境最开放、学术研究最自由的时日,我们的艺术创造力,包括建筑艺术的创造力在内,似乎并无相应幅度的提升,甚至有些下降。许多艺术家或建筑师,在艺术难关面前,绕开艺术门类的本体,企图走一条易操作或模仿之路,辜负了这个宽松时代赋予的创造环境。

  吴冠中艺术艰辛而独特的进程,清楚地验证了作为艺术家的必备性格——要创造,现代性的创造,中国文人的创造。这个进程也指出,创造没有近路，甚至没有路。吴冠中当年面前也没有路，他像鲁迅在《两地书》里所说的那样，顾不了那么多的危险，"选一条似乎可走的路"，"跨进去，在荆丛里姑且走走"[2]。吴冠中艺术在"只能伸下一只脚"的地方起步，勇往直前，"顶风不低头"。也许，真正的大师，文学的、艺术的、科学的，都需要历练苦难，生活的，思想的，当然更有专业的。吴先生在这些信中表达出的那些创造中的痛苦、快乐甚至"狂妄"，值得今天的从艺者认真体味、践行。

我和俞寿宾、张效孟是对吴冠中艺术生活片段的近距离观察者，尽管视野不宽，时间不长，但所见真切，感触良深。当时，我们不过是三个普通的业余绘画青年，如今，也只是再普通不过热爱美术的"70后"老汉。我们没有画出令人瞩目的"名作"，也没有做出动人心魄的"大事"，然而，我们为自己的职业生涯能融入吴冠中艺术及其思想而骄傲。他的思想不但指导了我们工作中与美术有关的领域，同时在艺术视野、思想方法乃至做人处事方面，吴冠中艺术及思想对我们的影响也是关键性的、持久性的。"崂山闻道"之后，我确立了探求现代艺术和现代建筑的人生目标；返回天津大学建筑系任教以后，努力读书、译书，西方现代艺术的，西方现代建筑的，以至后来偶然落脚于中国现代建筑的研究，都与吴冠中艺术思想和吴冠中老师的直接扶持有关。

2 参见：《鲁迅全集》第十一卷.15页.北京：人民文学出版社，1981.

师恩如泉,我辈无以报答。

面对这些信件,我想起第一次见吴先生时,看到他带来的几幅画,其中两幅至今不忘。一幅是油彩《野菊花》,那野菊,繁盛、强壮,表现出在山岩杂草中冲破一切困难向阳怒放的生命力。野,胜过家,家菊已听人管束,往往故作姿态。而野菊,按照自己的意志生长壮大,尽管生存条件困难,仍然长得茁壮而且快乐。另一幅小型水墨是《黄山日出》[3],那是我见到吴师的第一幅"中国画",群松向左右甩开臂膀,层云上下交错漂浮,云顶闪出半个红日,这也是我第一次见吴师的画中出现太阳。这两幅作品,一幅油彩,一幅墨彩;野菊在地,红日在天。它们似乎是一个明白的预兆,吴冠中艺术必然在横跨油彩和水墨两块田园的轮作中,在祖国的原野上,冉冉升起一轮艺术红太阳。

3 初见此画不知画名,但因那个红太阳印象深刻,故认为应该叫《黄山日出》,后来见出版物命名此画为《黄山云海》。

邹德侬,于天津大学"有无书斋"
2010.12.11

目录

前言

- 001 一 崂山闻道
- 047 二 师恩如泉
- 379 三 同学同耕

- 395 附录
- 396 附录1 在绘画实践中学习"洋为中用,古为今用"的体会·吴冠中
- 410 附录2 有感于本书的译出·吴冠中
- 413 附录3 我的美术缘·俞寿宾
- 417 附录4 为现代性而战斗:吴冠中艺术的第一品格·邹德侬
- 421 图版资料
- 453 参考文献

- 455 后记

一　崂山闻道

01 补修

北京方庄吴冠中老师家中的茶几上，有块拳头状的石头，那是他1975年去崂山写生时带回的，上刻"误入崂山"四个大字；边款曰"乙卯夏于崂山写生得此留念宜兴吴冠中"；落款"进家镌"[4]。

吴师得石不久，曾兴奋地对我说，要在那块石头上刻"误入崂山"四个字，我顿时想到，这个"误"字，用得实在绝妙！虽然他带领的写生队伍在刚刚进驻营地的中午，就发生了闯山、迷路、夜幕"逃命"的惊险，确实算得上"误入"。但在写生期间，他却一直在赞叹崂山的石、松、村落及山海之壮美，并为画出一批他自己满意的佳作而欣喜，甚至后来他登泰山时，还在与崂山相比，夸赞"崂山之朴"。明明崂山是"意想不到"的好，这里却用了一个"误"字，也只有吴先生，才能派遣出如此奇妙而幽默的文字。

对我而言，当时作为一个在"绘画"和"建筑"边缘已经游荡了13年的"美工"，一个在文革的喧嚣和彷徨中苦苦思索出路的青年，有幸追随吴师崂山写生的过程，不单单是一次深度的绘画技艺的"再教育"，更是在他的关怀下，探索现代艺术和现代建筑方向的历练开端。

1975年，我所在的铁道部四方机车车辆厂工厂，为支援坦桑尼亚和赞比亚铁路而设计制造的客车，已经接近尾声，其中有两辆公务车，要以政府的

[4] 王进家，毕业于中央工艺美院，当时在青岛工作。

图2 王进家,石刻,误入崂山

名义,赠送给两国总统专用。车厢里,要分别安装一幅绘画作品,规定的题目是:坦桑尼亚的乞力马扎罗雪山和赞比亚的维多利亚大瀑布。

我的同事,1964年毕业于中央工艺美院的朱君,专程到母校请来了刚从"牛棚"返京不久的吴冠中老师,来完成此项任务。由于当时不可能去国外写生搜集素材,厂领导决定就近去崂山。他们说得好,那里既有山,又有瀑布……其实,崂山有山无雪,所谓瀑布,也不过是雨季才有的道道细流,根本解决不了创作非洲景色所需的素材。但是,有了这个冠冕堂皇的理由,我们倒是可以痛痛快快地去画画了,那是大家心照不宣的美差。岂不知,吴先生一接受此任务后,早已在家画好了《雪山》和《瀑布》两幅画稿,不用出门写什么生,就满可以交差了。

吴师的到来,乐坏了我们几个爱好绘画的大青年。我之渴望见到他,因为我知道他曾在清华大学教过建筑系的水彩画,有点儿天然的亲近。我读过他介绍自己画水彩"四个阶段"的文章,看过他淋漓酣畅的《江南水乡》等水彩作品,我还听说他深入研究人们很少涉足的一块禁地——"形式美",而且被扣过"形式主义的堡垒"的头衔,因而渴望向他讨教关于水彩画和建筑"形式美"问题,那是我在建筑系读书时,落下的"形式美"情结。所以,一听说吴冠中来了,第二天我就迫不及待地带上自己的一包水彩画,与我的同事兼画友俞寿宾、张效孟，到工厂招待所拜访他。

面前的吴冠中先生，身体清瘦，乡音浓重，一团精神。我们各作了自我介绍之后，我问他："吴先生的笔名'荼'有什么特殊含义吗？"吴先生笑着大声说："荼——大毒草！"大家在笑声中，消除了初次见面的一切拘谨。

他出示了《雪山》和《瀑布》两张油彩画稿，说："这是为应付任务，在家里参考图片画的"，接着讲："这不算创作，我最反对画照片，没有灵气。"画稿幅面不大，画在自制的白面胶合板上，我们看见画面，眼前一亮：银灰色调，清新大气，落水、树木笔触飞扬，我们那长期被屏蔽的眼睛，已经多年没得到如此的视觉享受了。

接着，我们急切地向他讨教。我先谈了对水彩技法的几个疑点，比如，水彩画到底可不可以加水粉？能不能用黑之类，因为在上学的时候，老师是不许的，近来却有些迟疑。他说："你们画水彩当然可以结合水粉，有时一片水，水上有几只小白鸭等东西，也要空出来，这太难了。如果用大片颜色涂好水面，再加上粉子，也不讨厌，反而增强了水彩的表现力。"我说："我的老师杨化光[5]先生说过，不好用水粉，画面会不透明；也不可用黑，发乌，没有色彩感"。吴先生说："杨化光老先生很仔细，她可能怕画面弄脏，实际上用白用黑都不要紧。"他进一步解释说："黑，我是一定要用的，在绘画的调色板上，我总把黑放到最重要的地位。黑色很丰富，中国画用黑达到很好的效果，黑色加进去，画面就有力，有精神。所谓不用黑，那是印象派的主张，他们有时为了取得阳光下丰富的色彩效果，是不用黑的，效果是不错。但黑还是要用，画面精神，有中国东西。"

吴先生快速翻看了我的百余幅水彩，取出其中两张说："这两张不错，看得出来，你画得很辛苦。"他说："从水彩技法上看，水分的连接，时间的掌握都合格。"他一转话锋说："建筑系的学生总是追求技法，虽然技法基本掌握了，可是，画面并不耐看，没有感染力。""你要问问自己，艺术在哪里？画画到底追求什么？不是技法，是艺术，技法为

5　杨化光先生，美术教育家，油画和水彩的写实主义大师，她是与徐悲鸿同期留法的画家。

艺术服务。"

老实说，我带去那么多画，本想也听他几句夸赞，参加工作后，直率的批评已经很难听见，听来也很不习惯了。但是，当他发问画画"到底追求什么"的时候，完全驱散了我遭受批评的失落，使我心头震撼，有一种被批评得心服口服的快感。他以尖锐的教师眼光，看穿了我绘画的局限。这么多年，我一直在努力画画，尽管对"构图"问题从不忽视，但确实也从未认真想过，我画画对艺术有何追求。吴先生的批评，帮我颠覆了自己熟悉的路子：用自己熟悉的技法，去画自己熟悉的景物，好像每次都成功，但每次却都在原地打转。

我还一并检讨了，作为建筑系学生在绘画方面的先天不足，如题材比较"窄"，形象比较"板"，多限于静的建筑，缺乏对人物或动态事物的描写能力等等。我虽然心情有点儿沉重，但马上就快乐起来，我相信，跟随吴老师去写生，一定能学到些在绘画里追求艺术的能力。

见到吴先生的第二天（5月28日）早8点，待厂领导开会审查完《雪山》和《瀑布》，我们就急急忙忙骑上自行车往市里跑，他坐我车子的后座上。我们登上观象山，观察之后，又下山去了中山公园。在那里，他用油彩画了

图3 吴冠中，素描，1975，青岛雪松

我们往常熟视无睹的三棵雪松,他说:"这是三个性格坚强的人物!"追随老师学画的一个月,就此"开学"了。几个小时后,他对着画完的画摇摇头说:"不行,不行,没画好,就算了吧。"在回程路上,他还在说那三棵雪松,"要想画得结构有力,小笔的树枝就像钢筋,大块的枝干就像水泥,钢筋水泥打在一起才有力量。这样的画法,大笔才不失之空洞,小笔才不显琐碎。"

从崂山回来之后,吴先生又找到了那三棵雪松,在整幅宣纸上,花半天的时间,用钢笔画了一幅大素描,像是对上次"失败"的"复仇"。我被那过程看呆了!偌大的画幅,铺在一块小画板上,他把大出画板以外的宣纸,包在画板后面,板上只见画面局部,胸中却把握着构图整体。他只用钢笔,只用点、线,绣花似地把形象刺满宣纸。那天风有点儿大,移纸时,刮得宣纸哗啦啦乱颤。待素描完成,他唰地一下展开整幅,画面结构完整,雪松搭肩勾背,昂然挺立,坚强自若。他和我们都很激动,我第一次看见用一支钢笔完成一整张宣纸的素描。我说:"今天吴先生用一支手枪消灭了一个团!"他说,"对,对,钢笔是手枪,轻武器,油画就是重机枪。"

第三天,我们又骑车上路,途中,吴师突然叫停,跳下自行车后座,向马路对面一片灰蒙蒙的小树林走去。我们不知所以,有同伴说:"吴先生是不是要找个地方小便?"当他回身要支画箱画画时,我们才恍然大悟,原来他看中了那片我们怎么想也想不到还能入画的"苗圃";那成千上万的细树苗,可怎么下手啊?只见吴师一上来就用一把大刷子铺出底色,然后,并不在意那些枝枝条条,而是整体画出群苗,待工作过半,收拾画面时,才具体勾出近处的形象,一下子,千树万树就生动地显现在我们面前;那衬托树苗的山,则是从别处"搬"来的。看得出,吴先生对这画比较满意。

吴先生很喜欢苗圃这个题材,1976年在龙须岛写生,仅隔几日,就画了两幅,一是《苗圃》(苗圃白鸡),一是《小院春暖》,同一题材不同气氛。对此,他在文章里作过描写。我找不到青岛的原画,这里出示龙须岛的

图4 吴冠中,油彩,1976,苗圃

图5 吴冠中,油彩,1976,小院春暖

两幅，在日后的信件里，说过画这两幅画的前前后后。

不知什么时候，他在工厂招待所六楼屋顶上，又画了一幅四方工厂的鸟瞰，那是一整张宣纸的钢笔淡彩。他说："这里用的是减法，因为东西多，色彩乱，形象得经过大量删减，颜色只用海的蓝和车厢的绿。"确实，这又是一幅复杂得无从下手的景物。用"减法"，让画面既简朴统一，又让人感受到工厂的繁忙。

赴崂山之前仅仅4天的时间里，除了陪吴师一块骑自行车在市里紧张作画之外，他还常常以现场的写生为话题，对我们谈了他独到的艺术思想和方法，我们像一个个贪婪的食客，不想漏掉他讲的每一句话，每一个字。他的话，总是那样朴实而尖锐，入耳即达心底。这些教诲，不但是崂山写生的"战前务虚"或"动员"，而且也成为我们终身受用、取之不尽的艺术思想和方法的资源。

他说："写生不是'到此一游'的游记，而是要去发现美，要把美抓出来，放大，重新安排，让没有发现美的人感受到美，这就是创作。写生就是创作！""为了完成创作的意图，可以让景物搬家，也可以把一些东西去掉，把眼前看到的，按自己的意思进行组合。"这些话对于我，不只是一种新奇，更是一种冲击和思想解放，并使我认识到，艺术的追求，竟有如此的自由，自己还是有路可走。

学建筑的，一般都习惯于画得"真实"，忠实于比例、尺度，不越雷池。想来也是，在写生现场，自然景物不会事先组成合乎艺术要求的构图，至多给画家以某种提示，主要还得依靠个人的艺术安排，这就是美的创造。严格意义上的"真实"，从画家下笔的那一刻，就不存在了。在印象主义的早期，画家们就已经证明，他们画同一个景物，画面却大相径庭：同画一片树林，一人蓝调，一人红调，二者感受不同，只能是，画家各有各的"真实"。我们怎么就不能去追求自己的、艺术的"真实"呢？

写生既然是新的创造，就难免失败。我曾脱口问吴先生，作画的"成功率"有多少？此言一出，马上自觉荒唐。他呻吟良久说："大约也就10

图6 吴冠中,宣纸钢笔淡彩,1975,海滨车辆厂

或者20分之一吧。"他说："失败当然比成功多得多，不过，我是'宁可玉碎'。和你们在一起画画我也怕，因为我总是在搞可能失败的东西，我已经掌握的东西，就不愿再重复，重复不会有什么新的提高。要搞自己没有把握的东西，就可能要失败；我宁可失败，也决不愿停留在原来的水平上。"

吴先生反复对我们讲关于艺术的灵魂——美。他说："画家的本领在于，他有一双能发现美的特殊眼睛，而普通人却视而不见。画家不但能发现美，而且能够把本来并不明显的美，抓出来，放大，端给人们看，让大家都享受到这种美。"他特别用手势强调"抓出来"和"放大"的分量。

他多次告诉我们，要"美"，不要"漂亮"，"美是本质的，漂亮是表面的；美是永恒的，漂亮是暂时的。如果有人夸我的画'漂亮'，我就很不开心！老乡说我的画'很美'，我就十分高兴"。他进一步解释说："漂亮并不等于美，好料子，宝石、玳瑁这都是漂亮的东西，但不一定就美。应该抓住美的本质，这时候，石头和泥巴都可以是美的。"记得他多年后在一篇文章里说，在某寺里看到一尊木雕佛像，体态非常优美，走近一看，这木头已遭虫蛀，遍布密密麻麻的虫眼，看了都会让人身发麻。但这并无损于木雕的优美，美竟可以存在于被蛀虫侵蚀的枯木之中。这是吴冠中的重要美学思想之一，在以后的日子里，他从不同角度深化这一思想。

直至晚年，他还在为中国的"美盲"多于文盲而痛心疾首。

针对这次写生，吴师还讲了一些外出画画的甘苦。他说："很多人觉得画画是游山玩水，其实很艰苦，所遇到的困难可多啦。日晒、雨淋、蚊子叮，有时画到要紧的地方，有蚊子来咬，只能把腿抖两下，继续画。""我养成了习惯，画画时可以不吃饭、不喝水、不撒尿。""关广志老先生画画可刻苦啦，他背着沉重的东西独自走遍全国各地，差不多所有的大型古庙都有他的足迹。饿了吃干馒头，夜晚独自睡在庙里。他有一个小蚊帐，晚上睡觉时将口扎紧，蚊子、臭虫、跳蚤一律进不来。他像一个地质队员背着许多东西，还有一把刀，准备与狼搏斗。"

对写生的苦乐，我们几个画友，也有一点点体会。骑着自行车，看好了哪里，坐下来便画。一张水彩，最多不过两三个小时，画好了高兴，画砸了心里也是苦恼，但整个过程基本上是快乐的，并没受过皮肉之苦。听老一辈画家写生所经受的磨难，不由得对他们心生敬畏。

当年我们这些热爱绘画的大青年，从见到吴先生那天起，都自然地把他当作自己的老师，就像在学校里那样。我们称他"吴先生"，我写信尊称他"吴师"，大家从来没有半点儿"攀龙附凤"的意思。对我而言，吴师的到来，是上天赐我的一个修补碎梦的机会。大学毕业前夕，班级进行了一个报考硕士研究生的程序，我被排除在可以报考的名单之外，连报名也没资格，这真是撼动我灵魂的一个打击。这次随吴师进山，就像是圆了我梦中研究生的课业补修，尽管没有名份、没有学分、没有学位、没有文凭，甚至没有具体成果，然而，这一经历，已成为我后半生学习、研究和教学生涯的不竭能源。

02 之间

"误入崂山"的第一天,有一些情景和对话,既有趣又隽永,时常萦绕心间。

5月31日,吴师、寿宾、效孟、朱君、李君和我一行6人,挤在厂里派的一辆吉普车内,出发了。几天来,他始终有疑虑,崂山是否有东西可画?我也担心,会不会因期望过高而虚此一行。

在颠簸的路上,吴先生不断望着吉普车窗外的景色,在转过一个山坳时,他突然喊道:"我闻见老虎味儿啦!"我们应声惊讶地望出去,原来眼前山坡的梯田上,麦子熟了,一道道金色麦秸与一道道褐色田埂,黄、褐相间排列,确实有些"虎皮"的味道。我不由得想起前几天他曾说,艺术家必须有一双能发现"美"的眼睛,心中不禁为他精彩的比喻而感慨。

吉普车驶近劈石口,水箱里的水开了锅,大家就下车休息。吴先生对着山景赞叹道:"好哇!有气派!山已完全满意,就看海了。"车开到返岭村,我们在选定的驻军营房落了脚。在安排好吃住后,吴先生满意地说:"这次画它一个月,也没有问题啦!"

午饭后,听驻军的连指导员说,"此处至北九水如果徒步翻山,大约只需2小时",这话立即扯动了我们想与大山亲密接触的神经。当时正是中午时分,大家算来,如果返厂的车把我们带到北九水,我们再用2个小时徒步

图7 崂山北九水"误入"深山的路口

翻山，返回营房吃晚饭应该很有把握。我们只顾为进山而兴奋了，也没有理会指导员还说过，"这段山路很难走，山中有狼，前些年还发现过特务在山里发信号弹"。大家迫不及待，登上返厂的吉普车扬长而去。后来吴先生在他的文章中，多次提及崂山历险差点丧命的故事，就此开始了。

我们在这段渺无人烟的大山中迷路，辗转了8个多小时的经历，确有许多事情威胁到我们的性命。例如，在沿陡峭的山沟，踏着滚圆、带青苔的石头爬行时，一失足就会滚入沟底；在没膝的草丛中攀爬时，我们的确听到了蛇在草中游的唰唰声；如果那天大家真的夜宿山间，遭遇狼群也是很平常的事儿。

但大家艰难攀登的一路，始终有爽朗的说笑声，伴随着不断的大口喘息。我们担心年近60的吴先生累坏了，吴先生说："不累，我现在的感觉，像我20岁的时候一样。"夜幕渐渐降下，黑到伸手不见五指，在仍然找不到出路的恐惧中，大家还是相互鼓劲儿，加快脚步，而且还半真半假地相继呼喊着："快呀，逃命要紧！"就是在这样的险峻氛围里，吴师一边喘着粗气，一边讲他和同学泛舟在塞纳河上写生，不料翻船落水，几乎葬身鱼腹的历险传奇。他笑着加了一句"当年大难不死，今天也不会有事儿"，给大家壮胆。

第二件有趣的事儿，发生在我们脱险后，借宿旅店拥挤的房间里。我们6人勉强在这间小屋里躺下之后，某君无意中把登山后的汗臭脚丫，伸向了吴先生的鼻尖。我提醒他把脚收回，吴先生说："不用，不用！我的鼻子闻不见臭味。"我想，吴先生也太能迁就人了，连这事儿还能忍耐。谁知道，他竟然真的没有嗅觉，并随之讲出，他当年错把"雪花膏"当成同学自制的白色油彩，独自在房间内作画，挥洒得芳香满屋，而自己却浑然不觉的一个段子。熄灯前的这个"余兴"节目，笑得我们久久不能入睡。

　　第二天一大早，大队书记在家里做饭招待我们，炕上、炕前坐满一屋，炕桌上竟然出现了久违的红加吉鱼。我们胶东人认为，海鱼以加吉鱼最美，各色加吉以红色最佳。我们和大队书记素不相识，以后也很难再度相逢，我们老少6个"落难人"中，连一个当过小组长的芝麻官儿也找不出来，而大队书记昨晚先让民兵队长安排我们住宿，今晨又"高规格"款待我们，还安排我们搭拖拉机赶回驻地，也许就是因为当中有这位北京来的"教图画的先生"吧。这样真诚、朴实、重教、好客的胶东山区民风，今天恐怕难找了。

　　部队的营房十分简陋，我和吴先生同住一间，屋里空空的，只有一张光板儿单人床、一只昏暗的电灯泡和一堆柴草；其余的人住另一间，屋内只有一大堆柴草。没有被子，从驻军连部借了几件军用棉大衣，我们把带来的自制油画板铺在地上，再加上大衣，连铺带盖就都有了。我们与战士一起搭伙食，虽没有特殊照顾，但不限量，部队的饭菜吃得香甜。大家白天出去画画，晚上聚在吴师身旁，斜靠在柴草堆上，听他讲学艺之路，讲"美"术之道，骂江青之罪……寂静山沟里的那些夜晚，我们听得如醉如痴，饱尝喜怒哀乐，那才是真正的互动教学。

　　在"文革"似乎永远也不会结束的漫漫长夜，在这个独特的课堂上，我也开始认识作为教师的吴冠中，作为艺术家的吴冠中，作为多难中国知识分子的吴冠中，并且开始注意观察正在登上快车道的吴冠中艺术。

　　在中国的艺术界、建筑界，已经把"东方与西方之间的结合"，当作褒扬艺术成就的万能"光荣花"，在我当学生的时候，就熟知赠给艺术家或建筑师及其作品的这个亮丽标志。其实，"东方"与"西方"这类概念过于宽泛，比如，经常说的"东方"，有东亚，还包括印度，甚至地处非

图8 李帆，素描，潘天寿头像，引自《潘天寿》[7] 封面

[6] 潘天寿（1897~1971），国画家，毕生从事艺术教育。曾任国立艺专校长，浙江美术学院院长。

[7] 卢炘.中国名画家全集·潘天寿.石家庄：河北教育出版社，2000.

洲的埃及也算。所以，用这一概念来谈论艺术，很难让人们得到具体而鲜活的认识。因而简单地用"东方"和"西方"之间的结合来形容吴冠中艺术的特征，虽然正确，但不清晰。

回想我在接触吴冠中及其艺术作品的第一个月里，就有许多感性的因素，提示我思考他这个人和他的艺术之中存在着许多个"之间"问题，比如"国画"和"油画"之间，中国艺术和以法国为代表的西方艺术之间，文学和绘画之间，艺术实践和艺术理论之间等，而这一切又总是关联到传统与现代之间。随着时间的推移，他在这些"之间"里的寻觅、取舍、酿造等劳作，日益凸显出与吴冠中艺术创新的直接因果。

至30余年后的今天，仅吴先生自己写的相关文字，就足以让人们清楚而正确地了解吴冠中艺术背后的这一复杂而系统的支持体系。当年我亲耳听到和亲眼看到的那些提示性的感性因素，让我领受着无尽的兴味，终身不忘。

吴先生早期弃工学画，在学画中又从国画系转油画系的过程，先兆式地预示了他中年之后游走于水墨与油彩之间的那条路。

吴先生说，他很喜欢他的老师潘天寿[6]先生。在生活中潘先生是位极和善、极随和的长者，但他的画作却很不随和而极具个性，你根本想象不出，那些作品会是出自这样一位老先生之手。他还说，如果有潘天寿和齐白石的画，让他只能选一张，他会选潘天寿的作品，因为其作品有国际眼光。我也十分喜欢潘天寿的画，毕业后还特意到北京美术馆参观过潘天寿画展，写过体会笔记。潘先生的作品构图险峻，形式强烈，有时带有一些抽象元素。所谓国际眼光，我想，可能就是在国画的范畴内发现和处理抽象元

图9 潘天寿,水墨,1960(约),荔枝
图10 潘天寿,1959,墨梅
图11 潘天寿,水墨,1962,雁荡花石图

素的眼光吧，从而体现出一些现代艺术的精神，潘先生能当选苏联艺术科学院名誉院士，有道理。

吴先生留学法国，注定了他要走一条使中国艺术和以法国艺术为代表的"西方"艺术体系结合起来的路。他说，留法的学生带回来的东西很不相同，一种是古典主义的"写实"，一种是现代艺术的新观念，如变形或抽象等等。这些到了中国，也就有了两类"中西之间结合"，一类是中国画结合西画的"写实"，拓展中国画的表现力，如徐悲鸿；一类是中国画结合现代艺术的变形、抽象等全新艺术观念，如林风眠。徐悲鸿的写实，与延安的革命艺术，同来自苏联的所谓社会主义现实主义汇合，形成由官方所支持并排斥其他艺术方向，特别是强力排斥西方现代艺术种种方向的主流艺术。而官方所倡导的"油画民族化"，是执行这条路线的主体思想。

艺术口号"油画民族化"与建筑界所执行的"社会主义内容，民族形式"的口号极为相似，都是官方倡导的"中西结合"之思路。口号声势虽大，但却难得要领，久而不知所终，留下的依然是最原始的那个命题：什么是"中"，什么是"西"，"中"和"西"怎么结合。吴先生赞成林风眠与西方现代绘画元素相结合的路子，他同情林先生的不幸境遇，对那些慢待林先生的美术权贵，耿耿于怀。

吴先生旗帜鲜明地主张，绘画要结合西方现代艺术形式美原理，他说，"现代艺术的形式美是科学"，许多西方现代艺术家在研究这种形式科学[8]。利用形式要素——点、线、面、体、量以及色彩等等抽象形式元素，去创造"抽象美"，这就是现代的"形式美"。他指出，"印象主义还不是现代艺术"，真正意义上的现代艺术是印象主义之后的事儿[9]。在分析现代形式美要素时，他提过许多西方现代画家的名字，我大都没听说过，我只知道蒙德里安、毕加索、马蒂斯寥寥几人，倍感惭愧。

"现代艺术的形式美是科学"，"印象主义还不是现代艺术"，在那个因封闭而愚昧的理论环境里，在那个"以阶级斗争为纲"的理论语境中，是多么锐利的理论眼光，这不但需要学术支撑，更加需要的是政治勇气。而现代艺术的形式美科学，要与传统久远的中国画相遇、相结合，无疑是一个时

---

[8] 1919年创建于德国德绍的包豪斯学校，就有许多身为大画家的教师从事艺术形式的研究，如P.克莱（Klee, Paul），K.马列维奇（Malewitsch, Kasimir）等等。

[9] 后来，吴先生在"印象主义绘画的前前后后"一文中，正式表达了这一观点。参见《美术研究》1979年第4期。

代性的大课题。

崂山写生期间,我曾看到吴先生写的三段文字,它们是诗、是词,但读来更像他那充满形式感的画,使我初步窥见吴冠中艺术与文学之间的互动关系。

在我们画完几幅渔村之后,偶然看到他的一首七言诗。

> 临山,依海,靠石头,
> 捕鱼种薯度春秋,
> 爷娘儿女强筋骨,
> 小院家家开石榴。

头几天,大伙一起在山坡渔村里徜徉,上坡下坎,看山望海,探渔家小院儿,处处壮美入画。写生时,见许多晒得乌黑的孩子,一手捧着地瓜,一手拿着鱼干儿,边吃边看着我们这些城里来的陌生人,我们互相看,谁看谁都感觉新鲜。有时路过小院门口,老乡主动打招呼问:"吃了没有?进来吃

图12 吴冠中,墨彩,1975,渔村

块地瓜吧,热的!"民风真是诚恳而质朴。

吴师画外的这首诗,替大家道出了初到渔村对人对景的新奇和快乐。他特别写出渔村父老"捕鱼种薯"的生计和"爷娘儿女"的健康,我非常喜欢。

这使我忽然想到了"文人画",尽管到现在我也解释不清"文人画"这个概念,但在那时我认定,"画中有诗,诗中有画"或者"诗、书、画"多媒介合一,就应该是"文人画"了。同时我也十分感慨,像他这样留过洋的画家,依然保持中国传统知识分子文化品格,这在他一辈人当中,也是比较少见的。

此间我见到吴先生所写的第二段文字,是《白云洞》,当时文字我记得不很真切。1979年5月去他家中,看到有一个普通软面笔记本,封皮上题有"老荼诗选"[10]四个字,我从上面抄得如下:

海绕群峰峰抱海,
浪打石头石枕海。
好风光,
风光更宜高处望。
登高寻得白云洞,
冷冷清清暗暗洞,
白云深处依太空,
劲松密竹笑残址,
银杏玉兰忆道士。

人去了,
山前山后谁是主?
一群群,一层层,
重重叠叠大石头。
石头黑,石头紫,
灰里发白天地色。
石头方,石头圆,
非方非圆任冲击!

图13 吴冠中,素描,1975,白云洞

[10] 多年后我曾问过吴先生《老荼诗选》是否还在,吴师说找不到了。应当出一本他的诗集。

吴先生说:"我写的这些诗词,无拘无束,不讲格律。"但是,这首诗令我等激动的,正是它那自由自在的独特节奏,对"石头"历尽沧桑而处变不惊的顽强性格之描绘,还有诗词中"黑、紫、灰、白、天地色"的色彩感,"冷冷、清清、暗暗、群群、层层、重重、叠叠"等重叠用词的形式感。他把绘画中的形式要素,翻译成诗文中的形式要素,既有趣,又独到。

我记得吴师说过他与文学的因缘。他曾阅读不同版本的小说《茶花女》,用来准备留学的法文考试;他还对我们说,在重庆大学建筑系担任助教的时候,有空便到附近的中央大学去听文学课;在巴黎留学时,也是努力进修法国文学的。我们还问过吴师,如果有机会重选职业,你会选择什么?他脱口说出是"文学"。这种选择,直到几十年之后的许多电视访谈中,依然坚定。他那些关于要做鲁迅式的文学家的语言,震撼人心。当时我们不甚了然他钟情于文学的原因,但可以肯定的是,自青年时代,文学已经是他生命中不可缺少的旅伴,文学造就了他观察生活的另一双锐利眼睛,给了他表现生活的文字利器,而鲁迅肯定是他的引路人。

令我终身不忘的第三段文字,是吴师给我题画的短短词句。

一天,他在海边的高坡顶上画海,我在坡下画同一题材。6月的骄阳,已很灼人,我的作业不顺利,情绪焦躁,心烦手乱,实在不想画了。猛回头,看见吴先生在坡顶逆风作画,他左手攥拳紧握画笔,右腿跪地,海风掀起他的头发,他那右手执笔如剑,像在与画板格斗。此情此景,如同一个巨浪冲我劈头打来,拍我惊醒。我在愧恨交加的激动中,急忙铺好画纸,飞快抓住人物的那个瞬间:老师的形象,像在斥责我的浮躁与懒惰。近景,我画了一堆因地动山摇而滑坡的岩石,渐远,石头虽有裂缝,但已稳固。吴师脚下,只有可以勉强立足和支起画箱的石面,画面左侧,突出了一块倔强的岩石。我边画画边自责,愧对面前壮美的大海与石头,竟不认真去观察与发现,在困难面前偷懒。吴先生已年近六十,在同样的烈日下,虔诚地跪在石头上劳作,竟然不知,那是一个受罚的姿势啊。回到驻地,小战士指着画中那个极小的人物说:"这是那个老大爷。"那是一张幅面极小的油画，人物全身也只有拇指那么大，由于注入了发自心底的情感，成为我崂山写生的珍贵收获。

吴先生看后也说"不错"，第二天起床后，他说要给我题字做纪念，我抽出一张粗纹水彩纸，他在下方写了：

图14 邹德侬，油彩，1975，顶风图：吴冠中小像

山高海深人瘦，饮食无时学走兽。
感君相随更相助，夜来和衣席地卧。
缘底事？
顶恶风，甘苦共，
天地彩色笔底浓，
身家性命画图中。

1975年6月，偕德侬同志等到崂山写生，永难忘怀，吴冠中

他的这段文字，质朴之中见热忱，浅显之内藏深邃。其中，不但崂山写生的画内画外的思想感情一览无遗，同时更表达了对"四人帮"政治高压文艺政策的深恶痛绝。

1983年初，我去吴师龙潭湖的家里，他赠我一册《东寻西找》[11]集，是一本32开的"小册子"，那可能是他小得不能再小的第一本文集。我扫了一眼目录，收录的是1979—1981年这3年间他在报刊上发表的文章，其中许多我读过。离开他家之后，我站在马路牙子旁边，打开了这本小书，翻到目录下面只有"豆腐干"那么大的一段"前言"。我读了几句，鼻子一酸，落下泪来，直到如今，我也没弄明白自己到底为何落泪。他写道：

"我是一个手艺人，已忙白了少年头，时间和精力都

11 吴冠中.东寻西找.成都：四川人民出版社，1982.

消磨在双手中,识字无多,写不了文章……"

书中的那些文章,不但在叙事中带有鲜明的原理论述,其中许多就是艺术理论论文。吴冠中绘画与文学的相互交融,在1980年代之初就开始拓展成他的绘画实践与艺术理论之间的相互支持,而他的这些画论,又作了文学式的感性表达。如稍后的《风筝不断线》,《笔墨等于零》等等。

或许有人以为,那种简单的字句,怎么也会是理论?吴先生所谓"识字无多,写不了文章",就是给对手看的,这就是理论。

也是在1980年代,在我学习建筑理论的过程中,读过一些出自外国专业理论家、哲学家之手的理论,还有大量国内博士和硕士学位论文等。其中很大一部分,似乎总是以理论的"难度"来显示理论的深度,有些舶来的理论,好像压根儿就不打算让读者明白似的。而亲身参加创作实践的建筑师们则不然,他们在创作的甘苦中,酿就了一些自己的创作原则,在朴素与形象的文字表达中,蕴含了自己的思想集合,这就是活的建筑理论。像创建经典现代建筑及其理论的国际现代建筑大师勒·柯布西耶说的"房屋是居住的机器",密斯说的"少就是多",沙里文说的"形式追随功能"等等,都是一个时代著名的建筑理论警言。

吴冠中在1980年代的一些涉及艺术理论的论文,以及面对新学院派的辩理文章,把自己绘画生涯中的酸甜苦辣,把外国画家的生动感悟,化为最朴素的简单句,用以论述他自己的或经典美学的道理。他对西方现代艺术史料和经典的引证,或者对中国古代诗词的援引,都是信手拈来,贴切、有力、有趣。有些文章,就是地道的科技论文,不同的是,他的理性论证,洋溢着艺术家形象比喻的感性表达,理论文章焕发着亲切而感人的文学风采。

理论教学经验表明,把深奥的理论语言,用简明的口语向听众说明,其难度不亚于理论本身。而理论的崇高境界,是用最简单的语言表达最复杂、最深刻的道理。如果又具备文学的可读性,那该是多么完美的理论。

通过我当年对吴冠中及其艺术许多感性因素的初步观察,感到简单地用

"中西之间的结合"来形容吴冠中艺术，实在是有些粗糙，他的早期乃至贯穿毕生的艺术生涯，一直往返于许多个"系统"或"门类"之间，成为吴冠中艺术博大发展空间和艺术支持。

他早年在水墨与油彩之间的选项过程，奠定了他在中国传统绘画乃至传统文化方面的基础，为日后水墨和油彩之间的互动、交融之"轮作"，提供了技术上和文化上的支持；他对中国和西方艺术体系之间的比较，不但体察到体系之间的互通、互训和互补，而且造就了他的国际艺术大视野，乃至日后发展成为艺术的世界"大传统"思想[12]；他的作品也像传统的文人画那样，开拓了文学与绘画之间的互动，但他的文学表达无拘无束、自由自在，更符合现代的生活、思想和节奏；他在创作实践与艺术理论之间的耕耘，使得艺术理论走出哲学书院或艺术殿堂的象牙之塔，进入千家万户和艺术家居住的大街小巷，使那些无暇读书的艺术家们，也能积极思考艺术的思想和理论问题。

吴冠中艺术在"文革"之中并没有停滞不前，他在耳边的喧嚣和心灵的寂寞中，思考、酝酿着新的行程。在下放河北获鹿县李村的日子，他有更多机会贴近土地和在土地上劳作的农民，作为"粪筐画派"[13]所画的农舍、高粱、玉米、冬瓜、丝瓜……无不倾注着他对土地和人民的炽热的爱。

事实上，这也是对前30年的总结，完成并行了却掉他与"油画民族化"这个官方口号的因缘。这个响亮的口号，可以鼓舞"站起来的中国人民"之民族豪情，然而，却使人眼光向内，无助于开放和创新。就像同时期建筑界所提"社会主义内容，民族形式"的官方口号一样，提升了民族豪情，却失落了现代新意。

自崂山写生开始，吴冠中先后在山东及祖国各地的写生创作，除了更加自觉地在油画里融入西方现代形式美学之外，他矢志不渝地在这些个"之间"的之间，编扎着吴冠中艺术——这个属于改革开放以来中国现代艺术运动中独具个人魅力的"风筝"框架，为高远放飞吴冠中艺术，作着扎实的准备。

---

12 他在一次访谈中认为，外国的传统同样是可以继承的。

13 吴冠中在下放的李村，用农民的高把粪筐支起用小黑板自制的油画板写生，戏称"粪筐画派"。

03 画图

在崂山，最直接也是最具体的收获，当然是看吴先生画画，跟他学画。在大海之滨，山石之间，渔村之中，宁静、入神、忘我，只有远处偶尔的布谷鸣叫声，提示着我们还在尘世。

他的画箱已经很旧，看不出是什么木头，什么颜色。他用三夹板自涂白色无光涂料，代替画布作画，矩形画板的比例偏方形，这是他的构图习惯。为了学画直接而方便，我总是等他支好画箱以后，坐在他的身后，既能看到前面的景物，也能看到他的操作，两相对照，临摹在我的画板上，可称之谓"现场直摹"。有时，索性站在后面看，全神贯注，从头到尾。包括在市区的一个月间，他画了近20幅油画，我是幅幅不落，步步紧盯。一次我问吴师："大概我是看你画油画全程最多的人了吧？"他连说："对，对！"

第一次看吴先生操作，感到无比新奇、激动、开窍。

他在事先探察过的景物面前支起画箱，一边准备工具，一边交替打量着景物和空白画板。当他拿起一把两寸多宽的薄油漆板刷，调好色再涂天地时，我才真正明白，他前几天所说的那段关于"大扫帚"和"绣花针"的话是怎么回事儿。当时我对他说，在校学水彩时，曾见吴先生的文章里写过，只用"一支大号水彩笔，一支衣纹"，他说："油画也是一样，一把大刷子，一支小号笔，也就是一把大扫帚，一枚绣花针。德拉克罗亚说过，用扫帚落笔，用绣花针收拾。这样可以做到'大笔不失之空洞，小笔不至于琐碎'"。那板刷与不大的画板相比，的确可算是一把头号的大扫帚了。

在他满涂天空和地面的时候，我又悟出，他写生不起轮廓，确有道理。我们建筑系的学生，不论是画渲染图还是写生，都十分注重精准的轮廓，轮廓画准了，填色块才有依据，才能保证画得"像"。若照他的这种画法，不管轮廓起得有多准，一刷子下去，早就不见了。即使有轮廓，照轮廓界线设色，无疑需要谨小慎微、战战兢兢，哪里还顾得上考虑创造"美"的问题。去掉了轮廓这个"脚手架"，就得到了处理形体的自由，但更需每笔多加揣摩，才可能"落笔生花"。所以，我看他作画，落笔操作的时间其实很短，更多的时间是在悬肘思量。画笔起落之间，造就了他油画中干净利落的精彩"笔墨"，油彩凹凸之处，与形体相吻，与肌理相合。

涂油漆的薄板刷，还可以画出生动而纤细的"线"来，这也是我观察他油画"笔墨"的一得。上学时，在学生宿舍曾经临摹过杨化光先生的油画，也试着画过几幅油画静物。我发现，要想在较小的画面上，用油画笔勾出一条细线，实在困难，试着再换小笔蘸上松节油，也无济于事。吴先生蘸上油彩的板刷，其边锋像一把刀，中锋下去，一条直线，侧锋转腕，可以得出粗细渐变的线条，同时也能渐变不同的色彩。那笔触，似断还连，恰如树木枝节的那种连贯。这是技法，也是笔墨，对于我们这些业余作者来说，真是至宝，再画树干、枝条、电线等等，就轻松得多了。这个技法用于水粉和水彩，都有极佳的效果。这种技法使我联想到，学画时曾经为之倾倒的考茨基扁笔水彩画。

吴师还真的有一支"绣花针"，那是一支看上去不到十根毛的画笔，毛长约3厘米，是从法国带回来的。这支笔，只在最后收拾画面的时候才露面，拉一些细线，还有最后的签名，都由它完成。回厂后，我和伙伴们找钳工师傅，试着用镀锌铁皮和旧笔的狼毫卷了几支，但不得要领，没用几次，狼毫便脱净了。

吴冠中油画的色彩，丰富而含蓄，众所称道，其中引人注目的"银灰调"，更成为他独有的"品牌"，以至于后来他画水墨时，许多人惋惜道，放弃油画的"银灰调",可惜了。我怀着探秘的好奇,注视着他对各种景物的配色与着色。让我想不到的是,这个品牌式的银灰调天空,使用了风景画家很少使用的肉色,再加上少许钴蓝等与白色调就。红与蓝算是补色,直接相调会产生乌涂涂的灰,改用它们降调的次级复色,肉色(红系)和钴蓝(蓝系)相调,所产生的灰调,就会是明快的银灰。这一做法,既是作者的潜心实践,也是科学精神之所在。

认识明暗,描绘阴影,不论在人物还是在风景的表现中,都是绘画中着力研修的功课,但在吴师所画的景物里,几乎从不出现阴影。这是一个有趣的现象,也是吴冠中作品的特征之一。这个问题我没有问过他,但我想到,传统中国画也是绝少出现阴影的,景物只是用线构成轮廓,设色多为平涂。而西画,则是以面构体,据明暗设色。他在油画里忽略阴影,专注景物的"固有色",从表层上看,可能是对"油画民族化"的贡献,而更深的意义,则是他后来绘画平面化(frontality)以及抽象化的前奏,埋下了宣纸水墨绘画形式革新的伏笔。西方现代绘画的诞生,也是经历过一个取消透视、淡化体量、从而走向平面化乃至抽象的进程。

构图是每一位画家追求创意的基本所在,吴师构图敢于"弄险",许多情况是教科书里一再告诫的禁忌。明显的实例有两种类型:一是"密麻麻",二是"满当当"。在多数情况下,他是二者兼而有之,在满当当的构图中,做密麻麻的描绘。前面提到的油画《苗圃》(图4),是"密麻麻"的类型,而素描《白云洞》(图13)则属于"满当当"一类。在市内所画的另外两幅山海城市景色:《青岛一角》(图15),《青岛红楼》(图16),几乎都是画面满铺、密不透风的实例。

构图不是孤立的,构图就是构思,是艺术思想的"物化",这在吴先生的教学中得到充分的体现。

中山公园有一棵美丽而宏大的梧桐,我画这树不下四次,为了画出它的宏大,我费尽心力,但最终看上去还是一棵普通的半大树。面对这棵梧桐,我把苦恼告诉吴先生,他打量着这棵树说:"你画面上表现的东西越多,树会显得越小,不如换个思路,画它的局部,试试看。"说着,他顺

图15 吴冠中，油彩，1975，青岛一角
图16 吴冠中，油彩，1975，青岛红楼

图17 吴冠中,水彩,1975,法桐(青岛中山公园)

图18 吴冠中所画《法桐》微小草图
图19 邹德侬，水彩，1974，《法桐》之一

手在画纸的一角，勾了像邮票那么大的一个草图，我果然茅塞顿开，并请求吴师给我们完整示范。这是我第一次看他画水彩，其中多处用了水粉的灰色，表现树干表皮的斑斑驳驳，他说那是"老年斑"。

完工后他说："画局部的意思是，树大得让你看不全。""画局部就得有细部，'老年斑'，可以表现树的老。"也许吴师察觉到，这幅画以及它的创作过程，对我太重要了，他在画的左面签上"荼"字后，便又在右面写上了"德侬留"三个字。我的心里乐开了花，尽管我一直想，但我从来不敢开口向吴师索画，那对吴师很不礼貌，自己也有失教养。但他肯定看透了我的心，让我得到了他的第一件作品。这棵大树的精妙之处，读也读不完，其创作过程，也永远不会忘，它是我跟吴先生学画的珍贵记录和纪念。

一幅画到了收拾阶段，吴先生总是左看右看，好久才画一笔。他十分强调画面"完整"，绝不留下匆忙作画中落下的任何空白，特别是常常被人忽视的四角，像画水彩、水粉时，四角图钉、铁夹子留下的白印等，他也绝不放过。此时，他还有一种特殊的看画方法，就是让画面"头朝下"，倒看。在画油画的多数情况下，因画板被勾定在画箱上，不便翻转，他就背对画面，弯腰、低头，自己头朝下观看。他解释说："倒看，可以排除具体物象的影响，去分析画面的抽象形式结构，看色彩、点、线、面的分布和节奏是不是完整、合理。"当我自己也试着这样看画时，确实觉得变成了另一幅完全不同的画面。刚刚画完的画，吴先生没完没了地看，收拾工具时，眼仍盯着画面。把画拿回驻地之后，还要立在地上，反复审视，没完没了。

我亲历了油画《青岛一角》他看了又看这一过程。写生结束，已是很累，还是看个不停，他好像在寻找丢掉的什么东西。回到招待所后，还是看个不够，大家不便让他停下来，便各自离去。第二天再见此画，一夜大变！现场所画红屋顶之间的绿树，原是较为鲜亮的绿色，全然变成暖调的赭绿，无数鲜绿的点状树木，融入暖调建筑，画面十分和谐。

吴先生在青岛及崂山的创作约20幅，但发表在画册中的并不多，例如一些海景我们都很感动，但画册却选得很少。还有在去崂山路上，他说闻到"老虎味儿"的那幅描绘山坡阶梯状麦田的画，也没在画册里见到。我把当

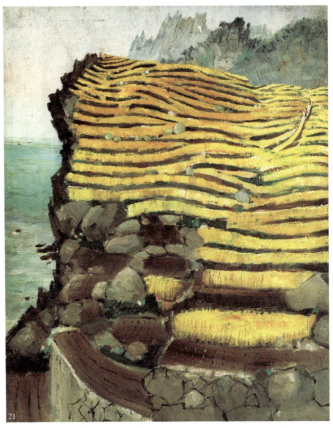

图20 邹德侬现场临摹之木板油彩,1975,崂山海与石
图21 邹德侬现场临摹之木板油彩,1975,崂山麦田

图22 吴冠中,油彩,1975,崂山新屋

时在吴师背后"现场直摹"比较形似的几幅临摹，放在这里，作为纪念。

吴师的《崂山新屋》，是他当场表示十分满意的作品，他画完之后也在看个不停，这次看，带有明显的欣赏意味。他边看边口中自言："嗯，有新意！"接着他低声说了两个中国古代画家的名字。那两个画家我都不知道，当时也不便问他，至今仍然不能把这幅我喜欢的画，和中国传统水墨联系起来。

崂山的石头建筑很令吴师倾心，他画了多幅，我都很喜欢，我临摹了他的那幅《崂山山村》。他说："这幅画找的是三角形要素，石头建筑山墙有许多三角，远山是三角，中景的树也是三角，全篇就是组织三角。"我还特别喜欢这幅画的银灰调，主体山墙的块块石头色彩，变幻莫测，是画中之画。我临摹得用心，比较到位，以致在整理画时，吴先生问："哪幅是我的？"我十分得意。

看吴先生作画，最让我激动、而后又最让我牵挂的一幅画，是崂山《松与石》。我认为，这是吴师崂山之行的油画代表作。

崂山无大松，所见松树，多是在石头缝里长出来的细高小松，小松长得艰难，长得顽强。吴先生多次讲过这些小松，细长的根，四处追寻活命的土壤，贫瘠的土壤造就它苗条的身材，力量之美，蕴藏其中。

崂山的石头，不圆不方，恰似历经沧桑，仍保持倔强。而且，它们有时成片成群，卧在山坡上，《松与石》正是群小松与群顽石相依相伴、亲密对话与重唱的写照。

进入写生场地，眼前的景物就很令人激动，他画得十分投入。不料，中途下起雨来，雨虽不大，但无遮拦，胡乱找些东西遮蔽，人和画仍在雨中。由于下雨，难得他在淋雨作画中说了几句话。他说："这些石头是有生命的，现在他们不动，到时就会站起来。"他又提高了声音说："于无声处听惊雷！"

后来，我给吴师送画到京，在他家里打开这幅画时，见靠画板上部银灰天空的边沿，雨点的土色痕迹还依稀可见。我说："不要把雨的痕迹洗掉，留作那天下雨的纪念。"此后，那画，那画上的雨痕，成了我的惦念，一想到那雨天的"无声惊雷"，我就激动不已。

图23 吴冠中，油彩，1975，崂山山村

改革开放初期，吴先生作品赴日本展览，这幅画被日本人收藏。我听说后，就好像自己丢了什么宝贝似的，我对吴先生说过，我对那幅画记忆太深了，可是再也见不到它了。20多年过去，1999年的3月19日，建筑界在北京邀请了一些艺术界人士召开了一个国际建筑师大会的准备会，也邀请了吴先生，他知道有我参加，嘱咐我一定要来。那天会上，他给了我一个写了字的大信封和3本画册，信封里面装了510块钱，说是《生命的风景线》一书中，附我一篇文章的稿费。他打开那本签名赠我的画册《画外画·吴冠中卷》，翻到最后一页说："你看，崂山《松与石》。"呀！我经常惦念的那幅《松与石》赫然在目。显然，吴师也在像牵挂自己的儿女一样，惦记着那幅画。他在画旁的文中写道：

"……得来辛苦，但后来还是流落到日本了。慈母手中线，游子身上衣，事隔二十来年，我怀念那幅远在异乡的松石了，于是参照印刷品再创作。我减弱了体面与局部的坑坑洼洼，一味突出石与松的线之联姻，凭量感美的递变呈现多变而统一高山阔野，那确是我心目中的崂山了，体现了自己的审美观，并觉反刍得有滋有味，但不知崂山道士会不会有异议。"[14]

见此画，如见老友新照，更觉得它的精神焕然，心情很是愉快。我请求吴先生，在另外两本画册上签名，分别送给在座的彭一刚老师和吴良镛老师，他愉快地签了名。路上我在想，流落日本原画上的雨点痕迹，也许一到收藏家之手，就被清除掉了。

吴先生始终不忘崂山松。离开崂山前，用整张宣纸画了一件立幅的《崂山松石》素描。由顶部的远山，画到底部的近石，小松片片穿插其中，画面很有气魄，这幅素描当时没有题款，后来在多个不同的画面上，简单提到过偕我一同写生的事儿。此后，他还画了水墨，气氛渲染得更浓，我也更加喜欢。由于这类画的幅面较大，出版时要大大缩小，看印刷品，细部就模糊成一团，难见画里真精神。

跟吴师学画，深感他作为教师鼓励学生创新的良苦用心，在我返校之后的教学生涯里，始终有他的身影和声音在我眼前，在我心中。他鼓励而不姑

14　吴冠中.画外画·吴冠中卷.北京：人民文学出版社，1999，99.

图24 吴冠中,油彩,1975,松与石
图25 吴冠中,油彩,1998,崂山松与石(重画)

图26 吴冠中,墨彩,1980,崂山松石

息，指缺点又给希望，作示范但不替代，使我这个过了初学年龄的老学生，在学习时始终充满信心。

我在崂山第一次画水彩，选的是细密的竹林，用"留空"的技法，"挤出"细细的竹枝。然而，在水彩《华严寺竹林》中，我只能费劲地画出一两枝，不成气候，不达画意。几幅之后，就试着丢开从前的"纯水彩"老路，画竹竿用钢笔、水彩结合：有的地方用留空法，有的地方用钢笔尖挑出。水彩《竹》这幅小画，是水彩画中"技术含量"最低的钢笔淡彩速写，我的同学们肯定会笑我"技法倒退"。吴先生看后说："很精神！这一小幅，抵得上你给我看的那一大包。"我不认为他的这个评语是在夸我，他的用意，在于鼓励我跳出以前的技法窠臼。

图27 重访"崂山松与石"的写生现场，1988年

油画小品《渔村小路》，我画了两幅，《渔村小路1》是比较规矩地刻画，完工后自觉像是一幅建筑表现图。我明白，平时我的画友经常说我，画面有建筑味儿，实际是在含蓄批我形象刻板，所以，后来我经常画些建筑系学生不大常画的花卉、人物之类，以克服建筑式的呆气。画《渔村小路2》时，我选了一条完全处在阴影里的石条弯路，只有树叶间透过的斑斑光点，照亮路的石阶。自觉画面虽不完整，但有了一点儿灵气。吴先生说"有意思了"，又加了一句玩笑话说："你找到了进入艺术殿堂之路。"我心里非常明白，他是用"放大"进步的方式，鼓励学生继续向前。

还有一次画一块深灰色的巨石，那圆滚石头的底部，有些青苔，我苦于无法表现，举笔犯愁。他让我用手指蘸油彩轻按画面试试，果然很有效。我想，画油画用手指，恐怕是教科书里不可能提到的手段吧。他的所谓，为表现要"不择手段"，正是要"调动一切手段"，有了效

图28 吴冠中,素描,1975,崂山松石
图29 吴冠中,墨彩,1987,崂山松石

果，就是技法，技法为创作服务，在创作中形成技法，不是练好技法再上阵。从吴先生第一次关于水彩技法的批评开始，我就越来越体会到不能孤立技法的道理。

多年后，吴先生提出一个让许多人无法接受的命题："笔墨等于零"。这可以说是他对美术"技法观"的总结性警语。此语一出，在美术界闹得沸沸扬扬。这事儿让我这个外行都觉得非常奇怪，有什么可争论的？如果一个画家辛苦一辈子练就的种种技法或笔墨，在画画时却脱离了创造，终归是画面上的一摊"笔墨"，可不就等于零吗！

在看吴先生作画的过程中，我想着他曾经说的话："这次写生我解决不了你们的所有问题，我教给你们当统帅，解决大色块、主调子和结构问题，其余的都是小兵。"此话牢记心头。

对建筑系的学生而言，结构之重要性，绘画要讲求结构，那是不言而喻的。吴先生点评画面，首先指出画面形式要素如点、线、面各自的结构系统及其韵律，同时指出系统之间的相互关系。他还讲解色彩的结构，如色块形状、明暗、色相的分布，以及它们在画面上的对比或协调关系等等。在绘画中，认识线或点的系统和韵律，比在建筑中要复杂得多。绘画里，同类元素大小不一、韵律自由而随机，不像建筑，同类构件都是一样的。形式问题，在现代艺术运动中，已经上升到形式科学的层面，尽管这已经是常识，但在当时画界，能认识到，又能付诸实践，且在大声疾呼的人，当属吴师一人。

图30 邹德侬，水彩，1975，华严寺竹林
图31 邹德侬，油彩小品，1975，渔村小路1

在《崂山松与石》（图25）中，小松树树干的曲线、树梢的成片针叶、石头的面和轮廓线，以及色彩等元素，形成了各自结构的子系统，子系统之间的关系，以及它们向画面深度方向逐渐加紧的节奏等，这幅画几乎可以成为

图32 邹德侬，水彩，1975，竹

图33 邹德侬，油彩小品，1975，渔村小路2

图34 邹德侬，油彩小品，1975，麦场巨石

讲解绘画形式结构的教科书。而调度这些形式要素及其结构关系，确实需要一种驾驭或"统帅"整体的能力。

吴先生说过，他作画过程中，"不吃饭、不喝水、不撒尿"，起初感到有点儿调侃的意思。但看他工作起来，却不是常人所想象的那种艺术家的"潇洒"，而像是看到了一位风吹雨打中在田间劳作的农民或是拉着重载的板车上坡的车夫。他作画时，别说吃喝，连话也说不了，在那种气氛里，即使有什么疑问，我们也不忍心向他提出。常年艰难条件下的写生环境磨炼，已经造就了他独特的"生存能力"。在营房里，没有地方可以晾晒洗过的衣服，他就把湿衬衣搭在洗脸盆的边儿上，把袜子搭在吃饭的搪瓷碗边儿上。他患痔疮，户外大茅坑如厕后无法清洗，他就端上一大茶缸水，放在茅坑矮墙上备用。他的脚从不出汗，这也帮了他的大忙，可以坚持较长时间不洗脚。记得黄永玉先生在一篇文章里写道：一大群画家走到哪里，就像是来了一帮叫花子，其中最像叫花子的就是吴冠中。

在那艰难的环境里，他的生活中竟也维持着十分"贵族化"的东西：他的绘画工具，特别是他完工的作品。每当工作完毕，他总是用肥皂，仔仔细细地洗他用过的所有画笔，洗到笔毛软软的，像是从来没有沾过油彩一样。我们见他洗得辛苦，就想拿来帮他洗，他坚决不肯，争让几次之后，我们已经明白，倒不是因为客气，他的画笔等工具，原本外人是摸不得的。一幅画完工，待收拾完工具，已是精疲力竭。他可以勉强让我们帮他拿画箱，但那幅刚完成的画作，一定要捧在自己怀里，哪怕脚下的路再坎坷，人跌伤了不要紧，但画决不能有丝毫损伤。

吴冠中这个人，他的创作生活，以至整个生命，已经完全融入绘画艺术，他所说的"身家性命画图中"，真真切切。

在那"文革"看来永是没完没了的日子里，在那似乎永远没有希望"归队建筑学"岁月，我在吴冠中老师为我"补修"的这个特殊课堂上，从绘画操作层面上追寻所谓"统帅"概念得到启发，并促成我"人生画面"之"统帅"的形成。

我明确了今后人生图画中的"统帅"就是"现代"——现代艺术，现

15 由BIAD传媒《建筑创作》主编《2007-2009中国建筑设计年度报告》之211-214页所载拙作"一个建筑艺徒对现代建筑思想的探求",天津大学出版社,2010.

代建筑。而维护这个"统帅"的一双"拳头"是,我先前选定的两个"工具":外语和绘画。我深信,不管我在工厂干一辈子,还是回归建筑学,就算这个所谓"现代"没啥用场,这两个工具也可以成为陪我一生可靠而快乐的好伙伴。

这一个笼统的方向,和两个具体的工具,也是我大学课堂学习的必然延续。那是在闭关自守的社会条件下,形成的渴望认识现代艺术和现代建筑心结[15]。崂山课堂因为有导师在,为我确立了"课题",积蓄了力量。这对一个从未进过英语课堂、从未迈出国门一步的我来说,真正所谓"挑战和机遇并存"了。

4年后,我归队天津大学,在这条路上重新起跑。

图35 重访当年崂山写生驻地返岭村前；自右至左：效孟，寿宾，德侬；2010年9月，张健摄影

二　师恩如泉

青年时拥有未来，老年后拥有过去。进入耳顺之年后，一想到过去，尽是老师之恩德，小学的、中学的、大学的以及工作之后社会的。师恩，如默默细流，汇若涌泉，滋润学子心田。常言道，滴水之恩，当以涌泉相报，那么，老师们的涌泉之恩呢？愧无以答，愧难以报，唯永记心头，律己，育人。

吴冠中老师是我踏入社会后，遇到的最重要的一位老师。在"文革"已经进行了九年的"后文革"时期，人心思定，也在筹划着未来。此时，对于在社会大惑时期进入个人不惑之年的我，受吴师之教育和扶持，获得了一股特殊的力量。其实此时，对他而言，何尝又不是一个新艺术阶段的开始呢？他历经30余年的苦苦艺术探求，在劫后余生之际，才算是进入了艺术生涯快车道。

1975至1987这十余年间，吴先生给我、寿宾、效孟写过66封信。在那书信、日记都可以成为"罪证"的日子里，我早就"改掉"了保留信件和书写日记的习惯，而且据我观察，他也不保留信件，刚刚读过的来信，转身就擦了画笔上的油彩。可是，当我收到他的第一封来信时，尽管有"信勿留"的警示，我还是情不自禁地违背师命，冒险保留了下来，之后便是一封不落，全数珍藏。原因是，"崂山闻道"前后数月的接触，已经令我冥蒙中深信，他肯定是一位能走出自己现代艺术之路的大家。毁信，不但撕掉了亲情和美文，同时也毁灭了珍贵文献。

吴冠中老师的66封信，我已经保留了35年，每当翻动书信原件，总是让人怦然心动。在那泛黄发脆的各色信纸上，他面对学生，面对社会，面对自己，打开心扉，以他那随着情绪而跳动、飞扬的字迹，无所顾忌，直书心声。

在信中，吴先生无情地挞伐"四人恶帮"所左右的畸形社会和黑暗文艺路线；他以犀利的言辞，揭示当时的艺术社会对世界、对现代艺术乃至对自己的无知；他以真挚而坦诚的心境，表达自己"中年变法"的艺术诉求，解析征程中的挫折与成功，痛苦与快乐；早在吴冠中艺术破晓前，他就面对崇洋及保守派，喊出了"李自成的农民军一定要占领北京""成吉思汗的黄脸部队必然要进驻欧罗巴洲"的豪言；这些信，还让我们真切地看到，一个年过花甲的艺术家，在"来日无多""生命紧迫"的自觉中，奔波全国、拼命作画的急切日程。在那些日子里，他身居破烂的大杂院，住在简陋的地震棚，地动山摇不停笔，让人不禁想起他在日寇飞机的轰炸中，冒死把自己反锁在图书馆临摹画册的情景……

吴师这些信，在教我们学艺的同时，还以其风范教我们做人。他至诚地扶持我这个"毛头青年"，惦念着我返校后的事业，如为我翻译《西方现代艺术史》解惑、写序，并一直关心它的出版命运；令世人想象不出的是，吴先生竟然还让我这个行外的无名小卒为他的画册写前言；吴先生对我的教育和鼓励，贯穿了自"崂山闻道"至今的35年，乃至终生，他期待着我这个门外的学生，早日"攻下城堡""扬旗易帜"……吴师对我的如泉师恩，事实上我也无从报答，只能把它看作一支悬在心头的"教鞭"，指引和鞭策自己的教学、研究和生活。

这些信，如他的其他文字一样，有极高的文学品位。由于写时就打算毁掉，所以写来就无顾忌、无修饰。他那画家观察景物的锐利眼光，同样用来透视社会，看得透彻，写得精准，读来真是淋漓酣畅。他用语简朴，感情真挚，不时的神来之笔，令人振奋、欣喜，且散发着阵阵醇香。

我是多么愿意与更多朋友共分享这些信件对我们心灵的洗涤，共同观看吴冠中艺术这轮红日，从东方地平线上冉冉升起的瑰丽景象！

有吴师这些信的文字在，读信的朋友们尽可在字里行间解构分析，各得其所，无需别人置喙。所以，尽管我很想对一些字句表露点儿自己的感动，但最后我还是克制住自己，只怕无端地添枝加叶，画了蛇足。所以，经与寿宾、效孟讨论，决定仅为这些信件加上一些必要的按语，以提示一些鲜为人知的特定背景，同时也要尽最大可能把信中涉及的一些图画找到，插在信间，以观"日出"全程。吴先生早期的作品，如今不易找到了，有些，印刷质量也欠佳，但有胜于无，且如身临其境。我所加的"按语"，有话则长，无话绝不找话。

他的这些信件，大都只写日子没注年月，我在整理信件时，按自己的方式给信编了号，兹以"1·19750923·3-1"为例说明如下："1"表示第1封信；"19750923"表示1975年9月23日，"3-1"表示信共3页，此为之第1页。

除了那66封信之外，还有两封他为我写的"介绍信"，虽然已经没有了原件，但也让我不能遗忘。

那是在告别崂山学堂并即将与老师分别之际，他交给我两封信，介绍我去拜访另两位画家，以多方求教。其中一封写给中央工艺美院袁运甫先生，信中竟然称我这个小小技术员为"建筑师"，这是我迈出建筑系门槛之后，第一次有人正式对我用这个名称，在当时，甚至在改革开放十多年之后，连中央的一些媒体都不知道"建筑师"这个称呼。在那些看上去永远不可能归队的日子里，"建筑师"是我多么渴望的名称啊！

第二封信是写给同济大学建筑系画家樊明体先生的，樊先生曾在我的母校天津大学建筑系任教，但我入学时，他已调往同济。吴先生的信寥寥数语，对学生的呵护，对老友的率真跃然纸上，行前，我把信抄录在了本上：

明体：邹德侬同志在青岛随我学画，朝夕相处一月余，学习认真、热忱，他系天津大学建筑系早期毕业，遗憾他没赶上他所喜爱的你这位老师。凭水彩有缘，特意介绍前来拜访。我认真介绍，你当认真接待，将你的大量作品赐予苦闷中的追求者们读读吧。

不久，我和效孟一起拜见了樊明体先生。事后，我向吴先生报告了在樊先生家中受到热情接待的情况，看过他的大批水彩，以及他正在画着的建筑表现图。吴先生问："他是在画建筑渲染图吗？"我说是，他说"可惜了，建筑系不缺画建筑图的人，缺的是艺术家！"

这话对我很有些触动，当时为数不多的几个大学建筑系里，确实都有一批学历和修养都很高的美术教师。吴先生曾任教的清华大学建筑系自不必说,以我读书时天津大学建筑系为例,除了早期留法的杨化光先生(女,油画家)之外,还有东京大学留学的高尚廉先生(女,水彩画家),中央美院早期毕业的呼延夜泊先生(王学仲,国画家、书法家),张建关先生(雕塑家),高飞先生(雕塑家),丁莱亲先生(砖雕家),以及樊明体、马达等大家,都曾在此任教过。高水平艺术家在建筑系的存在,虽然表面隐形,其实在高强度地影响着整个建筑系师生的艺术素养。

  吴师的66封信,从这里开始。

1·19750923·3-1

1·19750923·3-2

德侬:
  你和效盂的信都收到。土地不负苦心人,耕耘总得收获。真理,好比种子,种子是坚实的,一遇水土,便又生长,唐代的莲子,就曾在京郊植物园再度开花,小小莲子,越世近千年,心脏不坏。

【按】

　　这是信的开头一段,我删除了接下来有关吴先生青岛差旅事务性部分。

　　我和寿宾、效孟曾各自给他去信,通常他一并回复,由我转给二位共享。当时我们这些业余绘画大青年,都已近"不惑","崂山闻道"期间曾向他表示,学画有些晚了。他却说,"学画没有早晚,什么时候开始都不晚,年老了开始学也不晚。"

　　与吴先生接触,感到他从不认为当时那个践踏真理的"文革"状态会长期持续,他坚信真理"心脏不坏"。

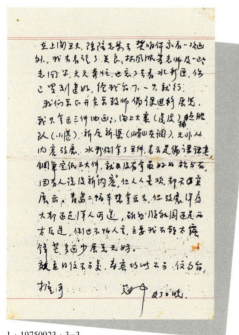

1·19750923·3-3

　　在上海五天,除陪老朱去樊明体家看一次画外,我去看望了关良、林风眠等老师及一些老同学,天天奔忙,也忘了去看水彩匣,你已买到甚好,给我留下一只就行。

　　我们系正开全系教师备课进修展览,我只拿出三件油画:海上大寨(虎

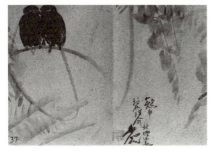

图36 吴冠中与林风眠，1988年，香港
图37 林风眠画赠吴冠中结婚纪念卡，1946年
图38 邹德侬，水彩，1975，小港渔船

16 关良（1900－1986），广东番禺人，油画及国画画家，美术教育家。

皮）、捕鱼船队（小港）、新屋新渠（崂山灰调），无非从内容考虑，水彩倒拿了五件，表示是备课认真，钢笔宣纸三大件，就没有拿最好的松与石，因有人说没新"内容"，但人人喜欢，却不宜展出。青岛二幅本想拿出去，但考虑洋房大都还是洋人所造，虽然颐和园还是西太后造，倒也不怕人言，主要我不愿太露锋芒，多画少展总无妨。

效孟的信不另复，寿宾均此不另，信勿留。
握手

　　　　　　　　　　　　　　冠中　23日晚

【按】

　　吴先生经常深情地怀念他的老师林风眠先生，还提到结婚时，林先生为他们画了纪念卡。他也十分敬重关良先生[16]，并推崇关先生的"画戏"，其戏剧人物朴拙，充满童趣，那也是我这个戏迷所喜爱的。

　　在"政治挂帅"的社会气氛里，每周至少有一天政治学习，日常或会议中，大家处事发言依然十分谨慎，出示作品也要首先考虑有"内容"，当然是政治内容。现场风景创作很难载入政治内容，所以只能在画名上想点子，贴标签。如那幅被叫做"虎皮"的《崂山麦田》，名字改为"海上大寨"，在青岛小港画的《渔船》，改为"捕鱼船队"。后者我没有看到印刷品，但写生那天和渔民的互动，很是感人，福建的渔民宁愿改期返乡并出钱，也要请吴先生画他们的渔船留念。我在现场同时画的一幅废品水彩，他批评我的船帆画得"破破烂烂"，但构图与他的原画有些相近，不怕出丑，显示于此，以观大概。"青岛二幅"是指《青岛一角》（图15）和《青岛红楼》（图16）。

2·19751011·2—1

2·19751011·2—2

德侬：

你最近不能来京，确有些失望，不过以后总会有机会的。我选了一二十件画，是二三年内的较精作品，预备寄存到别处，以免家里画太集中，因等你最近来看，一直未送出，既来不了，则只好送走了（其中包括已为你重画的深山：黑压压的高山，萌芽的高瘦的白杨，溪上嬉戏的白鸭）。

雪山与瀑布不用，对我并无震动，参考照片搞这任务可说已尽了"才智"与"能力"，不愧于见人，更不愧见洋鬼子。如果真有加拿大人画了瀑布，则其人肯定是去了现场的，如此人有点现代绘画的水平，则其表现手法是决不会博得我国官、民欣赏的，如是写实描景呢，那是不可思议的聊斋故事了。

水彩、水墨、油彩，我于这三家门下转轮来已数十年，深知各家习性与底蕴，宜乎取长补短，而不损各家特色。水彩表现力太有限，你试作水墨路必宽，初学不妨找些芥子园画谱之类的东西，临摹其规律与程式，另外，多作素描，尤以线结构为主，依靠方、圆、曲、直、点、线、黑、白、灰……表现对象，表达意图，随意涂抹，都成国画。故宫秋季展出唐、宋、元绘画，我本拟陪你细读，解剖其造型法则，这次来不了，以后陪你看明清的，明清画是终年陈列的。

造型艺术的根本无非是形式美，蜜蜂采蜜全凭嗅觉，画家主要靠视觉之感觉灵敏，易于感受形式美，美感无尽，画意如泉，其他文化素养等等尚是辅，故平时随时观察发现形象形式实是画家的生命线。霜叶将红，不久我拟去香山画一批"红树间疏黄"。

如小张来，你们的画都将由他带回，我拟送小张一件高粱，老俞一件竹林，都是近二年作的，中等水平。

握手

冠中　11日

【按】

当时吴先生的画并不担心被偷，但还是有抄家之虞，故不得不分而藏之。

《雪山》和《瀑布》两幅"任务画"，尚在铁道部审查之中，据传有加拿大人画过瀑布，是油画作品，故而他有这些针对可能不用的议论。

吴师关于"水彩、水墨、油彩，我于这三家门下转轮来已数十年"之论述，不只是对个人的指导，而是学画普遍适用的原理，至今仍可成为教材。

提到"造型艺术的根本"，我想起他精彩的线描和关于画线描的教导。他对我说过："画线描是非常有用的造型基本功，用线画一座大山，面对山的一片片不同肌理，就得考虑用什么样的线来表现这些肌理，长短、粗细、曲直等等线条需合理组织，很见造型功力。"我感觉线描特别适于建筑系的美术教学。

吴先生慷慨赠画之事，是一个让我们任何时候想起都激动不已的事，那些画作，既是我们终身可鉴的范本，又是承载着永久温暖我们心田的师恩。

随吴师写生期间，我和寿宾、效孟当然表露出对他作品的喜爱，但从没开口向他索画。其实他看透我们的心愿，离开青岛前说，回京后会送我们油画作纪念，我们极为兴奋、期待。

当时我们与吴先生谈过关于"赠画"的话题,他说:"我的画分三级,一级品是精品,舍不得送人;三级品不能送人,怕谬种外传;送人的一般都是二级品,中等水平,总体完整,仅略感不足,一般看不出问题在哪里。"前些年媒体报道他"毁画"一事,我们毫不感到惊奇,我知道那是他决心处理三级品以下作品的必然行动。

吴师带我去故宫看古代画展,并"细读,解剖其造型法则"一事,于这年的10月27日实现。那天,先在他家里看画,画家罗尔纯先生在座,边看边听他谈绘画得失,谈他近来"变法"的体会。这次谈话,我事后有简要的追记,保存至今,特殊的学习所获,毕生受用不尽。

关于水彩和水墨的比较,他说:"水彩能做到的,水墨都能做到。""水墨在宣纸上的渗化更好,能渗到纸里面,而水彩只是浮在表面,色是浮着的,只是漂亮,不微妙,所以色彩不如粉画和油画,油画是钢琴,水彩是风琴。但水彩是基础,像蜡笔画,很有用。在我的绘画中,水彩是有过作用的。"

说到水墨表现灰面的问题,他说:"受工具影响,中国水墨灰面的组织用皴法泼墨是好办法,但不能都泼墨,留白是好办法,也不能都留白,所以用点、线造型元素来组织灰面,这很重要。"

当罗尔纯先生说:"要是油画能画到像吴先生水墨那样的意趣就好了",他说:"水墨先探探路,然后再搞油画看看,自行车探路,拖拉机跟上。"

他说到近来的探索,"还是观察生活,发现形式美元素,加以强调、组织,将内在的美搞出来,基本上都是这个路子。"他出示了几张草图说:"两棵杨树树皮有好看的花纹,有线和点的结构。白皮松上有大点和小点,如老人斑。

这次还看到了吴师画的四幅《向日葵》,第一幅(图41)为油画,灰调,精心杰作。他说,向日葵前后画了有五年,第一幅不满意,留下叶子,重画果实。第二幅是绿调。第三幅是素描,正挂在墙上的,反、正两面都画过。他说,前后画过许多素描,都相继毁掉。他拿出留下的另一幅素描说:"踏踏实实不偷巧,反复描写不偷懒,这是我留下此画的第一要义。"他停了一下说:"这幅素描送你做纪念吧。"我听了有点吃惊地说:"这怎么行?",他说:"留作纪念。"我明白老师的用心,认真道谢。我实在喜欢这幅素描《向日葵》(图40)了,面对那千百颗"籽儿"组成的向日葵果实,他竟然也能找出从哪里下笔,发现葵籽盘旋扩散的形式规律,太令人惊讶了。他说:"那果实是个宇宙!"我注视着那些繁复运行的旋线,真是深奥莫测的宇宙啊!

我想,此画既然可送人,应当是"二级品",一定会有点儿瑕疵,我急速试着寻找,但一点儿也没有看出哪里有问题。于是就大着胆子提问:"这画看不出有什么不足啊?"他指着右下角说:"这里包得不紧",顺手在白皮松草图的背面勾出两条曲线说:"包得不紧,影响整体结构,但果实画得很好。"

然后吴先生领我去故宫。自前海北沿住所出发,步行至景山后街入故宫,路上打开他从画人物转向画风景的话题。他说:

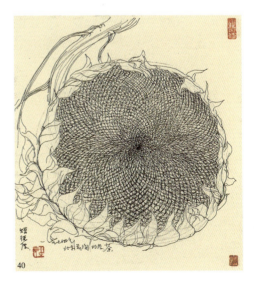

图39 吴冠中解释素描《向日葵》构图的草图

图40 吴冠中,素描,1974,向日葵

图41 吴冠中,油彩,1973,向日葵
图42 吴冠中,油彩,1974,硕果(向日葵)

图43 吴冠中，墨彩，1975，向日葵

"我学的是人物,早在归国前后我就构思过一幅以人物为主的图画:一个送葬的行列,身着雪白丧服哭号的人群,衬托着乌黑的棺材,表现中国无尽的苦难。可是,这种画肯定会挨批。画一般的人像,没有意思,偶有变化,就可能说你丑化工农兵。""再说了,现在的人,你斗我,我斗你,丑恶得很,有什么可画的?"

"大自然有无限的美,可以去发现,永远画不尽"。

"不要以为现代才有形式美问题,老祖宗早就在绘画中研究形式美了,今天你会看到他们是怎么做的。"

进馆后,他快步直奔要看的图画,看完一件后,马上转身直扑另一幅,他肯定事先已经看过的。由于速度快,我不及记录和消化,待完成行程与吴师道别后,我又重新进馆,逐一在消化中追记。

首先是宋·郭熙的《窠石平远图》,他点评道:"图中以'方'为主题,树、树旁石、山、远树……均为方形。但方中又加上了圆的造型,使之'不方不圆'。石、山、尤其是树的转折,由点到线、似线非线的造型,苍劲有力。几片树叶分布其中,圆点的、长圆点的,分布自然。各树缠绕着线,石上、水中也都有。几条水平线穿插其间,结构非常完整。"

吴先生指《芙蓉锦鸡图》说:"赵佶这个最昏庸皇帝,却是个艺术大家。""画面大叶、小叶、大花、小花,分布匀称得当,锦鸡造型十分优美。"他对锦鸡,从头到尾拆开分析,我默记心中并画成草图。

他指着《祥龙石图》说:"这简直就是抽象图案了,造型要素的解析更近乎现代。"

他批评宋·马远《踏歌图》说:"画面最可贵的是中部,这画的中部却无物可看。这个中空,把画分割成孤立

图44 宋·郭熙,1078,窠石平远图
图45 宋·赵佶,祥龙石图
图46 宋·赵佶,芙蓉锦鸡图
图47 邹德侬所绘芙蓉锦鸡图之形式分析图
图48 宋·马远,踏歌图
图49 元·黄公望,九峰雪霁图
图50 宋·马远,水图卷,层波叠浪
图51 宋·马远,水图卷,洞庭风细

46

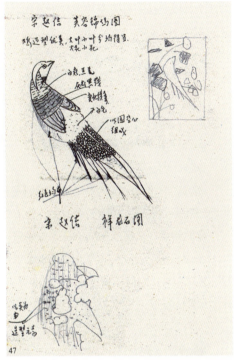
47

48

49

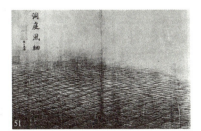
51

的四个片段，松、柳各不相干，不成功。""倒是他的《水图》，接触到形式的本质"，他在《水图》面前说。

他分析元·黄公望《九峰雪霁图》说："他用块体大做文章，中间一块为主，其中在块上的那些点，作用很大，有强烈的形式感。"

他评价元·王迪简的《水仙》说："发现了一些形式美的东西，但画得很费力，武器用错了。"

此外还看了宋人的《秋山观瀑图》、《寒汀落雁图》以及明·徐渭、清·原济、虚谷等名家的作品。

此行之前，我一直认为形式美法则是外来的，现代的，故宫一课，别开生面。后来我在购买的陈列目录上，以工整的小楷写下："量体面线点，黑白蓝黄红。下笔似无理，上纸却有情。"

在故宫御花园，吴师用在家中看到的草图，指点了油画《白皮松》的构思，他对白皮松的许多细节，还有假山石"洞"的"虚"，"块"的"实"，作了仔细的点评。油彩《故宫白皮松》就是左侧草图所分析过的作品。

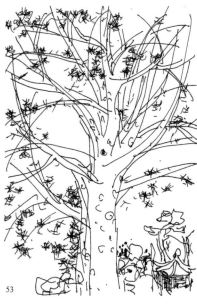

图52 吴冠中，草图，1975，白皮松1

图53 吴冠中，草图，1975，白皮松2

图54 吴冠中，油彩，1975，故宫白皮松

3·19751022·3-1　　3·19751022·3-2　　3·19751022·3-3

德侬：信悉

先谈澳画展，就像其国旗，属于英国面貌。我丝毫没有感受到想象中的澳洲气魄，画得小家小气，陈腔滥调，是低水平的蹩脚货，全部展品没有一件有意境，我绕场一周，看不下去，自然我在会场遇到不少旧日的学生，他们很热心，说以前只看到苏联的，很少看到这种画，要我"讲讲"，我感到羞耻，为我们的无知与陋闻感到羞耻，为我们不识自己感到羞耻。从技巧讲，古代的学摄影，近代的无匠心。水彩画不少，水分很干净，斤斤于小技，你及你昔日的同窗看到，也许会赞扬其渲染效果，但你立刻就会悟到：你以前一唯（味）追求的道路的终点原来就在这里——无聊的坟墓。

返京后我照常画了些画，曾为表现二株老杨树，那叶正面深绿背面粉白，风吹叶翻，绿、白相间，像鬼闪眼，我连画了五幅，只留下一幅，余四件都刮掉了。也画了些不得不酬应的画，似乎索画者愈来愈众。青岛风景迄今无再画的意绪，勉强复制是画不好的，为你重画了我去年一件最喜欢的深山风景，效果很好，我自己满意，你一定会十分喜爱的，老俞及小张我想给他们选二件现成的油画，你下月来时一并带回。

写到这里，老伴投来你的第二信，意见都先听着，以后还有首长看吧，邹孝标同志曾带了几位局长到工艺美院看我们的画展，二三天后邹专程到我家告诉我几位局长很满意赞坦那二件画，说第一关通过了。我觉得很无所谓，反正以后意见多着呢，邹说总得副总理看，所以画以后如何改听安排吧。写到这里，叫接电话，听完电话回来不知该谈什么了，一切等你下月上旬来京面叙。

陈科长刻的那方印，已用到我的画面上，很多人觉得很美，虽然不易认出那二个土字，但我觉得结构是紧密的，谢谢陈科长，我以后画有合适的水墨画时送他一件。

冠中　22日

【按】

"澳画展"在中国美术馆展出，问起情况，不想会引来他如此尖锐的批判和如此深切的"羞耻"。"无聊的坟墓"一句，深化了他曾经对我单纯追求技法的批评，也值得建筑系美术教学反思。

"二株老杨树"，十分耐看，引人遐想，也是我看过风景作品中最富人情味儿的一对儿树木。仰视构图，看得见两树之间交头接耳、窃窃私语相互倾诉的细节。在整体银灰色调中，树叶正面的深绿和背面毛茸茸的银灰，在微风的吹拂下，交替翻动，的确好像"鬼闪眼"的动态。以"静"的画面形象，表现现实中的"动"，曾是画家不懈的追求。

吴冠中老师赠送我们三人各一幅木板油画、两幅水彩，三人不偏不倚。这些珍贵纪念品由效孟带回。他对效孟说："这三幅油画考虑了你们三个人画画的特点：老邹不敢用黑，送他一幅乌黑的满幅大山，给他壮壮胆；老俞画画仔细、耐心，送他一幅细致、清秀的竹林；你作画大胆泼辣，送你一幅热烈、欢快的高粱"。他在每幅画木板背面，分别写上赠给我们的名字，并签上他的名字、日期。

赠我的油画《深山春色二》，是他花了近一天的时间重画的，所送走的那幅发表时题名为《山间春色》，现藏上海博物馆。我确实十分喜爱那乌黑山色衬托下的小白杨的身条、新叶。水上的那群白鸭，散漫的白色笔触看上去点得漫不经心，但整体望去效果极为精彩，潜水的，展翅的，理羽的，个个白鸭活灵活现。真所谓，看油画"远看西洋画，近看鬼打架"。

吴先生所赠另幅水彩《篱笆和鸡》，作于1959年，我总是看不够。五只

图55 吴冠中,油彩,1975,双杨

鸡在篱笆内抢食，鸡头及冠相聚，分不清是谁的头和冠，恰恰因此而取得强烈的动感。篱笆外的一只公鸡，正引颈察看，欲起跑加入抢食的一群，增加了画面的紧张感。背光篱笆的暗，门口及缝隙的光，再加上留白的鸡身，形成戏剧化的光影效果。画面笔触写意、流动，与动的鸡、变的光，一起形成紧张、灵动的画面。他所赠水彩《法桐》，已经在"崂山闻道"中出现过。

吴先生赠我的"黑山"，我一直挂在当时住的4+8平方米"一套"的住房里，后来又跟我挂到天津的住家，20余年形影不离，直到有一个穿军装的不速之客上门行骗之后，我才将它收藏到一个连家人也找不到的地方。为保护这珍贵的油画，我在悬挂之前给它镶了玻璃，吴先生听说后笑道："不用镶玻璃，油画不怕脏，可以洗，用刷子打肥皂刷！"天哪，我可舍不得。

吴先生赠画给我们这些小人物，出自真挚的感情、关爱和期望。而对于贪婪的索画者，不管谁人，毫不客气。1976年一位想索画的某人就对我说过："北京的画家数吴冠中最吝啬，我还有几个大干部请他吃饭，他也不给面子。"

赠寿宾的油画《黄山竹林》，灰绿主调，由丰富的绿色组成系列，如墨绿、橄榄绿、翠绿、粉绿等，色彩相互辉映，把灰绿处理得既含蓄又响亮；地面及道路的赭色，近亮而远灰，使小径深入竹林之纵深，意境幽远；降调的对比色红（灰赭）和绿（灰绿），形成微妙的对比，使得灰绿更加清新，灰赭更加柔和；竹干挺拔而富于弹性，竹枝尖锐、细致，左右甩开，运笔十分潇洒；竹林中的白屋，调节着灰调，深处的小红人，为整个画面之点睛！

水彩《北京交道口》，一幅热闹的老北京街景，如今已经很难看到了。在北京特有的灰砖瓦房的衬托下，在以花花绿绿的商家牌匾、红绿灯杆以及几组人群的带动下，营造出繁华的气氛。明亮的地面，地面上的影子，加上建筑的受光面，创造出一个暖得发热的暖调，增强了画面的热闹气氛。

水彩《笼中游禽》里，成群游动的鹅、鸭及各类水禽，用黑、赭、红等色在留白中被巧妙地点化成抽象的游禽群体；近景空出的几只白鹅以及那只展翅的黑鱼鹰，还有那些赭色的鸭或鸳鸯等形象，又把抽象群体点化为具体

图56 吴冠中，油彩，1975，深山春色之二

图57 吴冠中,深山春色之二的细部

图58 吴冠中,水彩,1959,篱笆和鸡

的游禽,成功地表现出游禽的活跃和丰富。十分罕见的构图是,那张围拦游禽的大网。这是在完成画面之后,用极细毛笔拉起布满整个画面的网,这个大胆的举动不如说是笔笔历险,只要一根线出了毛病,就会影响已经完好的整个画面。过硬的基本功,支持了这样的历险,这也再次证明了技法服务于创作的道理。1973年的这幅水彩,已经可以说是"后水彩"时期的杰作了。

吴先生赠效孟的《高粱与溪水》(这是我取的名字),应算是他"粪筐画派"时期所创作"高粱系列"的优秀成员之一,与1972年的《高粱》(图392)相比,这里画的是群体的"高粱地",以他惯用的技法,不必逐一刻画而表现出高粱地里的"千军万马"。紫红渐灰的高粱穗和金黄间浅绿的秸秆,以次级而不是强烈的色彩对比,相互映衬,在对照中各显微妙;高粱穗和秸秆稍斜的韵律,暗示着高粱随风摇摆的动势;那画面由左而下跌落的溪水,婉转、透明,似能听到潺潺水声;挤住流水的大石头,是色彩极为丰富的灰调,是吴冠中色彩的标志之一。

水彩《雅鲁藏布江渡口》是他1961年5个月西藏写生期间的一件十分简洁明快的作品。淡淡的亮土黄和浅蓝,勾出了山形与河水,天空借用空出的白纸,画面洒满高原的阳光;加上浓重的景物如汽车、人物等所形成的强烈对比效果,使那阳光亮得耀眼;那两匹马用笔节约,画完黑马,白马不画自出,笔墨极妙。

四方工厂的厂前区,有个规模相当大的花园,园里有座长满树木的小山和一个荷塘,旁边还有一尊艺术价值极高的北魏石雕大佛像,如此珍稀的文物,听说是日据时期立在工厂的,今已移至青岛市博物馆。吴先生面对一个小荷塘,夸张了水面的深远,利用一些写意的细部,如睡莲荷叶之类,创造出纵深的层次;这幅水彩最触动我的,还是黑色的运用,远树的墨色,浓淡、渗化十分丰富,几乎没加其他颜色,中景近景用黑也比较纯净,如果没有这些黑色的作用,那点点的红色不会有如此突出的效果。这幅水彩,倒像是为启发我的用黑所画的范图。

吴师还画了那尊大佛像的速写,形象更是浑厚、有力。他曾一边勾草图一边说:"这座佛像的造型元素是'方块',全身整体比例偏方,头部、

图59 吴冠中，油彩，1973，黄山竹林

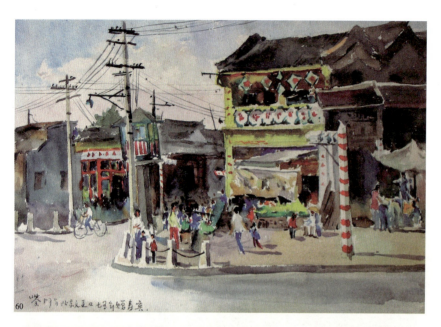

图60 吴冠中，水彩，1957，北京交道口

图61 吴冠中，水彩，1973，笼中游禽

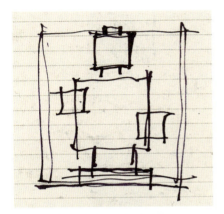

图62 记忆中的吴先生分析佛像形式草图

伸开的手掌都呈方形,形象很稳健,微笑的面孔也很优美。"我和朋友们都画过这个佛像,也觉得它美,但从来没有分析过它的形式结构,吴先生对大佛的分析草图,至今印象十分清楚,在许多文章里,他也使用这种简明的形式分析图。当时的那草图,教会我一种分析形式的有效方法,成为我日后的研究和教学中分析形式元素及其结构的范例。

2007年的一天,吴师来电话说,湖南美术出版社要为他出《全集》,他赠送我们的作品如果还在,可拍成120的反转片给他。我们以最快的速度把所需片子拍好,于10月9日我和青年教师赵建波以及学生刘崇霄送到吴师方庄住所。多年不见吴师与师母,十分亲切,感慨万千。他看到当年的赠画拍片,非常高兴,特别是见到那几幅水彩,开心地说:"哎呀,这些画还在!真想不到。"见到那幅《深山春色》后说:"有些同样的题材,可以编成'某某画之一,之二'。"我对他说:"您赠我的那幅《长河落日》,卷得很厉害,无法伸开拍片,又舍不得用许多图钉破坏了画面,不然,也可以编成《长河落日》之一。"我还说:"记得当时您还有一些赠别人的画,可能还在。"他说:"也说不定,已经换了房子了。"他说:"我最近正在写'艺术没有职业,艺术没有价值'[17]。真正的艺术就是没有职业,就是没有价值,艺术不值钱,既不能吃,又不能用,现在骗钱!"

由于返校后常去看望吴先生,读他的新作,所以他又赠过我《长河落日》[18]和《石岛石屋》,我非常喜欢这幅《长河落日》。画幅136.5厘米×68.5厘米,横穿画面的路桥线条,虽然划开了画面,却又逐渐融成了整体,把构图中的大忌变为神来之笔,彰显了荒漠的磅礴气势;上部电

17 吴师原话如此,我理解是在指艺术不是一种职业。
18 《唐诗》有王维名句:"大漠孤烟直,长河落日圆"。

图63 吴冠中，油彩，1974，高粱与溪水
图64 吴冠中，水彩，1961，雅鲁藏布江渡口
图65 吴冠中，水彩，1975，厂前小荷塘

塔与红日的尺寸虽小，但对构图的作用巨大，鲜红的太阳和垂直电塔的造型，提升了它们在构图中的竖向要素地位，太阳所处的"高"，电塔所隐喻的"直"，巧妙地平衡了画面的横向动势，并隐喻了"大漠孤烟直"的意境。此画应是《长河落日》的最早版本，上面有修改太阳位置的明显痕迹，这倒使我感到它特有的学术价值，我经常细观此画，揣摩他修改太阳位置的心理过程以及下笔的精细。

水粉画《石岛石屋》是在与吴先生一起翻阅他新作时，临时决定赠我的。一幢农宅的石头山墙，赫然摆在画面当中并占据了画面大部，而白底红字的大字"自力更生"，又占据了山墙的整个底部，那是当时农村最常见的景色，也透出了些幽默。

图66 吴冠中，墨彩，1984，长河落日之一
图67 吴冠中，墨彩，1984，长河落日之一的细部
图68 吴冠中，水粉，1976，石岛石屋

《土生土长》印,系陈伯涵先生所刻。陈公是我们画友中的最长者,年龄与吴师相仿,毕业于抗战时期的西南联大机械系,时任厂基建科长,是我在四方工厂时期的益师良友。陈公喜欢绘画、书法、篆刻,年届花甲,还经常与我们这些大青年一起外出写生。在一些谈话场合,吴师常言"土生土长",陈公据此句刻印一方。其中两个笔画极简的"土"字并排,构图十分困难,陈公令其一张一缩,得此有趣的完整构图,我们都很赞赏。

图69 陈伯涵刻印《土生土长》

再说说我们所知"赞坦那二件画"《雪山》与《瀑布》的下落。吴师最早带来的两幅小稿,应该是带回去了;交付铁道部领导审查的,是在四方工厂招待所画的两幅大稿,其尺寸是根据将来安装在车上的空位置决定的。但最终挂在车上的,不是吴先生的油画,而是根据油画大稿,在上海制作成的工艺美术品"绒绣",以突出中国传统民间艺术,淡化油画"礼品"的洋味儿。

大稿用完后,先是放在工厂库房里,后来有人把《瀑布》用钉子钉在厂办的墙上,《雪山》也相继出现在计划科的墙上,我们都分别看见过。据传,厂方有人出差北京,偶然在荣宝斋看到吴冠中的画竟然价值连城,无意中说出"我厂也有吴冠中的画"。荣宝斋的听者有心,经与工厂联系,愿出30万元收买那幅《瀑布》。30万元,在当时已是天价,随之成交。交画时,因钉子对画有损,买主只肯付20万元,工厂用此款装修了厂会议室。挂在计划科的另幅《雪山》,据传由爱好艺术的前党委书记方彭收藏,方去世后,不知下落。

网上有许多报道拍卖《瀑布》的文字,写得很随意,对这两幅画作的身世及其评价,还是吴先生自己的文字最为真实可靠,他最反对以画照片代替现场写生之类的"创作"。

4·19751030·2-1　　　　　　　　　4·19751030·2-2

德侬、效孟：

上次来信后不几天，收到小张信，说相纸已寄出，我想等收到纸后一并回信，寄款，款还是应我付，今日法权在手，对我是毫毛无损，但对你们可不同，如你们工资与我仿佛，我自然不提也算了。今晚宁同志送来纸，附信说纸可以报销，我半信半疑，千万不可客气，你们暗里付款。王进家与我关系甚好，他代买三合板，我付款，一切很自然。

待托人放大相片后，择优寄你们一份。

系里让我参加部里办的政治经济学学习班，脱产天天学习，共一个多月，还得二十天，明春让我出外备课进修，一过春节，我仍按苏州计划进行。这一阶段我真正放下油彩休息了。像动物园的老虎每周断食一天，我今年断画一月。不过，有时夜晚仍画点彩墨。

用水墨重画石舫，略胜油画，将油画刮掉了。老艺人张正宇来，要了你临的那幅小油画荷花去，我又用水墨重画了这构图。新画的水墨：石榴、迎春、扬水站与玉米、白松亭、鱼与海。自你走后最有质量的一件是素描，钢笔宣纸画了颐和园的一群乱柏：苍劲、稠密、缠绵、瘦骨嶙峋。

为北京站作的苏州园林（150×200），听说已张挂在贵宾室，效果甚好，我急乎想去看看，但没工夫，得学习班完了才能去。此画在家里画的，退不远，老在镜子里捉摸，所以急乎想看看挂在厅堂的效果，那是抒情的，不同于迎客松的庄严。

　　祝

　　进步

冠中　30日

【按】

　　当时工厂美工设计所用的绘画用品和相纸之类，的确可以报账。

　　在吴师处看过油彩《石舫》，十分有趣。一是石舫檐下相当于额枋部位的尺寸大大增高了，建筑系的老师绝对不会允许把建筑部位的高度夸大到如此程度，但这样的变形，大大加高表现彩画的区域。二是那彩画花花绿绿，既突出，又"乡气"，他说："我画的是慈禧太后的审美标准。"

　　用水墨重新画的石舫我没有看到，只可惜把那"油画刮掉了"。由于惦记那幅油画，1979年夏我带学生去北京水彩实习时，用水粉画了石舫，因为要给学生和同行看，所画建筑比例严格按实物，虽然彩画的"表演"区很小，但因注意着力表现慈禧太后的"审美观"，让红绿相间的画叶充满乡气，倒也有点效果，但比刮掉的油画差远了。

　　张正宇老先生收藏吴师的"小油画荷花"，我用水粉临摹过，下部没画完，放在这里，以显示那小油画的大概。并排的墨彩《荷花》，与油画略有不同。

　　装饰艺术家张正宇先生出生于1904年，是同为装饰艺术家的张光宇先生之胞弟。有幸而更有趣的是，吴先生去张正宇先生家索画的那天，也带我去了，让我感受了一次典型中国文人艺术家的快乐聚会。

　　1976年3月8日这天，我去看望吴师，不久画家罗尔纯先生也来了，他们决定去张老先生家。张家高朋满座，黄

图70　邹德侬，水粉，1979，颐和园石舫
图71　邹德侬水粉临摹吴师油画《荷花》，1975

图72 吴冠中,墨彩,1975,荷花

永玉先生正在作画,大家围观叫好。吴先生请张老画鱼,张老欣然命笔,边画边自叫绝。画毕,黄先生口拟题款,张老命笔题画曰:"焉知余不知鱼之乐""一九七六春冠中老弟来舍下索鱼两尾去者"。黄先生接着说:"应当写上'连缸',岂不更绝!"我看得作画出神,并动员全部脑力,试图记住张老作画的步骤和细节。回到家中,立即凭记忆默画,效果倒有点儿逼真,自谓"偷画"。

4月30日,我在自己的"偷画"上面作记如下:

一九七六年三月八日下午　随吴师及罗尔纯先生赴张正宇先生住所　其时黄先生全家也在场　吴师索鱼两尾　我只好偷了　张先生天性率真边画边自叫好　画就黄先生拟文张先生题画　题曰　一九七六年春冠中老弟来舍下

图73 邹德侬默写张正宇赠吴冠中《鱼之乐》，1976
图74 吴冠中，油彩，1974，石榴
图75 吴冠中，墨彩，1975，迎春

索鱼两尾去者　原拟题连缸岂不更叫绝乎

"新画的水墨"《石榴》,未见原作,这里找到一幅1974年后"粪筐画派"的油彩《石榴》。我估计那水墨《石榴》可能是棵石榴树。《迎春》见于画册,其余作品已难于查到印刷品。

"最有质量的一件是素描,钢笔宣纸画了颐和园的一群乱柏",是指《林》,出版第一本画册时,他先寄来单页样张,保存至今。

为北京站作的《苏州园林》,我没能进到贵宾室去看。但此前在车站大厅一层东侧候车室,看到了《北国风光》,吴师嘱咐说:"如果守门的不让进,你就说是来看老师的作品。"此画如今还在原处,室内环境较差。

图76 吴冠中,素描,1975,林

德侬：

信悉，我学习班明天结束，又将投入图画世界。

看到画，很不错，有意思。这是一条大道，直达艺术高峰，这是小小曲径，引入绘事之洞天福地。正因有半脱离对象之苦，像把不着救生圈，时时被迫喝几口水，在不断喝水中熟习水性，你被驱入"立意"的正道上来，从"形象"的丘陵爬上"意象"的高坡。我说水墨画是纲，水彩、油彩是目，纲举目张，你腕力不强，目前举水墨之纲是合适的，自然，日后举油彩为纲，水墨成目，其理相同。

就画面看，构图、疏密、整体感都合格，主要是色彩单调，特别是绿色，而且绿色在画面起压倒一切的重要作用。绿得无主调，宜更浓郁或转入清新，如不够浓，可于背面加重染色，求其深沉。荷花中要比比红与绿的肥瘦关系，谁肥谁瘦，谁酣谁醒，要探求肥与瘦，酣与醒之间的矛盾与衬托，具体的手段无非是面积大小、明度深浅、色相对照……垂柳桥亭构图不错，垂线也统一，只是绿色不起好作用，黑与绿相间显得有些闷气。云南树好，枝叶伸展颇舒畅，惜被"仿真"的绿色掩盖了风韵。

有人说印相纸不同于放大纸，不能放大，有人说可以用，只时间长些，已请人试用，尚不知效果。李书德的放大机借在外，他说收回后他来放。

画了一件水墨：老虎头像，正面肖像。颇得友人好评。

小张等不另，祝你们进步

画暂留我处

冠中　21日

【按】

  我在外地做水彩、水粉写生之后，回来也学着重画水墨。我寄去三幅画，一幅为韶山毛主席故居及其前面的荷塘，"比比红与绿的肥瘦关系"指此；二是《趵突泉》，远景为碑、亭，以铺满柳枝之近景相衬，屡画不成，随寄其草图去求教，"绿色不起好作用"指此；三是《昆明华亭寺》，院内有一片棕榈树，我第一次画此类树木，用刷子，自觉有点效果。

  吴师的鼓励和批评，我心中很敞亮，不骄不馁。"一条大道"是鼓励；"小小曲径"含蓄提示不要幻想有捷径；"被驱入'立意'的正道"，"从'形象'的丘陵爬上'意象'的高坡"，是难点，因而必须做好"被迫喝几口水"的准备。

  水墨暴露了我"腕力不强"的弱点，我就开始练习写大字，想起毕业实习期间，石承露先生买欧阳询书《九成宫》帖，并告诉我，练欧体对建筑师写仿宋很有益，于是我就写《九成宫》。起初用较软的报纸，叠上格照格书写，每日写报纸一张。此间，我也与母校呼延夜泊（王学仲）老师有密切联系，顺便向这位书法和国画大家求教，有关传统书画笔墨问题，老师给了我很大帮助，至今留有一份呼延先生给我批改过的作业作纪念。写大字一直坚持到1979年返校，对增强腕力，颇有成效，心情愉快。

  "可于背面加重染色"的技法，我也进行了体验，很有效果。后来见清华大学建筑系王大壮先生和黄永玉先生也常用此技法，故把此类画法戏称为"两面三水"画（正、反"两面"，水彩、水墨、水粉"三水"一起上）。

  这次去吴先生前海北沿的住家，一推开居室的家门，迎面见一墨彩老虎头"正面肖像"，对入室者怒目而视。我凝视着这个看了令人一震的"肖像"十分喜爱，吴师笑着说："此像辟邪！"

  我属虎，但对于多数画虎的国画作品都不喜欢。吴先生门前的这个只有一张"虎脸"的肖像，放大了老虎的威风，令人振奋。我心想，也要设法画一幅。

效孟、寿宾、德侬：

寿宾信悉。

最近我在宣纸上耕作，鸟枪换炮，工具材料开始讲究起来，画幅也放大一些。素与彩、线与面、虚与实、古与今、土与洋，东方与西方的姻亲结合既成事实，但我忽又重新考虑到居住问题，住到女家还是男家，定居在宣纸上还是油画布上呢？我计划搬家。我主要从艺术本身考虑，我总结水墨天地间的三大条件：1.纸与水的变化多端，神出鬼没。2.墨色之灰调微妙，间以色，可与油彩抗礼。3.线之运用是天下第一了。其他条件：方便、多产、易于流传，不如油画之阳春白雪难于深入民间。自然，十年内我还得男家女家来回住，但扎根水墨是既定宏愿了。目前我将自己的油画移植到宣纸上，更概括、更重意，有时效果是青出于蓝，每有所得，不胜雀跃，忘怀老之将至矣！这个冬天，我将反刍十年之草，胃口甚好，特别近半个月来，一批新作诞生，音容笑貌属于新生一代了。以后自会寄你们一些，你们一见面就会认出崂山亲家的远房姑表。

我写的几页色彩讲义，已寄仁普，请他看后转给你们，请大家提些见痕见血的意见。画箱我不等用，不必先保证我的。相纸请人试了试，说只要比一般放大纸时间放慢四倍，还是可用的，还没给我的画放大。

贺新年

              冠中 元旦

【按】

　　这是1976年元旦的信。这年,除了我们见到的一批让他满意的崂山油彩作品外,还有其他一批优秀的油画,如前面所见的《双杨》、《故宫白皮松》等,这些都收入在他的作品集中。

　　令人激动的是,他的油彩与墨彩"轮作"已经推开,"近半个月来,一批新作诞生,音容笑貌属于新生一代了",道出了他打开了一片新天地后的欣喜。这年的彩墨作品,基本延续他在写实中追寻形式美的画风,摸索并发

图77 吴冠中,墨彩,1975,白皮松

挥用水墨宣纸作画与用油彩全然不同的新效果，因而，引发了"我计划搬家"的思考。

对吴冠中艺术而言，这封信是一个纲领性的文献，它宣告吴冠中的艺术生涯发生了一次重大战略转折，竖起了一座崭新的里程碑。"扎根水墨"，"男家女家来回住"，不仅仅是影响到他此后的10年，即使进入新世纪以后，历时30余年，他仍是墨彩层出，油彩不断。

《水杉》是吴先生在青岛中山公园为我们演示的水粉作品，他用大笔蘸色，边铺大片颜色，边对我们说："我给你们壮壮胆！只要想好了，下笔就不要缩手缩脚。"完成此幅，仅用时十分钟左右。

图78 吴冠中，墨彩，1975，北京松

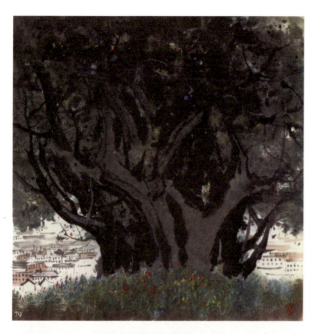

图79 吴冠中，墨彩，1975，银杏
图80 吴冠中，墨彩，1975，春笋

图81 吴冠中，墨彩，1975，山城
图82 吴冠中，素描，1976，松与海
图83 吴冠中，墨彩，1976，松与海

图84 吴冠中,油彩,1975,白皮松
图85 吴冠中,油彩,1975,黄山
图86 吴冠中,油彩,1975,白杨和山桃
图87 吴冠中,油彩,1975,木槿
图88 吴冠中,油彩,1975,竹林春笋
图89 吴冠中,粉彩,1975,水杉

吴师所编色彩讲义《风景写生中的色彩问题》，估计是他绝少能流传至今的教材。这个纸张极差的油印本教材，反映出当时的教学条件。教材不但对色彩的运用有全面而深入的论述，文字上毫无一般"讲义"的说教气，依然保持他叙事、说理的朴质而生动的文风，今天看来，仍然是十分少见的色彩入门难得教材。

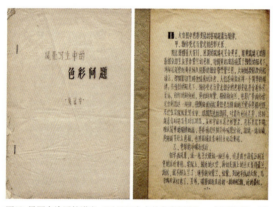

图90 吴冠中编写的讲义《风景写生中的色彩问题》，封面和第一页

德侬：

我于十六日离京，经济南、烟台一周周转，于今日，22日，安置在龙须岛公社招待所了。因从烟台坐了专车来，又经系、院领导及烟台方面专人的托付，公社特别照顾，我一人一间，新盖的房，还没人住过。来信：荣城县龙须人民公社革委会转工艺美院我收。

粗粗一看，主要画面在码头渔船及渔村，再就是画鱼，至于海岸礁石之类，虽经多位美工同志介绍说好，我看远不如崂山，除却巫山不是云，崂山风格的巨石，我看不易于别处再见。烟台地区多果园，这里却没有，我想要的苹果花园这回落空了。唯一希望是船，可下五洋捉鳖，桅樯倒影皆成文章。

烟台地委交际处离市远，又多集体行动，故你岳母家尚未去，我计划下月二十号返京一趟，到烟台乘火车，估计要去一趟，中午抵烟台，存画，我进市取票，晚车去济南转京。26日随大队人马再回岛上来。

烟台绒绣厂有几位美术设计人员不日来岛随我学，作为我系为地方办短训班任务之一。

袁运甫同志约于本月26、27日到青岛，他今日离开我后去荣城，想赶25日石岛的船至青岛，至青岛住定后将给你科里电话或信，他在青岛想画一周左右，你们有条件的话可跟他学学。

寿宾、效孟等不另。

你舅曾给我信，感谢他真诚的鼓励，我临行匆匆，也无地址复他。

吴冠中　22日晚

【按】

吴先生"投入图画世界"之后，开始新一轮的工作，他总是行色匆匆，忙忙碌碌，此后的信件中，充满这种气氛。

吴先生油彩未干的画作，极少交与别人，总是亲手携带，因此旅途中办事甚不方便。向他介绍烟台岳母家，可方便他临时存画或协助解决车票和住宿等。介绍济南我舅巴塱给他，也是同一目的。

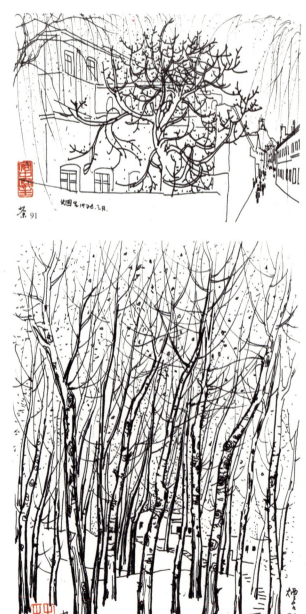

图91 吴冠中，素描，1976，烟台早春
图92 吴冠中，素描，1976，林与屋

巴塱，原名巴本椿，是1938年离家参军抗日的军队离休干部。参军前曾在烟台学画，与职业画家贾青青同学。他在军队主要从事宣传工作，在艺术界广交朋友，是位热爱绘画的诗人。曲波在《林海雪原》中，对巴本椿有所描写。

袁运甫先生去青岛作画，适逢我有事外出，由效孟陪同写生约一周。袁先生对效孟讲了1974年吴师在太湖画《太湖鹅群》的情景。当日写生结束之际，吴师被活跃的鹅群画面所动，随即接着工作。后来他在文中忆画鹅时说："红点便是点白成鹅的关键之笔……虽点时匆匆，实落笔千钧。画成，如一气攀登了海拔三千米的高峰，累极，作者以紧张的艰辛营造观众的轻松欢愉[19]。"

8·19760401·2-1　　　　　8·19760401·2-2

19　吴冠中．画外画·吴冠中卷．北京：人民文学出版社，1999，3．

德侬：信悉。冒着严寒，顶着海风，我已画出十件油画，但像样的只一二件。有所突破自己旧调的是"鱼"，画面无边无限的是新出海的小青鱼，是银鳞闪闪的海洋，这群昨天的海底骄儿，虽死犹生，黑眼视人，个别鳃边，犹染猩红血点。易于视觉感受的人们见过这画面，将永不会在记忆中抹去这一印象。也画了苗圃、港（都是渔船，无岸），但一系列五六件都谱的是渔家院子或渔村曲。

王进家出差石岛联系开门办学事，闻我在此，赶来看我，住了一夜。他主张我到石岛坐船，翌晨抵青岛，当天下午火车返京，这样可避免在烟台和济南换车，特别济南中途上车，怕卧铺不好弄，在石岛有人搞船票，你们先在青岛买张硬卧北京，这样你和俞、张三人中谁有时间到码头接我，当天下午上车，也不去四方惊动朋友们，进家这期间可能出差博山，也不想惊动他，就是仁普，他不骑车，坐车不便，也不愿他到码头去，但不通知他呢反怕他误会见怪，我还未考虑好。这回主要送画回去，鸡鸣早看天，到青岛主要是赶路，画也不能打开，先将画存车站或车站附近熟人处，只几个小时，下午就上车了。看十八、十九、二十号三天内哪天有石岛—青岛的船，联系好便通知你们代买北京硬卧票，时间紧便发电。我26号便又随人马返此，走晚了回去的时间太紧，走早了支付的是此地作画光阴，故得精打细算。苹果园明年北京见。到烟台现找还是需要时间的。这里到烟台赶当天济南车是行的。就是济南卧票较麻烦，带着画不愿去济南宿夜。

"苏州园林"在贵宾室，迎客松所居是候车室，贵宾室无人引导进不去，且贵宾室有三处，门户戒严。迎客松的稿，约1米50公分，也已给挂在二楼软席候车室了，这次我顺便去看了看，配上外框，也还看得过，我不满意这稿，是怀着害怕心情去探望病儿的。

石鲁抱病给我画来一幅金鱼，近虚谷，他请带来画的人告诉我："他将死了！"来人说他脸色确乎如猪肝一般了！

如定好石岛—青岛船票，可能请石岛刺绣厂同志直接给你信电定车票，这样快。

吴冠中　4月1日晚

【按】

3月22日才到龙须岛，至4月1日，"已画出十件油画"，这是吴先生的高强度劳作状态，也是他绘画生涯的常态。

　　他画的"鱼"，确实"有所突破自己旧调"，以致多次用油彩和墨彩表现这一题材且各有所获。

　　对《青鱼》，我有一个挥之不去的联想，那就是1976年清明纪念周恩来总理的"天安门事件"。其实，此画完成的日期，在事件之前，我读此画是在事件之后，这显然是我的"错位"联想。他对"这群昨天的海底骄儿"的描写，给我的印象是心灵和视觉的双重冲击。

　　对照这里的两幅"鱼"的作品浓、淡色调，其效果诚如他后来信中所论。

　　《青鱼》也使我想起吴师速写本里头的一幅"鱼头"，他画了一堆剪下来的鱼头，个个张嘴、瞪眼。这些东西也能入画，确实因为鱼头太强的形式元素，如呈圆形的鱼头以及头上的黑色圆眼睛。画上写了一段有趣的话，可惜当时没有抄录。大意是，鱼吃掉了，剩下一堆鱼头，老伴说扔掉，我说不能扔，可以入画。

　　吴先生喜欢吃鱼，麦收季节崂山海滩银鱼（一种如筷子粗、手指长的小鱼，当地叫"面条鱼"）丰收，也上了我们食堂的餐桌。我与寿宾自称"肉派"，不大喜欢吃鱼腥，吃饭时，把银鱼都拨到吴师的碗里。餐毕，我们开玩笑说："吴先生一顿吃掉200多条鱼！"

图93 吴冠中，油彩，1976，鱼海

图94 吴冠中，油彩，1976，青鱼

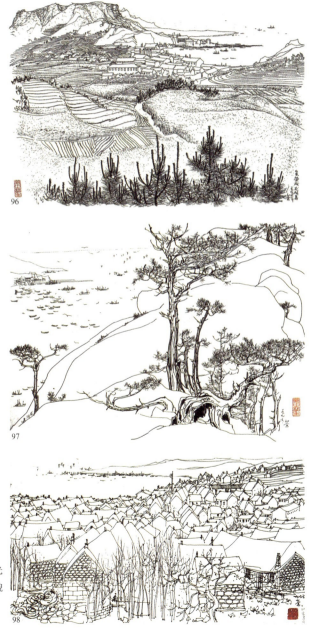

图95 吴冠中，素描，1976，龙须岛风光
图96 吴冠中，素描，1976，龙须岛新貌
图97 吴冠中，素描，1976，松与海
图98 吴冠中，素描，1976，滨海渔村

图99 吴冠中，素描，1976，浪（成山角）

图100 吴冠中，素描，1976，松林与海

挂在北京站贵宾室的《苏州园林》和《迎客松》，我没能进去看。但在一楼左侧候车室的《北国风光》曾多次进去，可惜室内环境较差。此幅与最近拍卖为首都机场所作同名作品，构图相近。

图101 吴冠中，油彩，1973，苏州园林
图102 挂在北京站一楼候车室的《北国风光》
图103 吴冠中，油彩，1973，北国风光

德侬：

   我考虑十六—二十号之间动身返京一趟，如十六有船，便十六走，已托石岛刺绣厂张惠英定船票，她定妥船票便直接发电给刘永志同志，电文内容：吴×日抵青岛，你根据日期定硬卧票，我青岛不留宿。现不知确切船期，传闻十六日有，我之所以提前几天走，因老伴身体不如前好，血压高，有时半休，回去多伴她几天，因再来山东又得二个月，她在家总较寂寞。

   如我经青岛事仁普知道呢，就备了一信转他，如他无从知道，则信作废，不惊动他算了，因为不必要麻烦他，你们骑车到码头接一接，送我到车站就完成任务。

   作画题材无非是渔村、渔船、鱼，方面不广，因此我不求多，在我最喜爱的题材上重画了二次，像鱼就画了二幅，意境属一，形式有推敲。还有一幅树苗，蓬松榆树苗，全无叶，亦无芽，内隐远山，树脚阳光初温，伏有白鸡黑鸡。第一幅树丛灰调温暖，隔了十天树干略青，重画一幅灰调温凉，我都喜爱。鱼呢，第一幅整体白，像鱼肚为主，是白鱼的感觉，第二幅偏青，背脊里青条条为主，是青鱼的感觉，比之白鱼，有新出水的优点。到目前为止，主要收获就是这四件二幅画。这几天在画水粉，完成所谓备课任务。寿宾、效孟不另。

冠中　7日晚

【按】

　　同一题材反复画，已是吴师创作的习惯性艺术追求。前信已见两幅不同油彩的"鱼"，这里又有墨彩的版本，三个版本比较，各自引人入胜。

　　多种版本的"苗圃"，各自散发不同魅力。信中详谈了两幅"苗圃"的创作过程很有意思。一幅是"伏有白鸡黑鸡"的《苗圃》（图4），一幅是"树干略青"的《小院春暖》（图5）。此间还有一幅《山村春暖》，意境属一，但暖意更浓，那一缕青烟和晾晒衣物及屋顶的淡红，具有微妙的作用。

　　在后信中的《海岸防沙林》、《海滨树苗》等等均属"苗圃"系列。

图104 吴冠中，墨彩，1976，
青鱼（青鱼丰收）

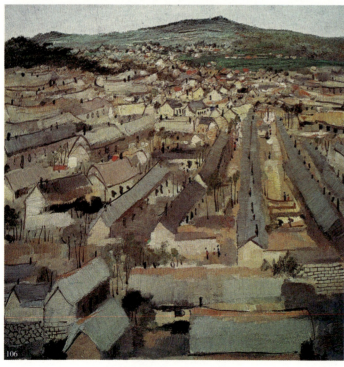

图105 吴冠中，油彩，1976，山村春暖
图106 吴冠中，油彩，1976，新村
图107 吴冠中，油彩，1976，渔港
图108 吴冠中，油彩，1976，渔港（船群）

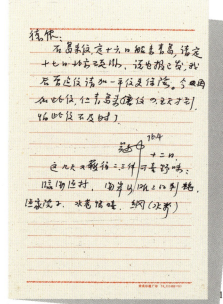

10·19760412·1-1

德侬：

　　石岛来信，定十六日船来青岛，请定十七日北京硬卧。说电报已发，我后曾建议请加一平信更保险。今再加此信，但青岛来信四五天才到，怕此信不及时了。

　　这几天又获得二三件可喜野味：临海渔村，海岸沙滩上的刺槐，渔家院子，水巷鸭嬉，网（水粉）

冠中　12日

图109 吴冠中，油彩，1976，防沙林（刺槐）

图110 吴冠中,油彩,1976,滨海渔村
图111 吴冠中,油彩,1976,海滨树苗

图112 吴冠中，油彩，1976，渔家院子
图113 吴冠中，油彩，1976，海浪
图114 吴冠中，素描，1976，渔网

德侬：

　　信悉，一切如计划，我于上月27日回龙须岛教学，很忙，成绩显著，学生要求延长二周，因延长问题未定，难定去泰山时间，故未给你信，如今看来延长有困难，则按原计划将于下月十八、十九结束。结束后，烟台地区可能要留我在烟台画点画，估计在6月25号前后去济南上泰山，到时我给你电报及信通知去济南日，但如何碰头再研究，你也考虑考虑。上一周我利用一周空隙，去了石岛附近的院夼（音"矿"），青岛工艺美校在那里办学，风景仿佛崂山，比崂山更丰富，属胶东第一。夜已深，匆匆复这点

　　俞、张不另

冠中　27日

【按】

　　石岛之行时间少作品多，对具象要素的形式感发挥得淋漓尽致。胶东民居就地取材（如石头、海草或苫草等），因山就势而建，多变中有统一。吴师对民居的描写，从群体到院落再单体，由远及近，由虚而实，令角形山墙这个具象形式要素变幻无尽。赠我的水粉单体民居《石岛石屋》，就是这样的民居，儿时我就曾住在这种冬暖夏凉的草房里，见图倍感亲切、怀念。

　　《海鸥之家》也是在石岛的作品，有素描和粉彩两种。每观粉彩一幅，若把视点盯住柱状海礁顶部，总见成片海鸥围绕着它悠然"盘旋"，如荷兰之大风车。所以，每每必注视良久。

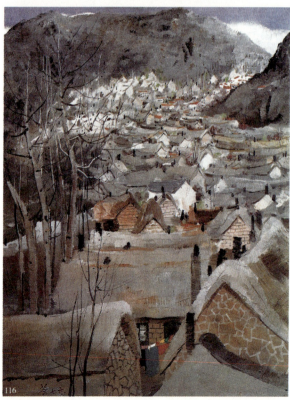

图115 吴冠中,油彩,1976,春暖
图116 吴冠中,油彩,1976,石岛山村

图117 吴冠中,粉彩,1976,海鸥之家

德侬：不意你终于未能走成，倒麻烦你舅舅一清早赶到车站接我，这两天又陪我奔走，并同游了大明湖。

泰山貌不出众，主要因盘踞南北要道，文士官宦竞相登临，题壁累累，山凭人传，人又靠山扬名。古代交通闭塞，见闻狭隘，虚名欺世甚易。比之，黄山秀，崂山朴，泰山像个大傻瓜。仅中天门以上，有几处高处群松有气势，但都是仰视远景，而能入画图的主体形象则甚少甚少。我住了四个夜晚，爬上爬下，五个白天，只画了一棵唐槐与五大夫松。松只剩三棵，当然也摘了"大夫"帽子，名曰"五松亭"了，但我仍画了一群五株，另二株是它们之中的二个不同侧像。画是用整张宣纸、毛笔、碳素墨水涂鸦的，只是草稿，拿到招待所往墙上一挂，突然感到仿佛是罗丹塑造的"茄来六义士"。

故事：英法战争中英军围茄来，久攻不下，英皇恨极，城将破，扬言必屠城，除非守城六绅士开城代戮。

罗丹刻划了六人交出城中钥匙，代全城百姓走上断头台之悲壮神态。

岛上二月，忙煞人，一如戎马倥偬，连家信也极少写，明日归去，又

图118 罗丹，雕塑，1866，茄莱六义士

将门庭若市，在济南我躲开了一切美术界人士，只伴你舅舅去看了一次吕品，他并不算老，只比我长一岁，但病兮、衰兮、生命之余烬兮！写完这信，我即赴车站上车返京了，怕返京后忙，先抽空复你，历史博物馆等我回去画一幅2米的风景，说要到日本展出，我还不知具体内容，效孟、寿宾不另写。

冠中　3日晚九时，济南旅社

登泰山：名山独踞要路津，
　　　　文士官宦竞登临，
　　　　千载题壁书青史，
　　　　苍松不老阅阴晴。

初稿已抄给你舅舅

【按】

"茄来六义士"，为罗丹名作，除情节悲壮外，其人物之间的空间组合，首开雕塑这个体量（mass）艺术与空间（space）艺术交融的先河，为艺术史家所称道。但见美国斯坦福大学之复制品，人物散漫布置，悲壮的气氛消失殆尽。

五大夫"松只剩三棵"，但"仍画了一群五株"，是吴师常用的"移动"创作方法。"五松亭"画稿没有见到，但后来的"松魂"或以此为据。就我观察，他所画叫作"魂"的一些作品，把绘画追寻事物之"形"的目标，转而求其"魂"，是吴师绘画由具象转抽象的有标志意义的事情，相关作品意义重要。

受此启发想到，建筑艺术也应当有"魂"可追。吴师笔下的建筑艺术，从个体到群体，从小桥流水到高楼大厦，各类建筑的提炼、变形，精妙地勾出其艺术的灵魂所在，让人领略建筑的艺术真趣，我一直想与建筑师讨论这个有趣的问题。

119

120

图119 吴冠中,素描,1976,泰山(黑龙潭)
图120 吴冠中,墨彩,1983,松魂

德侬：信悉，

震后人平安，房屋有裂未垮，不再大震，还可凑合住。

送日本的油画1.8米×1.2米，画白皮松与景山，已定稿，最近想动手画，原说月底交货。中央顶天柱是白皮松，前面有假山，几个少先队，一点远景是景山。

并且，还要我同时作一幅水墨，别人估计会受日本友人欢迎，我预备作漓江新篁，画幅较大，1.7米×1.3米，如此大幅水墨还是初试，不卜成败。

今全家住游泳池畔窝棚，日已暮，伏椅写，如在海水浴场。

冠中　4日

【按】

1976年7月26日，发生震惊世界的唐山大地震，波及京津，房屋损坏严重，已有人员伤亡，居民在室外搭"抗震棚"暂住，生活不便而且困难，这种状态延续数年，直到1980年代初，才开始清除"地震棚"。

送往日本的油画《白皮松》曾经见过幻灯片，发表过的印刷品只见到前面所举之《白皮松》。

德侬：

地动山摇笔未停，地震期间，夜宿窝棚，白天我仍在家绘赠日本的二幅风景，油彩白皮松与水墨漓江新篁都已画成，前三天已先由历史博物馆取去，后事如何，下回分解。别人的画，估计都还不会这样快画完，听说期限已推至九月廿日。

画一完，趁三个壮丁都在家，重整家园，大大修补调整了一翻，虽破旧不改，但安排得方便多了，外间可接客，不影响我闭门在里屋工作。这一阵忙下来，你的信也就迟复了，关于地震，形势时紧时松，种种现象反常，只欠六月雪了。既然科学尚无把握，管他呢，我是全不在乎，地球已是一万年太久，我六十岁也不短了。本想，防震期间作画，宾客少，可安心些，但送各种信息的朋友仍不断，仍有干扰，尤其老伴催得紧，令我不能十分任性。她不拟来青岛，十分感谢你们的诚意，前南京亲戚叫她南去避灾，她也未去，如今南京居民也都住入窝棚了！我系原计划去上海开门办学，既上海也防震，又计划去广西，今南宁也住窝棚了，于无声处听惊雷，海内何处无震，天晓得！目前我们窝棚未拆，有时室内住，有时室外住，随大流，不少窝棚在安排过冬条件呢！

前几天给你另去一信，寄去水墨核桃树一幅，还不知他回济南没有。在泰山我见到抽象绘画一件，托他有便给拓下来，后寄来相片，相片当然远不如拓片。我向人请教,说是"如意"二字的民间草体,原作在中天门与五松亭之间路边,近五松亭,登山时右边,刻石填红,宽约五六十公分,若登泰山,此字可拓。

明、后天起,想动手画一批泰山水墨新篇,重墨不重彩,或以焦墨为主。这次漓江新篁,墨、彩并重,185公分×145公分,效果差强自己意。

画箱折页已交李书德去处理,今秋等用,因海南归来,原画箱又该修补,必须有二套鱼网轮换,才能不失春秋渔汛。

效孟、寿宾均此不另

冠中　28日

【按】

"地动山摇笔未停"。地震在当时已成影响全民生活的头等大事,京津许多家庭投亲靠友,易地而居。青岛被认为是不会发生地震的地区,天大建筑系有老师来青岛暂住,因此想到邀吴师来避震,不过,最后青岛也搭起了防震棚。

吴师在这个时期的创作,发表的不多,如这里提到送走的"油彩白皮松与水墨漓江新篁",我没见过印刷品。我重返天津大学后,为研究生开《西方现代艺术论》时,曾从他那里借来近百幅幻灯片,其中包括了这些作品的片子。拍这些片子的条件很差,有的竖在墙根,有的靠在凳子上。这套幻灯片,在我手里长达数年,一直到他去香港讲学,我才送回去。真是奇怪,当时我竟然连想也没想过复制一套自己用,真是"脑袋进水了",就像去崂山时想也没想过借个相机一样,否则如今也可以见到更多罕见的作品和相片。

吴先生前海北沿的家,是个由"四合院"变成的"大杂院",他住北房两间,老屋配旧家具。院内居民集中供水,集中用厕。地震后,院内搭满了棚子,每次进院,如闯迷宫,几无落脚之地。

他与我舅巴曌仅短暂相会,却念念不忘,寄信、寄诗、寄画。所寄小型墨彩《忆付家台》一幅,题曰:

"核桃树,傍山泉,仿佛山里老大爷,八十九十筋骨健。筋骨健,春来枝叶添缠绵,不减当年。"　　　　　　"忆付家台　七六年春　荼"

图121 吴冠中，墨彩，1976，忆付家台

图122 泰山石刻"游山乐"
图123 泰山石刻"游山乐"拓片
图124 吴冠中,油彩,1972,漓江新篁

"在泰山我见到抽象绘画一件",并在信上画了简图的那件"抽象绘画",也吸引了我,一直想完成取得这个拓片的任务。我返校后,因给泰安山东农学院设计实验室,有机会多次登泰山。在第一次登山路上,在不远的一个旅游商店里,找到这幅"绘画",是一件李和谦"游山乐"石刻拓片。拓片黑白分明,图形清晰,而且价钱便宜,我一下子买了三幅,分别寄给吴先生和我舅,再见吴师时,看他把此片的边款裁掉,仅留图形,挂在墙上,很是欣赏。后来再登泰山时,在山顶的商店又看到此拓片,但图形界线较模糊,周围墨底子有凿石的痕迹,而价格不菲。我马上意识到,先前所买是木板制作的赝品拓片。但观看悬起的真品,却不如赝品好看,既然不影响欣赏图形,也不是作专门收藏,决意不再买了。

石刻上款(右)为"辛酉春三月",下款(左)"李和谦游山乐",中间所刻草书究竟是何字,传闻甚多,有说是"如意"的,有说是"如此好山"的,还有说是松鼠的……我更愿意相信另一个传说:那位作者是饭馆的跑堂,常在擦饭桌时以抹布练草书。各说可能是见图附会,但在大众的解构阅读中,各人却也得到自己的那份快乐,很有意思!

"这次漓江新篁"水墨作品未见,不知是否根据1972年之油彩所画。

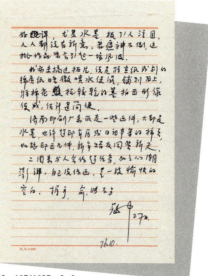

德侬：

信本该早复，因等待去上海开门办学的确期，行期几改，今普天同庆，我们索性下期去上海，今冬大概不离北京了。

我于雷劈瘟神的第三天，即八日得讯，通宵不眠，痛饮友人送来的泸州特曲半斤。

送日本的画于十一日起在历史博物馆观摩几日，艺界人士去看的不少，正值东风送喜讯，人人喜洋洋，一片赞扬，其中黄胄、李可染、吴作人等作者都曾被打成黑画家或禁其作品出国，今日展出他们的画，标志文艺复兴的即将到来。同时在美术馆刚预展一天的所谓全国版画剪纸展，同摄影展一样立即关闭了。我所作油画"松柏参天"与水墨"漓江新篁"亦得普遍好评，尤其水墨，极引人注目，人人都说有新意。若瘟神不倒，这批作品恐会引起一场风波。

我亦未搞过拓片，说是将宣纸或别的绵质纸略微喷水使湿，铺到石上，将棉花蘸较干的墨拍出形象便成，估计甚简便。

济南印刷厂来取走一些画件，大都是水墨，也许赶印年历或日记本等的插页，如能印出几件，新年赠友同贺新天。

二周来与人合作赶任务，加之心潮澎湃，自己没作画，是一段愉快的空白。

握手，俞、张不另

冠中　27日

【按】

这是"雷劈瘟神"即粉碎"四人帮"不久给我的信，全篇洋溢着解放了的兴奋与喜悦。

德侬、效孟、寿宾：

信悉，北京居民大都在室外搭棚，天寒地冻，岂能久住，又谁知死神何日光临，我们全家搬入那间拟作画室的小屋住，屋矮，再作些防震，即使全塌，危险不大了，虽进出不便些，但很暖和，暂保命于一时。白天照样在大屋生活。

历史博物馆已借调我到馆作大幅油画长江（4米×3米），我预备画三峡夔门，正在作稿，画好后张挂在通史结尾的大厅里，共四幅：长江、黄河、珠峰、长城。这一阶段，水墨又搁下了。

照片给我放大"玉堂春"及重庆山城（满山房屋）各一张，其余的都不要了，也不必寄来，以后便中带来。

握手

冠中　八日

【按】

"玉堂春"是指《青岛一角》，此作是吴师青岛之行在市区的代表作品，前面已经提到。画面复杂，现场工作耗尽脑力体力，就连我们这些观者都看得辛苦。完工时，大家共同长舒一口气。我说，吴先生画完这幅画，相当于京剧旦角唱完一出全本的"玉堂春"[20]。他说："对，玉堂春，就是玉堂春。"此后他经常把此画简称"玉堂春"。前面我已经谈到连夜改此画的情景。

吴先生画重庆山城的作品给人的印象十分突出，一是数量多，二是变化大。他说："八年抗日战争，我居重庆郊区五年，忆及蜀中风物人情，仿佛

20　京剧全本《玉堂春》是很吃功力的旦角戏，有的脚本要唱5个多小时，仅"会审"一折，旦角要唱近1小时，而且要跪着唱。

第二故乡,故多次入蜀写生,每入蜀,情思脉脉,年光倒流。"[21]

前面看到的墨彩作品,以及这里的几件作品,诚如他所言:"作风介于具象和抽象之间,予人感觉是具象的,其实需依靠抽象的方法,如果真具象地画一间一间的屋,则十年也无法完成。"[22]

信中所提"满山房屋"者,应为1974年所绘之《长江山城》。

[21] 吴冠中.画外画·吴冠中卷.北京:人民文学出版社,1999,45.
[22] 同上

125

126

图125 吴冠中,素描,1984,重庆
图126 吴冠中,油彩,1974,长江山城
图127 吴冠中,墨彩,1979,老重庆
图128 吴冠中,油彩,1996,老重庆

图129 吴冠中,墨彩,1970年代,山城重庆
图130 吴冠中,墨彩,1997,老重庆

17·19770212·3—1　　　　　17·19770212·3—2　　　　　17·19770212·3—3

德侬：挤时间，此信是在澡堂里等号的长椅上写的。先，济南印刷厂通过李书德向我借点画稿，以作年历及信笺、笔记本之类的插页，画到济南便被有关方面发现和珍视，因此决定出一本我个人的素描及水彩、水粉集以作内部资料，大量素描和水粉到了济南，被内部观摩之事我是事后才知的，今又来人要增加水墨数十件，则总计约百件，轻工局科研单位初步决定出12开本约五十页（两面印）。我看济南印刷厂的线描小样还不错，但印的彩色年历太糟了，他们说改由济南新华印刷厂承印，我估计也好不了，反正彩色部分是牺牲品，我也不考虑油画，就先印一些小哨兵出去看看风向吧。二张年历，一张油画太湖鹅群将银灰的天印成玫瑰红天，无法印了，一件水墨林与溪（溪中白鹅）是和你们这次看到在我家框内装着的那幅同一构图，不过更偏银灰调，被印成单调的蓝绿色，连白纸的天也染成蓝绿色，等几天正品寄来，寄你们一件看个不舒服吧！日后印册，素描和水墨效果会差强人意的，不过最好的水墨稿没有拿去，有的荣宝斋想印水印，有的被借去印88年年历了，有的留手头备借。因稿去济南总得半年回不来。

长江三峡效果较理想，凡见过的人异口同夸，是我作品中气魄最大的一件，可作58岁前的代表作。日后长期陈列通史结尾厅，群众易于见到。另为历博作了一件2米多见方的油画"重于泰山"，以悼念周总理骨灰挥撒在祖国的土地和江湖里，画面主体是泰山望人松，江河土地雪山白练都在巨松隐蔽之下，怀抱之中，白云缭绕，大自然戴孝焉，此画日后可能张挂在接待室

127

或休息厅等处。历博工作刚完，鲁迅博物馆已约定作油画鲁迅家乡，我计划三月上旬至四月上旬去绍兴，然后到苏州授课三周，总得六月间返京后才制作"鲁迅家乡"。外贸促进会将去日展览，又要我作了水墨，荣宝斋也来要了二件四尺整张的水墨，预备春节展出（就在荣宝斋），似乎水墨先行了，美术馆最近将开幕的全国美展，我还是送了油画，听说选了我的"红莲"，画高一米多，是前二年作的。我主要等待我个人或几个人的展出，主力油画展出百件，向美术界投下小小一个原子弹，看来只是时间问题。

近来忙，总为丹青，也因想等年历印出一并寄你，但颇失望了，将附寄线描小样二页，倒可勉强看看，只是用宣纸的感觉印不出来，白云洞算是可以了。

寄较大照片不便，日后带来，不急用，你如三月中旬后再来27剧场则可能见不着了，我想冒寒尽早南去。

俞、张不另

吴冠中　12日

【按】

"此信是在澡堂里等号的长椅上写的"，一封信，用两种纸，他惜时如金，惜纸也如金啊！

"有的被借去印88年年历了"，其中"88"应为"78"。

"二张年历，一张油画太湖鹅群……一件水墨林与溪（溪中白鹅）"应是这里所举的两件作品。

"线描小样二页"，除《白云洞》外，另幅即保存至今的《冬天的树》。

后来，吴先生带我去历史博物馆看3米×4米的《长江三峡》，那确实是他中年之伟大作品。他仔细给我讲解，在如此巨大的画面上，如何掌控整体，又如何安排细部。他说，这么大的场面，如果没有细部，就看不下去了。所以应当处处有"岗哨"，处处有"把关"的，才不致松懈。他一一指点，"岗哨"在哪里？是什么？让眼光所到之处，都有"要点"可看，眼光移动，又可以看到与之相呼应的另一个细部。我感到，欣赏如此巨幅作品，如果不亲临画境，恐怕永远也无法领会作品的真谛。

图131 吴冠中,油彩,1974,太湖群鹅
图132 吴冠中,墨彩,1976,春暖(丛林溪水)

图133 吴冠中,油彩,1976,长江三峡

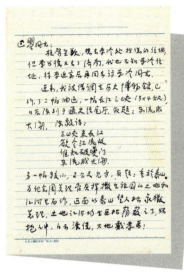

1977年2月1日,吴师给我舅巴罂一信,谈到《长江三峡》以及除"四人帮"后的心情,因与作品有关,附在此处。

巴罂同志:

枉驾至歉,想去李冷处找你的住址,但李书德又去了济南,我也不知李冷住址,待李返京后再去访李冷同志。

近来,我被借调在历史博物馆,已作了两幅油画,一幅长江三峡(3公尺×4公尺),日后陈列于通史结尾厅,取题:东流成大海。陈毅诗:

三峡束长江

欲令江流改

谁知破夔门

东流成大海

另一幅较小,2公尺见方,取题:重于泰山。为纪念周总理骨灰挥撒在祖国的土地和江河而作,画面以泰山望人松象征总理,土地江河均在巨松荫蔽之下,怀抱之中,白云缭绕,大地戴孝焉!

打倒四人恶帮,无异当年日本投降,但愿新时代的到来步伐能快一点,文艺方面还似"犹抱琵琶半遮脸",百花再度齐放,看来还待来春。

并致

敬礼

吴冠中 2月1日

德侬：

我明日将去绍兴，约工作一个月，后转去桂林开门办学，原计划六七月份返京，只怕主席纪念堂有事催回。

最近特忙，有不少是酬应工作，急乎逃去。

地址：绍兴鲁迅纪念馆转中央工艺美院我收

吴冠中　6日

德侬：

我于八日抵绍兴，刚住定，纪念堂来电报说有紧急任务，催我速返京。后由我老伴向华君武同志说明情况，经华同意，我继续留此作画，但一直总提心吊胆，怕突来金牌，所以这一个月比任何一次外出都紧张，共吃掉饼干八九斤，有几天是整天靠它过活。油画16件已于昨日托运回京，我明日去杭州，约九号去桂林任课，我系开门办学地点改在桂林和南宁，尚不知到桂林住何处，你若有信寄家中，由我家代转。看来纪念堂大画方案未定，故仍同意我先去桂林任课，若不催，我将在广西住二个月以上。

小张所做画箱已投入第一次战役，也许木头松，侧面连箱盖的螺丝已脱落，拧不住，再是托住画面的钩子位置太低，站着画不成，再搞两只钉在高处，可提高画面。

杭州五六天，看望亲友，重访四十年前学生时代旧踪迹。

吴冠中　2日晚

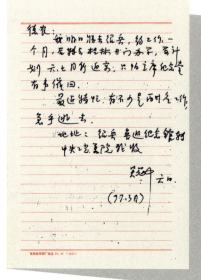

18 · 19770306 · 1-1

19 · 19770402 · 1-1

【按】

以鲁迅故乡绍兴和吴师故乡宜兴为代表的江浙风景,是他永远的乡情,两个地方如此相像,人们难以分辨哪里是谁的故乡,江南风景是他绘画中的一个恒久主题。

接触吴先生几天,就知道鲁迅是他一生最景仰的人物,这次应鲁迅纪念馆之邀,他无疑极为重视,极为投入。所以,才有从3月8日抵绍兴到4月1日,就能把16件油画托运回京的效率,才有"吃掉饼干八九斤,有几天是整天靠它过活"的艰辛。

这次的绘画作品也具有里程碑的意义,许多作品已成此类粉墙黛瓦、小桥流水绘画的经典,而从此以后,又围绕着"墙"及其故事,展开了新的画卷。

图134 吴冠中,素描,1977,绍兴

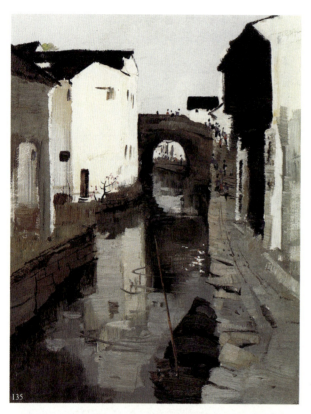

图135 吴冠中,油彩,1977,鲁迅故乡(绍兴河滨)
图136 吴冠中,油彩,1977,鲁迅故乡(之一)

图137 吴冠中，油彩，1977，鲁迅故乡（之二）
图138 吴冠中，油彩，1977，绍兴东湖
图139 吴冠中，油彩，1977，绍兴乡村

图140 吴冠中，油彩，1977，墙里春满
图141 吴冠中，素描，1977，绍兴
图142 吴冠中，油彩，1977，鲁迅故乡

23 与"鸟瞰"相对,像昆虫一样匍匐在地面向上看的视角。

水田里一大片芋头苗的《苗圃》,像他所画的许多题材一样,是一件看上去没有什么主体"形象"、无从下笔的场景。但那嫩绿的小生命在微风下的活泼姿态,吸引着他。他采取"虫瞰"[23]的视角,可见小苗的根底,找到造型的形式元素,成为在龙须岛等地所绘挺拔树苗"苗圃"的姊妹篇。

吴师在四方工厂期间,我们见他的画箱很旧了,决定按其画箱样式给他做个新的,我们每人趁机也制作了一个。在厂里,虽木工和钳工技术一流水准无可挑剔,但终因对选料没有经验,这个画箱没能如预想的那样,为他改善"装备"条件,常感歉疚。

图143 吴冠中,油彩,1977,苗圃

图144 吴冠中，墨彩，1977，山村

德侬：
　　我刚从漓江一带回到桂林，便读老伴转来手书，我约六月中旬返京，忙极，先电复。

　　　　　　　　冠中·2日晚

20·19770602·1-1

【按】

　　桂林山水一向为画家所钟情，此前他就有优美的桂林山水作品，如1972年的《桂林山村》（图147）、《漓江新篁》（图124）等等。1977年的这次写生，他很想画出"大山怀抱人家村落，藏鲜艳色块于黑压压的深谷中"的意境，但果真要画时，却又陷入"只窥一斑，不见全豹"的境地。这里展示几幅不同时期的桂林山水，以窥探这一探索过程。作者说，1996年的《桂林江山》，"调整色彩，在减法中经营画面，居然再现了二十年前探寻的桂林江山"[24]。

24　吴冠中.画外话·吴冠中卷.北京：人民文学出版社，1999，31.

图145 吴冠中，油彩，1977，漓江两岸

图146 吴冠中,油彩,1969,桂林
图147 吴冠中,油彩,1972,桂林山村

图148 吴冠中,油彩,1976,桂林日出
图149 吴冠中,油彩,1977,漓江之滨

图150 吴冠中，油彩，1977，阳朔渡口
图151 吴冠中，油彩，1996，桂林江山

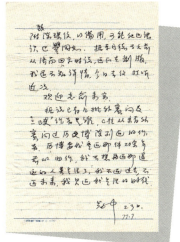

德侬：信悉。一个多月来，我前后给陈琪两信，均不见复，后知他带队下乡去了（一年），我还给巴婴同志去信请他就地打个电话问问，今知老巴还在青岛。听说画稿出版工作已由陈琪交他们单位吴玉田办理，可能已安排在临沂制版印刷。我今天同时给省轻工局第一科研所吴玉田去了挂号信，向他了解，也谈到你曾去信借稿，请他大力支持，你要稿就再给吴玉田联系试试。听说陈琪带队就在郊区，则我们给他的信息会转到他手，如何不复颇为奇怪！他本应主动将情况告我。老巴回济南后看看能否找到陈琪。

附致陈琪信，以备用，可能他也认识巴婴同志。据李树德不久前从济南回京时说，画正在制版，我还不知详情，今日去信打听近况。

欢迎老俞来京。

据说已有几批外宾问及"三峡"作者是谁，以往从未有外宾问过历博陈列画的作者。历博要我重画那件20余年前的旧作，我不想再画那遥远的人类生活了，我不画过去，不画未来，我只画我生活的时代。

冠中　23日

【按】

在1977年，出版画册还是一件十分困难的事。"轻工局科研单位初步决定出12开本约五十页"的画册，名为《吴冠中彩画素描选》，于1979年3月作为"内部资料"印出，署名"山东省第一轻工科学研究所"，天津人民纸制品印刷厂制版印刷。画册共56页，收素描、水彩、水粉、水墨作品60件，无油彩。尽管这是一本没有"书号"，印刷质量欠佳的画册，但毕竟是"文革"后吴冠中艺术第一枝报春花，也是他第一次集结如此众多作品的画集，具有文献价值和纪念意义。

其中的素描，主要是该时期的写生，如青岛、崂山、龙须岛、石岛、泰山等地的作品，多数前面已经出现过，像《滨海渔村》（图98）把当地民居的屋顶、烟囱的形式要素组织得完美无瑕；无从下手的《渔网》（图114）乱线，也被组织成"乱中见整"的形式结构，如此等等。

此外还有1975年以前的作品，如1953年的两幅"树"，表现出"学院式"素描的坚实功底；画于1964年4月的《梯田》（《马栏村》），组织起优美曲线形式的梯田韵律；1974年的《山与火车》，展现出用线处理山的肌理、组织韵律的功力。

十分可惜的是，其中有几件大幅素描，因印刷时过分缩小已看不出细部，但还是显示了整体的面貌和气势，像前面所见的《崂山松石》（图28）、《青岛雪松》（图3）和钢笔淡彩《海滨车辆厂》（图6）等。

画册中所收入了1973年以来的部分水彩、水粉，如今已是难得一见的类型了，在见到吴先生之前，这类作品是我曾经到处寻找的"纯水彩"范本。

更有意义的是，画册比较集中地发表了他"变法"后的第一批水墨作品。拿该时期的水墨与他的水彩、水粉相对照就会发现，有大胆而动人的构图和强烈的形式趣味，但还是力求造型和色彩的准确与清新。可是，在笔墨和色彩方面，与传统国画有明显的不同，所以才有吴冠中的水墨算不算国画的议论。前面已经见到的《青鱼》（图104）、《白皮松》（图77）、《春笋》（图80）、《银杏》（图79）、《荷花》（图72）、《向日葵》（图43）等均收入其中。这里的《黄山日出》（忆黄山）等以下诸多作品，都收在该画册中。

在这批水墨中，基本上是在具象范围追求形式感作品。惟前面见过的《山城》（图81）与《黄山云海》（即

图152 吴冠中"文革"后第一本《吴冠中彩画素描选》封面

图153《吴冠中彩画素描选》扉页

154 155

156

图154 吴冠中，素描，1953，树
图155 吴冠中，素描，1953，冬天的树
图156 吴冠中，素描，1964，梯田（马栏村）

图157 吴冠中，素描，1974，山与火车（雁翅山）
图158 吴冠中，水彩，1973，江南民居
图159 吴冠中，水彩，1973，看展览

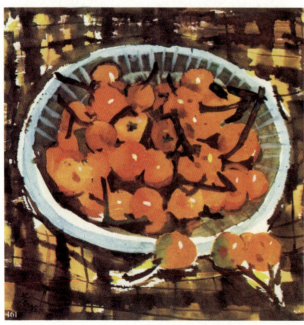

图160 吴冠中,水彩,1973,纳凉
图161 吴冠中,水彩,1976,枇杷
(吴先生说,此画果实为师母朱碧琴所绘,背景是他所加)

图162 吴冠中，粉彩，1973，野菊
图163 吴冠中，粉彩，1976，萝卜花

图164 吴冠中,粉彩,1976,白杨
图165 吴冠中,粉彩,1975,睡莲
图166 吴冠中,粉彩,1976(约),山春

167

168

169

图167 吴冠中，墨彩，1976，黄山日出（忆黄山）
图168 吴冠中，墨彩，1976，蜀中水田
图169 吴冠中，墨彩，1976，假日
图170 吴冠中，墨彩，1976（约），节日
图171 吴冠中，墨彩，1976，海滨松林

图172 吴冠中，墨彩，1975，梨花
图173 吴冠中，墨彩，1976，庐山山村

图174 吴冠中，墨彩，1976，山村早春

图175 吴冠中,墨彩,1976(约),山村与桥
图176 吴冠中,墨彩,1975,黄山云海(黄山日出)

当年我第一次见到的吴先生同题材之水墨）等作品，有摆脱具象着意抽象形式感的倾向。此后的发展，很让人期待。

历史博物馆内那幅气势磅礴的《长江三峡》，注定要受到观者的瞩目，吴先生的亲密老同学雕塑家朱德群先生也特意来看这幅力作。

"历博要我重画那件20余年前的旧作"，是指博物馆长期展出的一幅表现"原始社会"的油画，为吴先生早年所作。

图177 吴冠中与旅法雕塑家朱德群在历史博物馆《长江三峡》前留影

22·19770902·2-1   22·19770902·2-2

德侬：

信悉，"鲁迅家乡"数易其稿，本已上布（大稿）（1.5米×1米）二周，接近完成时又全部刮掉，未为瓦全。刮掉后重新构思，又二次易稿，昨日始得较满意新稿，考虑下周上布，待画成摄片寄你们，下定决心，决不让俗品出门，此次构思特苦，曾多日推敲不得佳构。今新稿与你们所见初稿已非一家，如后者与立体派有瓜葛，则前者是石涛的后裔了。这一月，我就这样在战斗失败中度过！

老朱来过，邹工亦来过，相片已送来，但他说其中无底片，我看无关，底片本来也不好，已用不着。

鲁迅稿刮掉两次，最后新稿（小稿）尚未放大，因需重新钉框换布，比例改得更扁了，鲁博不着急，最早要明年秋天用，故我近来作了一个月的水墨画，都系大幅，有为荣宝斋作的，有为市美展作的，有六七件可看看。

急于出门，先复这点，巴婴的歌待细读后再详复他。

始终是宾客盈门，我尽量将来客集中在星期天，所有星期天的上午全部接待客人，但平时不断闯上门来的仍多，苦于无处躲身作画，不少件画都因被客打断而牺牲。

冠中　2日

【按】

此信中，两次提到《鲁迅故乡》创作过程之反复，并"下定决心，决不让俗品出门"，其中必然也灌注了他毕生对鲁迅的敬仰与热爱。

他随信给我寄来的《鲁迅故乡》定稿草图，可对照1978年完成的《鲁迅故乡》。

图178 吴冠中,钢笔墨彩草图,1977,鲁迅故乡定稿
图179 吴冠中,油彩,1978,鲁迅故乡

德侬：信悉。据吴玉田同志来信他已复你信，如何未收到，你可设法去济南取稿，我本已去信建议不再印画册，他们复信表示将加紧工作，故仍同意由他们印。

我接受革命博物馆任务为主席纪念馆作油画韶山，将去江西、湖南一二个月，约国庆前后动身。

前去日本之画已在东京展出，我看到一本目录，有我一幅彩色插页，并邀请去几个作者代表，名单争执中传闻有我，最后到底还是没有我，我并不稀罕匆匆的观光，安心到南国山野去吃草。前荣宝斋组织之画展已在香港展出，据说黄永玉和我的画最受欢迎，我那幅是山城（四尺立幅）。看来水墨确是我的先锋了，成吉思汗远征世界，还看今朝！

呼延同志来过一次，约他本星期日上午，来客太多于我成灾！

林风眠师临去国前寄来一画，我奉读之下不禁泪下。

已作水墨韶山一件，现展于荣宝斋门市部。

吴玉田的信可能耽误在你们厂里什么部门。

寿宾信悉。

冠中　23日

【按】

"已作水墨韶山一件"未见，现找到标1976年的两件"韶山"作品，如下。

图180 吴冠中，墨彩，1976，韶山夜校
图181 吴冠中，墨彩，1976，韶山

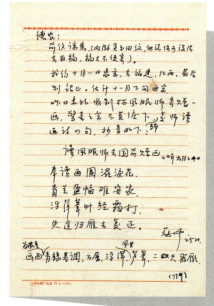

德侬:

前信谅悉,(内附吴玉田信,他说你可设法去取稿,稿大不便寄)。

我约十月一日离京,去福建、江西,最后到韶山。估计十一月下旬返京。

昨日意外收到林风眠师寄赠一画,惊喜之余不觉泪下,当即复师读画诗四句,抄录如下:

读风眠师去国前赠画　　　　　　1977年9月24日
奉读画图湿泪花,
青兰盈幅难安家,
浮萍苇叶经霜打,
失途归雁去复还。
画面为浓重青绿基调,云层、浮萍、风里芦苇,二只飞雁。

　　　　　　　　　　　　　　冠中　25日

【按】

"意外收到林风眠师寄赠一画",我在吴师前海的大杂院家中见到,没见印刷品。吴先生表示,林先生当时已是耄耋之年,最终还是移居外国,令人叹息!

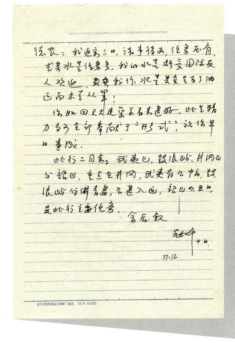

25・19771210・1-1

德侬：我返京三日，诸事得办，任务压肩，尤其水墨任务多，我的水墨颇受国际友人欢迎，我作水墨其实是为了油画而木兰从军！

你如回天大建筑系甚好，此生精力当可全部奉献于"形式"，祝你早日事成。

此行二月余：武夷山、鼓浪屿、井冈山与韶山，重点在井冈，武夷有几幅，鼓浪屿仿佛青岛，不甚入画，韶山四五日，是此行主要任务。

余后叙

冠中　10日

【按】

"文革"期间，天津大学教师流失严重。1977年夏，我的毕业设计导师张廼苓先生建议我回天津大学任教，并向校方极力推荐，替我办理了一些麻烦的相关事务，至1979年4月成行。吴先生对我的调动及往后的学习方向十分关心，并提出一些切实的建议。

"**武夷有几幅，鼓浪屿仿佛青岛**"，这里举例日后发表过的若干作品。

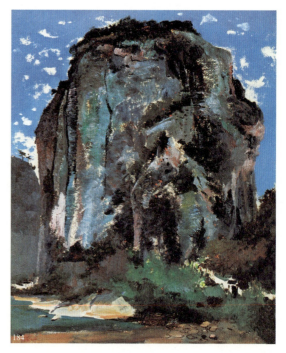

图182 吴冠中，墨彩，1988，武夷山村
图183 吴冠中，油彩，1977，武夷山村
图184 吴冠中，油彩，1977，武夷山
图185 吴冠中，油彩，1977，武夷山林场

185

图186 吴冠中，油彩，1977，鼓浪屿
图187 吴冠中，墨彩，1977，鼓浪屿
图188 吴冠中，油彩，1977，鼓浪屿的院落
图189 吴冠中，油彩，1977，井冈山主峰
图190 吴冠中，墨彩，1977，井冈山主峰

德侬：

信悉。愿无意外枝节，祝你早日调回天津。工作问题似乎宜结合建筑造型，探索整理形式美问题，绘画创作则在兼顾之中。毛主席给陈毅信发表，表明中央认清文艺要解放，首先要在基础理论上奠定形象思维之根本问题，我估计形式美的问题将被提到建国以来的空前高度，这个问题不研究，我们的文艺将永远落在无科学的愚昧状态中。结合建筑，又懂得点外文，情与理双方兼顾平衡，我看你献身于这一工作是比较合适的。至于下海专搞绘画，海天茫茫，芸芸众画家似乎都无罗盘，找不到新大陆！

我这劳碌命总是忙，辛苦种得的谷物将被人们采食，遍传宇内也只是时日早晚。上周去友谊宾馆作一丈二尺巨幅水墨"泰山松"（五大夫松），两日而成（起稿用了一个夜晚）。装裱后将挂在外宾餐厅云。另有书画创作组亦驻在友谊，呼延谅亦在该处，我无暇前去帮忙，故也未去看他们，免惹往来，主要怕客多，影响工作。祝全家好

祝小张爱人早日健康

　　　　　　　　　　　　　　　　　　　　　　　　冠中　18日

【按】

　　由于"形式"和"建筑形式"（"建筑构图"）问题，长期属于"禁区"，我在校时没能获得系统知识，仅在批判老师大字报的字里行间，寻求过一鳞半爪。

　　四年级时，我参加了同窗好友顾孟潮组织的翻译小组，硬啃苏联建筑科学院编的《建筑构图概论》（俄文）一书，大家分工，我翻译第四章：建筑的体量空间结构，沈玉麟先生热心校对，期间虽受益良多，但很不解渴，所以，毕业之后依然怀有强烈愿望，仍想对其探个究竟。

　　"文革"期间，在同窗好友李哲之、翁如璧夫妇家里，我拿走了他们的1952年哥伦比亚大学出版四卷本的《20世纪的建筑与功能》一书，其中的《建筑构图》的一卷，成为我学习英语的精读课本，并打算翻译此章自娱。

　　这些情况，"在崂山闻道"时曾对吴先生详谈过，当时他就有类似的建议，我也下定了探索"现代形式"的决心。临近返校的时日，他这里的一段十分客观的建议，对我有针对性，有现实性，切合我的实际状况。

　　"毛主席给陈毅信发表"，是指当年《人民日报》发表的1965年7月21日毛泽东致陈毅的信，信中提及"要用形象思维，不能如散文那样直说，所以比、兴两法是不能不用的。""要作今诗，则要用形象思维方法，反映阶级斗争与生产斗争，古典绝不能要。"

　　形式美"这个问题不研究，我们的文艺将永远落在无科学的愚昧状态中"。一个艺术家，从"科学"的角度如此尖锐地认识形式美问题，这在当时是难能而大胆的。形式美是科学，加强了我研究此课题的"正当性"。

　　"至于下海专搞绘画""找不到新大陆"的意见，断绝了我无法归队之前的一度设想。但这对于一切打算"下海"搞艺术的人而言，依然是由衷的忠告。

　　吴先生说，来客多，打扰创作；开会也是负担，能不参加的，我是绝不参加！

德侬：

久无信，先曾估计在搬迁安家期间，近接信，始悉近况。

我约四五日后去云南，约五月间转四川，六七月间返京，去云南无任务，任性作画，去重庆要讲学，因我院借他们一位教师讲学，我是被点名去交换，作人质的。行前，系里非要我展画及讲座不可，否则不让走。条件差，十三日起就在工艺美院展出七十三件，至本月30日止，观众之多，类乎庙会，大约再过几天人会少些，否则人挤人无法看，（加之外地来京人多）。北京美术工作者大概要一网打尽了。十四日下午二时在礼堂讲座：在绘画实践中学习"洋为中用，古为今用"的体会。听众近千人，人一直挤到礼堂外的工棚里，就在这美术界的空前盛会中，我投下了后浪推前浪的矛头指向崇洋及保守派的炸弹。你不用担心，李自成的农民军一定要占领北京的，成吉思汗的黄脸部队必然要进驻欧罗巴洲。

法国画展十分糟糕，要追现代化的今天给我们看蒸汽机时代的蹩脚货，庸俗的图画侮辱了有悠久文化的法兰西人民，糟蹋了尊敬的法国伟大的大师们，同时欺侮我国人民无眼力，给吃了馊饭还当作佳肴！也有几件名家的作品，但或者是他们的次废品，或者是他们风格尚未形成前的习作，可说是开他们的黑画展。我不清楚此事的前后背景，恐涉及政治问题，故讲座中一字未提，而赞扬了墨西哥及伊朗的画展，有心人自然也都懂得了。

最近来京可看好几个展览，能争取来应极力争取。

"鲁迅故乡"很成功，今在展中，月底将取走，随鲁展去瑞典，故画面小，约1.5公尺×1公尺，待新馆落成还需放大四公尺的。

讲座二小时多，有录音。

冠中　17日

【按】

"十四日下午二时在礼堂讲座"，吴师把手写讲稿复印件寄给我，我一口气读完讲稿，心情久难平静，多年没读过这么解渴的文章了，现将它附录在书后。鉴于当时的社会政治气候，报告必须有些"穿鞋戴帽"的地方，尽管如此，已经是投下"后浪推前浪的矛头指向崇洋及保守派的炸弹"了。此报告，是《看日出》的重要视点，即吴冠中艺术新起步初期的小结。

一，对官方号召的"油画民族化"，从理论到创作实践作出了个人的回答："人民的感情、泥土的气息、传统的特色和现代西方绘画的形式法则"，这最后一句是第一次有人大胆提出，在当时要冒政治风险；

二，一个油画家，在中、西绘画乃至文化之间的长期摸索后，正式开辟了水墨画的"第二战场"；

三，这一时期，吴冠中艺术对"现代西方绘画的形式法则"的实践及其成就，不论是油画还是水墨，基本完成了具象形式美元素组织结构的阶段。许多作品，如《山城》（图81），在思考并探索向抽象元素前进，注定会引发有关"抽象美"命题的争论。

信中，"你不用担心，李自成的农民军一定要占领北京的，成吉思汗的黄脸部队必然要进驻欧罗巴洲"等，是这个报告中未出场的最强音，它是中国艺术家向真正意义上的"中国现代艺术"，向中国现代艺术的国际地位挺进的无声号角，那时，中国的政治气候还容不得这类声音。

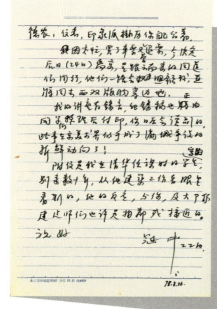

德侬，信悉，印象派挂历你自己留着。

因太忙，买了车票又曾退票，今决定后日（24日）离京，是跟云南来的同道们同行，他们一路会照顾我，并将同去西双版纳等边地。

我的讲座有录音，记录稿也由同学们整理后付印，你以后会读到的，此事在美术界似乎成了满城争说的新鲜动向了！

附信是我在清华任课时的学生写的，别来数十年，从他建筑工作者眼里看到的，他的反应，与你，及大部分建筑师们也许是相邻或接近的。

祝好

冠中　22日

【按】

此信中提到他的学生济湘的"附信"如下：

冠中师：

即将走出画厅和你握别时，心里真有说不出的留恋。中午，好像新生入学，我早就端坐在礼堂的第二排，打开笔记静待"老师上课"。周围的青年人越来越多，于是我也变得快活起来。此刻谁知，我正多么渴望，把握住二十六年前哪怕是一瞬时间的再现！您的炽热与激情感染了每一个人；但令我久久深思的，则是您终于如此坚强走了自己愿意的路！四个钟头听讲，如梦如痴，浑身大汗，连紧握的那支笔也湿了。可惜时间这样短暂，待登上归途后，街头的冷风和行人又重把我送进新的迷惘。

我很赞成画中有诗而不配诗。画，它给人以独特的形象感受，启发人们凭借各自的经历再去编织绮丽。其实，真正的境界乃是无以命题的吧。但不知先有命题而后作画，会不会使作品容易失于牵强或者晦涩？我还因此觉得，虽然《长江山城》画面不大而意境深远；比之技法高超、画面优美的《鲁迅故乡》并无逊色。它描写了尘上的噪杂和笔者的冷静，江上汽笛长咽，暗示人们一切都将消失在茫茫霞雾之中。美极了。

此次展出的画，可谓琳琅满目，风格多样。有的响亮洗炼，有的清浅淡泊，有的奔放泼辣，有的温柔秀丽；但是我更偏爱《紫竹院》的迷离朦胧以及《迎春》所写的那种枝条满园惹人恼倦的意境。与这两幅细腻微妙的情调相反，《黄桷树》和《京郊汽车终点站》就又别具一格，纯朴、自然；尤其后者，好像画家偶尔一瞥顺手拈来似的，看后感到萧瑟而又深邃。感谢作者用无言的诗道出了观者的心意。

展厅前面几幅如《香山红叶》、《松实与海》、《桥》、《鱼与海》等，有十足的东方情调，将是备受艺术界欢迎的"文人画"，更近乎诗。广泛流传将为先生增誉。

过去二十年用心血涂出一条新的画路，未来二十年乘风破浪将大有可为。不过我奉劝爱师慎言。未知当否。

十四日一天激动，伏案草此满纸荒唐，幸勿责怪。祝川滇之行顺利，返时盼能再唔。

住甘家口北六楼三十二门十二号。

问师娘及可雨三兄弟好。

顺颂春绥

              1978年3月17日 生 济湘

这里所附的几幅可能插图，在发表时曾用不同画名。

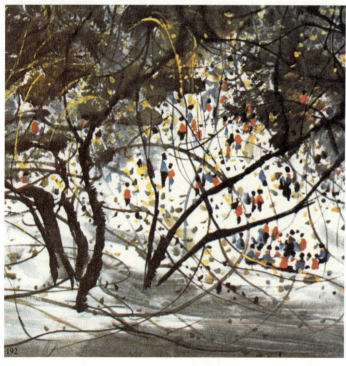

图191 吴冠中，油彩，1973（约），紫竹院早春
图192 吴冠中，墨彩，1974（约），迎春（局部）
图193 吴冠中，油彩，1973，紫竹院公园（初春）

图194 吴冠中,粉彩,1976,
松与海(代替信中所说"松实与海"

在我的印象中,《松实与海》是得自一幅线描。在崂山驻地沿海公路上,栽有一棵棵小松树,树上结有带有鳞片状的椭圆形松实,他画线描时我在想,胶东叫"松火笼"烧火做饭用的这东西也能入画?见到素描《松花》(图82)时,我以为就是当时所见的线描,但所注日期为"七六",水粉画《松与海》也注"七六",墨彩《松与海》(图83)没注日期,看来也应该是同期,估计已经不是我在崂山所见到的那幅了。

德侬：我到云南后主要在西双版纳和丽江玉龙雪山工作，今工作已近尾声，在大理留一周便回昆明。经成都返京，约七月初抵京，云南行三月，内容是丰富的，日后细叙。

市美展预备搞个速写展，原说六月底截稿，届时我恐还回不去，你处那件车辆厂不知有便能尽快带、或寄到我家否，我想送它展出，因我总无工业题材的作品。如你已在天津，那倒方便了，实在来不及带去北京，也算了，并非非展它不可。

握手

吴冠中　6月5日　大理

寿宾：如德侬已调天津，请尽快将此信转他
自题水墨月下玉龙雪山
崎岖千里访玉龙，
不见真形誓不还。
趁月三更悄露面，
长缨在手缚名山。
玉龙常在云雾中，我住山下林场十日，朝暮守候，终于擒住。

【按】

艺术家最需要的是，创作自由。这次"去云南无任务，任性作画"，就是一次这样的创作自由。在云南之行中，我们看到的吴先生无论是作品的数量，还是质量，都是他艺术生涯里亮丽的一笔。他爱玉龙和版纳，为它们付出不眠和辛劳；玉龙和版纳也爱他，赐他诸多优秀的画作成果。

我们可以在他的许多文字中，共享他的苦与乐。

图195 吴冠中，油彩，1978，玉龙山
图196 吴冠中，油彩，1978，雨后玉龙山下
图197 吴冠中，墨彩，1979，玉龙山下瀑
图198 吴冠中，油彩，1978，雨后山涧
图199 吴冠中，墨彩，1978，月下玉龙山

在香港1987年出版的《吴冠中画集》中，有一幅《流》（图200，1981），我第一眼看上去就非常喜欢，只是不知道出自何地。1988年我在《吴冠中绘画形式分析》一书中看到吴先生在玉龙山下画的《雨后飞瀑》后，我猜那《流》也可能出自玉龙，二者构图和意趣十分相近。

吴先生写道："湿的树干更如铁铸，树间飞泉恰似一道白练，黑铁与白练之对照效果强烈，予人坚硬与尖锐之感。"由于近处望去有气势但不见整体，远处观望满山白练清晰流畅，他"于是采取遥望中奔泻之形，赋予近观中强劲之质"[25]，完成飞流酣畅的意境。

25　吴冠中・吴冠中绘画形式分析. 成都：四川美术出版社. 1988, 4.

图200 吴冠中，墨彩，1981，流
图201 吴冠中，墨彩，1978，雨后飞瀑

图202 吴冠中,墨彩,1978,玉龙山花
图203 吴冠中,素描,1978,玉龙山下人家

图204 吴冠中，墨彩，1978（约），玉龙山老松
图205 吴冠中，墨彩，1978，玉龙山下古柏
图206 吴冠中，墨彩，1992，玉龙山下丽江城

图207 吴冠中,油彩,1978,玉龙山下丽江城
图208 吴冠中,油彩,2003,玉龙山下古丽江

德侬：

信悉。我于30日晚抵京，离京三月余，积事甚多，忙极，碰上招生评卷，几乎天天去校。

一回家，看到车辆厂速写张挂在板上，画保护得很好，毫无损坏，但我不满意这画面了，先是看过此画的同事夸奖，劝我送展，今决定仍不投靠题材，还是换了一件新作"石头林里有人家"（云南石林）送展。展不展由人，如展，定会引人注目，是极有特色的线描淡墨，整张高丽纸，近一米见方。第八期外文版《中国文学》（英、法文）印了我的一件鼓浪屿，此画春季曾展出于北海，画面亦一米多见方。《河北画刊》4期印了一件水粉"阳朔风景"，作为技法参考而已。

讲稿已由同学整理好，我未审阅，因打印任务忙，迄未成印，说是要印的。在昆明省图书馆又作了一次讲座和作品观摩（西双版纳的），人极挤，门窗玻璃被挤破，他们亦录了音，并说整理记录打印。如今，贵州、四川、杭州都来约我去：讲、展，都得慢慢来，可能贵州得先去展画，因答应已久，讲是不去讲了，暂时走不开，下学期同学急盼我上课，课是该上的。

此次画幅较大，但满意的不过三五件，我不求量多，但愿质变。

盼早日迁天津，日后来京就很方便了。译书有成果，是一大喜事。先匆匆草复

握手

效孟、寿宾好

冠中　7月8日

【按】

吴先生的线描，一般为钢笔线描，那时已经有了经过处理可以变换粗细的钢笔尖。平常所见，钢笔加淡彩的画法较多，加淡墨的较少。他在《石头林里有人家》这幅画

里加淡墨，完全是"石林"之石所呈灰色基调的要求，故而可得表现石林之真色。"石林"与"人家"相比，是大大夸张了的，相互增强了效果。

图209 吴冠中，墨彩，1978，滨江丛林
图210 吴冠中，墨彩，1978，西双版纳丛林

图211 吴冠中,油彩,1978,西双版纳

图212 吴冠中，墨彩，1978，西双版纳
图213 吴冠中，墨彩，1978，忆西双版纳
图214 吴冠中，钢笔淡墨，1978，石林
图215 吴冠中，钢笔淡墨，1978，西双版纳香蕉园

图216 吴冠中,素描,1978,西双版纳的树
图217 吴冠中,素描,1978,云南人家
图218 吴冠中,油彩,1978,
雨后流泉(云南云杉,林间)

图219 吴冠中，墨彩，1978，云南景色

图220 吴冠中，素描，1978，丽江纳西人家庭院

德侬：一直等你从天津来信，结果仍是青岛来信，但愿早日搬迁，夜短梦少。确乎我也愈来愈忙，往常，我收到来信便复，不肯拖拉，这回隔了许多日子，今天才又细读了一遍来信。有关心理学方面与北大教授联系中能接触到朱光潜先生则甚幸甚幸，只怕他已过于年高了，他早年写的"心艺心理学"[26]是我艺术思想成长过程中第一个奶妈，我学艺的童年是吃他的奶生长的，对他永远崇敬，愿他尽量长寿！

这学期我上了二个来月的课，是在长城、秦皇岛两地上的，忙个不了，自己画不成。其他时间依旧作画，水墨之量将远远超过油彩。作品在香港等地引人注意，发表的画页与评论文章逐渐多起来，因与那边无直接联系，只别人偶然剪来一些片断，你日后来京再看吧。美协贵州分会于八、九月间举办了我的个人展，展出100件，目前浙江美术学院正在杭州主办展出我的个人画展，展出80件。济南所编之"吴冠中彩色画素描选"（约60件）正在天津印刷，明年上半年内可见到成品，北京人民美术出版社编"吴冠中画选"（十八件，普及本）也正在北京印刷，明年上半年当可与广大读者见面。

明年二、三月间我去重庆、讲课、作画。

最近评审教师职务，我被群众无记名投票选为评审组成员，几乎天天开会，作画少了，此事得干到月底。又为第三个孩子拉出六建，甚费劲，如今基本问题已解决，只怕手续磨人了。

全家好

吴冠中　13日

26　疑是《文艺心理学》，邹注。

【按】

1979年4月,北京人民美术出版社出版了《吴冠中画选》;1979年9月,上海人民美术出版社出版了《吴冠中油画写生》,这些早期画册,虽然简陋,具有重要的文献意义。

北京人民美术出版社出版的《吴冠中画选》包括封底、封面的绘画,共18件,其中油画10件,有《青岛一角》(图15),《白皮松》(图84),《黄山》(图85),《鲁迅故乡》(即图135《绍兴河滨》)等。这里再举几件其他油彩作品。

印在封面上的《瀑布》,尽量压缩上部天空与山的面积,把舞台留给急流直下的几股落水。此构图使我想到它与一年后《维多利亚瀑布》的渊源。

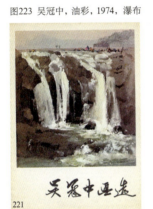

图221 北京人民美术出版社《吴冠中画选》封面

图222 上海人民美术出版社《吴冠中油画写生》封面

图223 吴冠中,油彩,1974,瀑布

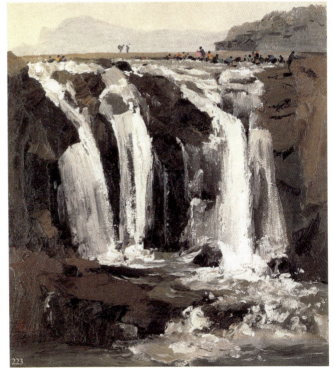

《水田》，其明朗如镜，韵律如歌。正如吴师所说："我自己较满意的油画水田，仅寥寥数幅，大都作于七十年代，均来之不易，是自己的绝响了。"

这两件油彩作品，可以和1976年所作之墨彩《蜀中水田》（图168）相对照。

224

225

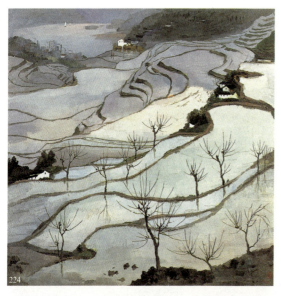

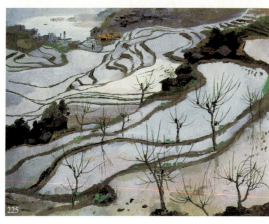

图224 吴冠中，油彩，1973，水田
图225 吴冠中，油彩，1974，水田
图226 吴冠中，油彩，1974，苏州虎丘

水墨作品大都比较轻松，有《春暖丛林溪水》（图132），《鼓浪屿》（图187），《雨后山村》等七件，这里也举部分实例。

另有一件水粉《睡莲》（图165），是在崂山的作品，我等都有"现场直摹"的仿品。

图227 吴冠中，墨彩，1977，海滨渔村

图228 吴冠中，墨彩，1976，鱼塘（鱼乐）
图229 吴冠中，墨彩，1976（约），鲁迅家乡

图230 吴冠中，墨彩，1976（约），雨后山村
图231 吴冠中，墨彩，1976，万县（忆长江山城）

上海人民美术出版社出版的册页《吴冠中油画写生》，收入的16件油画作品，其中许多我已经引用过，如《太湖群鹅》（图131），《滨海渔村》（图110），《渔家院子》（图112），《向日葵》（图43）等，也有云南之行的精彩作品，如《雨后流泉（云南云杉，林间）》（图218），《傣族村寨》（图234），《云南边陲风光》（图235）等等。这里再举其他几例。

图232 吴冠中，油彩，1976（约），江南园林

图233 吴冠中,油彩,1972,双燕(房东家,李村)

图234 吴冠中,油彩,1978,傣族村寨

图235 吴冠中,油彩,1978,云南边陲风光

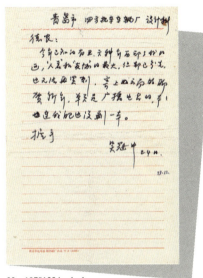

32·19781224·1-1

德侬：

今年已知的有五六种年历印了我的画，"人美"和"友协"的最大，但都已分光，也无法再买到，寄上云南的聊贺新年，单页是广播电台的，本本连我自己也没剩一本。

握手

吴冠中　24日

【按】

1978年秋，吴师还到四川嘉陵江、峨嵋写生，创作了许多优秀作品，包括他十分喜爱的《乐山大佛》。描绘大佛的相关作品及其创作过程，经常令我神往。1984年他《又见大佛》，更是引我入胜。

看过许多画家描绘大佛，大多让我失望：一是难见其大，二是不见气魄。对比吴先生的这两次创作很有意思：1978年之墨彩，全显景物巨细，利用江与山，加上舟船、人物尺度的对比，画出了伟大和气魄；1984年的一些速写包括那件佛头，其形象更加概括，特别是1985年画的油画《大佛》头像，舍弃全身，聚焦面部，以环境的细节对比佛像之巨。方形面孔顶天立地，笔墨斑驳历尽沧桑，眉间的红点形象可爱，把佛拉回了人间。我特别钦佩这幅画的"笔墨"，如眉毛的枯笔浓淡，眼睛的运笔方向，不差丝毫，不可重复。

这画也让我想起当年吴先生为我画《法桐》（图17）的情景，他说："画局部的意思是，树大得让你看不全。"这真是一个有效的创作方法。

此画不大，1993年去方庄看望吴师，曾见挂在吴师家中。

图236　与吴先生在方庄住宅《佛》前合影，1993年

图237 吴冠中，墨彩，1978，乐山大佛
图238 吴冠中，素描，1978，乐山大佛
图239 乐山大佛资料图片（引自CNSphoto）
图240 吴冠中，素描，1984，乐山大佛
图241 吴冠中，素描，1984，又见大佛

图242 吴冠中，油彩，1985，佛

图243 吴冠中，墨彩，1978，峨嵋山月

德侬：总是忙不开交，无要事故未复。

印象主义一稿将在《美术研究》4期发表，约两个月后出版，目下3期尚未出来。

另写了一篇：寂寞耕耘六十年——怀念林风眠老师，将在《文艺研究》4期发表，亦在12月出版。

另一篇"梵高"将在《美术》发表，尚未确定在哪一期用。

《世界美术》2期巳出版，有我一篇：波底切利的"春"。

中国摄影将有我一篇小品："秋色"，是他们硬拉的稿。

为机场作六米油画"北国风光"后，又为人大会堂作了三米的"三峡"。前一阵上了五期课，最近开始作水墨，因等文代会，故暂不能离京外出。

可雨研究生未取，只取二名，他未能争上。

全家好

吴冠中　11日

【按】

随着载有吴先生新作的多种画册陆续出版，有关创作的理论性文章也在多种刊物上发表。他总是告知我已经或将要发表的重要文章，供我查阅。每次见面，他还必出示多种剪报，我即随手抄些标题和出处，能在图书馆找到的，尽量找来阅读。当时我订阅《美术》和《世界美术》，对美术论文和美术史的阅读，也是我为现代建筑补课的重要部分。

"为机场作六米油画'北国风光'"，想来应该是2009年11月拍卖的李瑞环藏品，这里是网上拍卖新闻中所附的图片。此幅《北国风光》的构图，与在北京站所见的藏品类似。

图244 吴冠中,油彩,1979,北国风光(首都机场)

德侬:

我去湖南为人大会堂湖南厅作湘绣油画稿,并去了湘西及南岳。上周返京,书信成堆,先简复。"印象主义的前前后后"及"寂寞耕耘六十年"均已分别发表于《美术研究》4期和《文艺研究》4期,最近才见世,谅已读悉。另"梵高"一文将见于今年《美术》3期,"土土洋洋洋洋土"一文将见于下期《文艺研究》。

天津印的"吴冠中彩色画素描选"(济南编)样本已送来,为你留下一本,日后来京取。上海印的"吴冠中油画写生"样本也已寄来,色彩印蓝了,市上即将见到。

我画展亦上月在长沙展出,我作了报告,谈及抽象美的问题。

祝全家好

吴冠中 21日

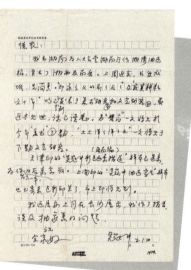

34·19800521·1-1

【按】

此前,吴师母朱碧琴1979年12月26日曾来信,告知吴师去长沙的行程。现附于下。

206

德侬同志：

你好，来信收到。

冠中于本月初到长沙，为他们画油画韶山，准备湘绣后，挂到人大会堂湖南馆陈列。他先到湘西跑了一趟，然后回到长沙画韶山。目前他的个人画展及油画研究会的画均在长沙展出，观众很多，确是热闹。我计划元旦前也去玩几天，看看别了几十年的故乡！

怕你年后来京，见不到我们，特写此信告你，祝全家新年快乐。

朱碧琴　12月26日晚

附1979 1226朱信

师母和气可亲，每次去都端水、备饭。一次在极热的夏天，我因出汗太多，进吴先生家门之后，就要水喝，师母一杯接一杯地倒。吴师说："小杯不行，要换大碗，他需要'牛饮'！"师母笑着端来一个大饭碗。

每次从天津出发到达北京已近中午，所以经常在吴师家吃中饭。他家饮食极为简单，中午每次都是鸡蛋挂面招待，我就像在自家一样，毫无顾忌地大吃。中午招待学生吃挂面，几乎是我所到老师家中吃饭的"标准餐"。

还有一次，我母亲让我去北京买一块木制的洗衣搓板，当地只有塑料制品，很不好用。师母知道后说："别去跑了，我这里刚买了一块，还没用，你带走。"这个搓板，我家用了30余年，至今依然完好。

吴师在湘西的作品颇多，但现在我能找到的却很少，仅举几例。

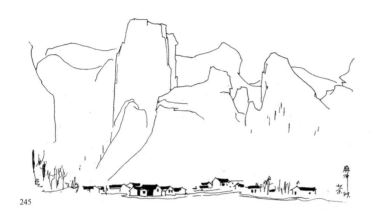

图245 吴冠中，素描，1979，湘西山村

图246 吴冠中，墨彩，1986，山

图247 吴冠中，素描，1979，辰溪古渡

图248 吴冠中，墨彩，1979，湘西行
图249 吴冠中，墨彩，1978，湘西渡口

图250 吴冠中，墨彩，1990，湘西水田

27 吴冠中. 画外话·吴冠中卷. 北京：人民文学出版社，1999，73.

　　张家界与吴先生有奇缘，虽然他在林场只住了两夜。在写生现场，工人从伙房抬来了擀面案子当画板，他画了两米宽的《马鬃岭》。此画在展出后送给一个单位，后被卖掉流落他乡，难以相见。

　　他重画有关张家界的作品，注入了对张家界的无尽热爱与丰富想象。他在1992画的《张家界》（图253）中写道："自家斧劈，湘西张家界"。1997年，他又画巨幅《张家界》，他写道："翻阅那幅在擀面案子上做的《马鬃岭》印刷品，激情犹在，便展拓为这幅丈二匹巨幅，风格必然不同于二十年前了，但仍保持具象形态。"²⁷

　　是他发现了这个"养在深闺人未识"的美丽景区，是他的图画和文章宣传，使这片隐于荒山的奇峰，从此闻名天下。

图251 吴冠中，墨彩，1979，张家界

图252 吴冠中,墨彩,1979,马鬃岭
图253 吴冠中,墨彩,1992,张家界
图254 吴冠中,墨彩,1997,张家界
图255 吴冠中,墨彩,1997,张家界细部

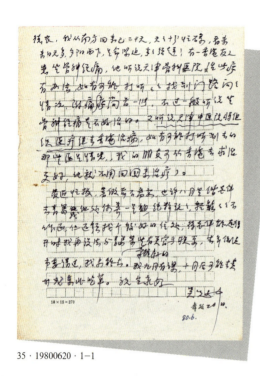

德侬，我从南方回来已二十天，天天十分忙碌，看来来日无多，夕阳西下，生命紧迫，事事须赶！有一香港友人患坐骨神经痛，他听说天津骨科医院治此病有办法，如有可能，打听打听找到门路问问情况，附病痛简图一张。不过一般听说坐骨神经痛是不好治的。又听说天津中医院将组织医疗组去香港治病，如有可能打听到去的那些医生情况，我的朋友可从香港去求治更好，他就不用回国来治疗了。

最近忙极，暑假前不离京，也许八月里偕老伴去青岛或他处休养一星期，纯粹玩玩，轻松轻松不作画，但还须找个较好的住处，待老伴能走得开时我再设法与青岛某些掌握房子的有关官方联系，去年倒是市委请过，我未能去。我九月有课，十月可能去贵州或东北吃草。

祝全家好

吴冠中　20日

德侬：信悉。并已将来信转去香港友人，他地址如下，届时可托托去香港的医师，先治疗看看效果，再考虑是否来津就诊问题。

香港轩尼诗道342号大公报李流丹先生（美术编辑）

我一直没有过问招生事，学院一直亦知我太忙，今年未找我评卷，今听说已放榜，乐民成的孩子能考上就好了，但愿已收到录取通知！并问乐民成好！

我无法休息，工作挤着工作，事事急，急事往往又被更急的事挤掉，但无论如何绘事最急，雷打不动。去青岛休养事还得看老伴能否脱身，怕困难，她一时又退休不了。我八、九月可能应贵州美协之邀去讲学，其实主要是去深山老林吃苦草，但愿不步彭加木的后尘！我十月有课。

最近《舞蹈》、《世界美术》及《社会科学战线》有我文稿，80年《人民画报》7期，芙蓉、北京人美《水彩画选辑》等有我画稿（最近期，我自己尚未见，听人说）。

吴冠中　28日

【按】

"我十月有课"，指去大鱼岛的课程。这年暑期前，吴师带学生在苏州上课写生，收获许多创作精品。这里一定要说一下我对吴先生园林题材作品的观察。建筑师关注园林，我更喜欢他的园林的绘画，首先是园林线描。《俯视园林》（拙政园）是我最喜爱的一幅描绘园林的线描。

他俯视组织亭子、廊道的瓦顶，纵横交合，蜿蜒致远，在错综复杂中见优美韵律，特别是对瓦垄由近及远、由繁到简的刻画，使得由线组成的细部韵律支持了整体上"面"的韵律结构，简直是一首悠扬的情歌。近景的瓦逐片描绘，中景的瓦用粗线逐垄描绘，而远景的廊顶索性简为一线，如歌声渐远而消失，妙极了！我面对此画常常想到，他在教学中强调对学生基本功教育的良苦用心。

将素描与墨彩对照阅读，更可以有大的收获。

有关园林的其他线描作品，也十分耐看。我曾认为线描应该成为建筑系美术教学的重点，事实上，许多建筑师都能画得一手好线描。

图256 吴冠中，素描，1980，俯视园林（拙政园）
图257 吴冠中，墨彩，1980，拙政园

图258 吴冠中，素描，1980，苏州狮子林
图259 吴冠中，素描，1980，竹石庭院（苏州有园）
图260 吴冠中，素描，1980，园林石（苏州有园）

261

262

263

当时有很多人不承认吴冠中用中国笔、墨、颜料在宣纸画的这种画是"国画",传言中所谓"油画应该姓油,国画应该姓国"即指此。其实他根本不在意他的画被叫做什么,而经常用个很生僻的名字叫"墨彩",倒是和水彩、油彩、粉彩相匹配成自家一族。用水墨画园林,工具和题材是最容易接近传统的。所以,我觉得他画的这幅《网师园》可能是他最接近"传统"的墨彩。然而,那还是吴冠中自己的,如对造型元素"方"的处理,近方的石头、方墙与方漏窗的呼应;水中的点及形成的转弯韵律,都姓"吴"而不姓"国"。

后来的园林题材作品,则更是吴家所有,趣味无尽。

图261 吴冠中,墨彩,1980,网师园
图262 吴冠中,墨彩,1983,鱼之乐
图263 吴冠中,素描,1983,拙政园
图264 吴冠中,素描,1980,网师园石笋

图265 吴冠中，油彩，1991，拙政园

令我十分感兴趣的是吴师画的狮子林的石头群体，我看过两个版本，一幅比例较方，一幅扁长，他自己也写过有意思的文章。欣赏抽象的石头，并给它一个具象的名字，这也是中国文化传统中的一个常见现象。但他在绘画中依然是寻找有用的形式要素，灰圈圈，黑点点，弧线、直线，变幻莫测。更有意思的是，尺度极小的小桥、游廊、屋顶、亭尖穿插其中，神出鬼没。

还应该注意到，吴先生从园林系列作品引申出来的多幅"鱼乐"，意境深远，值得玩味。

图266 吴冠中，墨彩，1983，狮子林之一
图267 吴冠中，墨彩，1983，狮子林之二

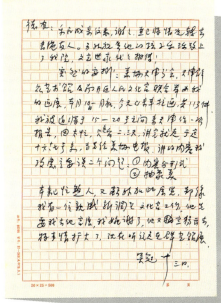

德侬：乐民成来信悉，谢谢。并已将情况转去香港友人。另外祝贺他的孩子乐砾考上了我院，文艺世家代代相传！

突然的安排：美协天津分会、天津群众艺术馆及南开区人民文化宫联合举办我的画展，本月10日到月底，今天已来车拉画，共113件，我被迫将于15—20号来天津作一次报告，因太忙，只逗留二三天，讲完就走，预定十六、十七号来，当先给美协电报，讲的内容我考虑主要谈二个问题：①内容与形式②抽象美。本来忙煞人，又额外加此展览，都缘我有一位亲戚新调至文化宫工作，他先要我去他宫展，我婉谢了，现在听说是在群艺馆展。

吴冠中　3日

【按】

料到吴先生天津行程将十分繁忙，他来津后和做报告时，我都没有打扰他。南开文化宫礼堂的报告，让所有的听众如醉如痴，当听到他所讲内容与形式的关系是"形式第一"、"内容第二"时，我不由得出了一身冷汗，我的同学也是一样。这是和经典著作针锋相对的说法，他是我国第一个在大庭广众之中敢于表达这一观点的人。

我写了一篇短文投《天津日报》，想介绍一点儿吴师创作的背景，不久被无附言退稿。

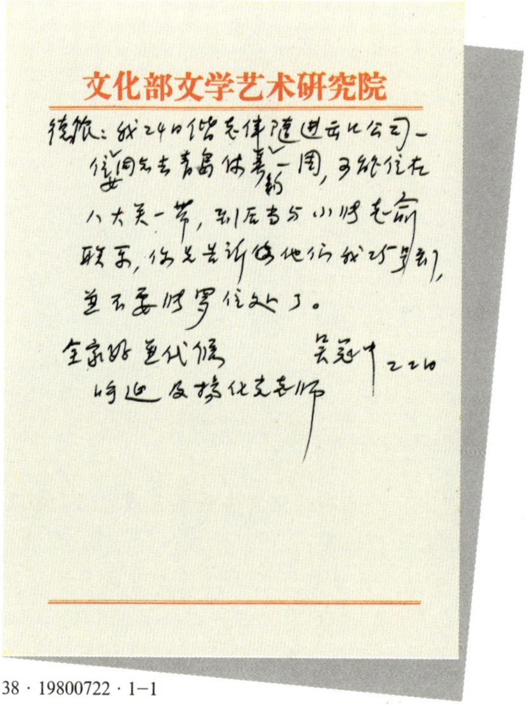

文化部文学艺术研究院

德侬：我24日偕老伴随进出口公司一位女同志去青岛休养约一周，可能住在八大关一带，到后当与小张、老俞联系，你先告诉他们我25号到，并不要张罗住处了。

全家好并代候

呼延及杨化光老师

吴冠中 22日

38 · 19800722 · 1–1

德侬：我24日偕老伴随进出口公司一位女同志去青岛休养约一周，可能住在八大关一带，到后当与小张、老俞联系，你先告诉他们我25号到，并不要张罗住处了。

全家好并代候

呼延及杨化光老师

吴冠中　22日

【按】

吴先生青岛之行，我没能去；渴望见到老师的寿宾，因参加出国英语集中培训，也没能够与他会面。幸运的是，我们的好友，业余摄影家孙力为这次活动留下了多幅珍贵的照片。

图268 吴冠中先生在讲座中，青岛，1980年7月，孙力摄影
图269 吴冠中先生在讲座中，青岛，1980年7月，孙力摄影
图270 吴冠中先生1980年7月在青岛，孙力摄影
图271 吴冠中先生在青岛汇泉宾馆，1980年7月，孙力摄影

图272 吴冠中与夫人朱碧琴,1980年7月在青岛与学生们合影,孙力摄影;后排左起:张效孟,思明,贾福来,王进家,何宝真

图273 吴冠中先生与张效孟在青岛汇泉宾馆,孙力摄影

让我遗憾至今的是，吴师第一次来青岛和崂山写生，前后有一个月的时间，我们谁也没有想到要拍些照片留念！当时我虽然没有相机，但陈公的相机是随时都可以借到的，况且，热爱摄影的孙力也是随时可见。如今说到此事，同伴们说，当时一心只想跟吴先生学画画，别的什么都不想。

　　青岛此行时间虽短，吴师还是抽空儿画了一些速写，如在中山公园画的素描《根》，日后产生了精彩的水墨《根》。

图274 吴冠中，墨彩，1980（约），根

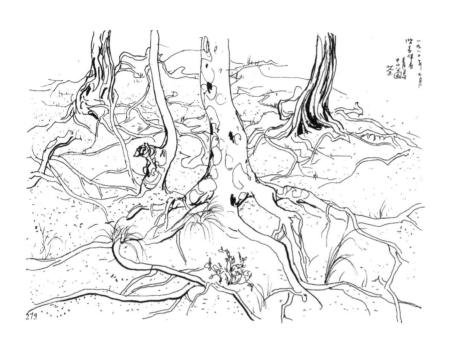

图275 吴冠中，素描，1980，根
图276 吴冠中，素描，1980，青岛

德侬：戎马倥偬，天津之后偕老伴等去青岛汇泉宾馆住了八天，之后去贵州深山老林，吃苦不小，返京后不几天便来大鱼岛授课，今定四号离此去青岛转曲阜看看，便返京作画，反刍几月来的杂草。到青岛当晚夜车走，不去打扰小张等了，好在暑假刚见过的。

如中医院去港的医疗队计划未改变，到时再提醒一下熟悉的大夫，抵港后通知《大公报》李流丹先生。

桂林十月份展我的画，原定昨天结束，目录印得很讲究，但其中外文字错得一塌糊涂，很可怜。

我身体至今不错，像铁托这样强壮的体格也一下就死了，我等着随时倒下去。

香港《明报》月刊九月份发表了我写的"潘天寿艺术的造型特色"，可惜国内民间看不到，浙江美院学报《新美术》说3期转载，但他们第一期尚未出版，编了不止半年了。

全家好

冠中　大鱼岛　1日

【按】

贵州之行及其随后的作品，除素描油彩外，也包括随后"反刍"的水墨等作品，由于出版物比较难寻，将仅能见到的作品举例于此。

图277 吴冠中，油彩，1980，侗家村寨
图278 吴冠中，油彩，1980，苗寨
图279 吴冠中，墨彩，1980，贵州江畔小镇

图280 吴冠中，墨彩，1979，雨后山村

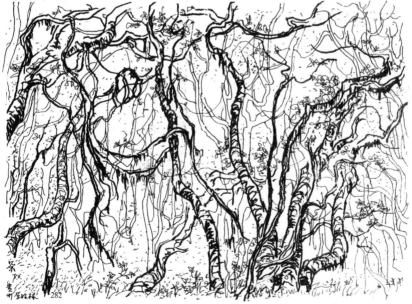

图281 吴冠中,素描,1980,麦熟(贵州)

图282 吴冠中,素描,1980,原始林(贵州)

图283 吴冠中,素描,1980,岩洞里(犀牛洞)

图284 吴冠中,墨彩,1981,溶洞里

画家大都喜欢画黄果树瀑布,吴先生也是。他画黄果树瀑布但不见瀑布的作品,既有意思也有意义。画家面对瀑布,大都去直写那"白布",写"白布"周围山景,唯恐失掉那挂着的瀑布。但吴师不满这种画法,他特地去追寻瀑布跌落之后水流的踪迹,画出活水运动着的生命,而不是一片"白布"和配景。

黄桷树写生,当天他画得很辛苦,追随流水,一路画去,如临"诸葛亮的《八阵图》"。但他认为画得并不美,"从拘拘谨谨描画美人到涂改成张飞"。经一夜梦中辗转,翌晨发现,那"八阵图"只有"运动","运动排斥了物质世界,排斥了世界的物质性,奔流之水抽象为运动,为奔流而奔流"[28]。在1986年轻工业出版社出版的《吴冠中画册》和1988年四川美术出版社出版的《吴冠中绘画形式分析》里,都刊载了同一幅《奔流》,无年月,无题注,而且印刷质量较差。我猜想,那很可能就是当年为表现这种"运动"画的那个《奔流》。

28 参见:吴冠中. 吴冠中画作诞生记. 北京:人民文学出版社, 2008, 96-97.

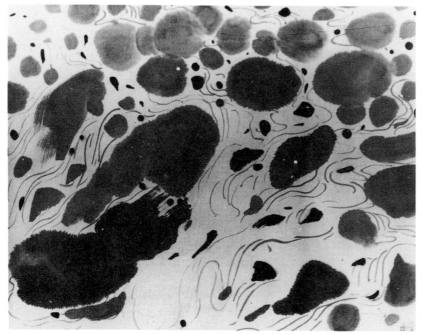

图285 吴冠中,墨彩,1980(约),奔流

1986年的《山高水长》，1987年的《奔流》，应当是成功的"反刍"作品。在《山高水长》（图286）中，可以看到最早《奔流》（图285）的存在，但那流又回溯至高山，因而也引出了水长，高高长长，很有看头。有意思的是，1987年的《奔流》（图287）终于展开了全景，它的正中部分，可以又看到《山高水长》的影子，但追溯得更高。中部以下，集流而倾泻，最后形成竖向的水流——瀑布。

　　作者这一追寻瀑布的行程，虽然画得辛苦，但追到了瀑布的灵魂——运动，真棒！

图286 吴冠中，墨彩，1986，山高水长
图287 吴冠中，墨彩，1987，奔流

吴先生在大鱼岛,主要是上课,这里举出期间的多件速写等。

图288 吴冠中,素描,1980,大鱼岛一

图289 吴冠中,素描,1980,海岛(大鱼岛)

图290 吴冠中,素描,1980,大鱼岛二

图291 吴冠中,墨彩,1983,渔村

在曲阜，吴师留下了对孔林的速写，后又根据速写做了精彩的水墨作品。对比这两幅素描很有意思：前者是"学院式"的，尽量详尽地描绘；后者近实远虚，创造了"林"的气氛。

图292 吴冠中，素描，1980，孔林树
图293 吴冠中，素描，1980，孔林

图294 吴冠中，素描，1980，入孔林
图295 吴冠中，墨彩，1990，孔林
图296 吴冠中，墨彩，1980，孔林

德侬：在大鱼岛曾给你一信，谅悉，我前日返京。

这一时期要反刍一阵，暂不离京。

有人在北京听到北京电台播出一则有关天津郊区一位老太婆治神经骨科的新闻，据说她用推拿方法治病，有神效，说是姓卢，有名（是人为她取的），现在一个公社中，看病的人极多，你爱人医院是否知此事？可设法打听具体地址和大概真实情况，这仍是为我香港那位老友寻找求医之道的。

握手

冠中 11日

41·19810201·2-1   41·19810201·2-2

德侬，信悉，香港友人之疾近得广东去一大夫诊治，大有好转，尚不知能否巩固，待天津医疗队去港时再通知他前去求治。

关于风，须从大洋大洲间的气流与气压来观测，关起大门独自在家扇风造灾的想法是过时了，迷信一破，再难见效矣！

我写了"内容决定形式？"将在《美术》3期发表，"油画实践甘苦谈"将在《文艺研究》2期（四月份）发表。"油画之美"为《审美》所约，不知何时发表，来日渐短，须赶路，逆水行舟时时难免，总等顺风是不行的。

二月下旬市美协将在画舫斋举办我的新作画展，均系最近二年之作，其中少数曾展于天津。你有便来看，特意赶来，又太费事了。天津美术出版社一个刊物《画廊》（我未看过），有位编辑车永仁曾来信说要发表我的作品并要我写点心得文章，后来京要找我面谈，但未遇，我复信说自己不写，若要文稿介绍，已叫他直接约请你写，因我想起你曾有被《天津日报》拒绝的旧稿，不过胡同里风紧的话，他们也许就不敢发我的画了。

全家好

吴冠中　2月1日

【按】

"关于风"，是指我在去信中提到批判诗人白桦《苦恋》事件。1979年

9月白桦发表电影剧本《苦恋》，引发争论。1980年底，据此剧本拍成电影《太阳与人》，内部演出之后争论更加剧烈，惊动了中央领导。1981年4月17日《解放军报》社论批判文艺界"违反四项基本原则的现象"和"资产阶级自由化的倾向"，并掀起全国性批判浪潮。从该电影剧本发表，到1981年10月事件平息，此间文艺界气氛比较紧张。

"内容决定形式？"一文，是吴先生最早从美术创作的角度质疑当时文艺界的经典信条"内容决定形式"的公开文章。

他并不反对许多艺术门类的"内容决定形式"，对建筑，他说的有意思，有道理："实用、经济、美观，美观是形式问题，排行老三，在我们今天贫穷的条件下，我赞同这样的提法。形式之所以只能被内容决定，因为它被认为是次要的，是装点装点而已，甚至是可有可无的。事实上也确是如此，首先要办完年货，有余钱再买年画。"

他从生活到艺术理论论证说："然而造型艺术，是形式的科学，是运用形式这唯一手段来为人民服务的，要专门讲形式，要大讲特讲。"他最后举出《卧佛》创作为例，"首先是形式刺激了我"。他在大足，为露天石刻释迦牟尼之死所感动，途中遇到对越反击战胜利归来的战士，鼓掌激动得落泪，进而联想到永不再归来的那些战士 。²⁹

29 参见：吴冠中. 吴冠中文集. 成都：四川美术出版社，1989：39. 原文发表于《美术》1981年第5期.

图297 吴冠中，墨彩，1981，卧佛

德侬：

信悉，我于四月十八日返京，立即授课，目前上人体，本月11日—24日去十渡上风景，此后在京作水墨，七月上旬将去新疆，约九月返京。故乡之行较满意，作了油画十余幅，六月份依凭素材作一批水墨。

天津人美《画廊》又来联系过两次，今天来照了油画及水墨彩片9幅，黑白3幅，他们同意约你写稿，他们会找你的。《贵州画报》今年2期（刚出）发表了我的几篇新作，是年轻编辑写的文章，还可以，他亦曾随我一同下去作画，《河北画报》今年2期（将出）亦有我的专题，是郁风写的文章，《广西画报》今年2期亦有两版彩色，只简单介绍。你可自由写，文稿不必我过目。香港《文汇报》拟同一版介绍我，我让我的研究生写文稿，无名小卒理解深刻。

《美术》4期以浙美小组名义否定我及别人提的"抽象美"，十分可笑，我先置之不理，待到须自己反击时再说。

不知在济南将留多久。

《文艺研究》（2期，将出），《大众摄影》五月份均有我摄影与形式美文。《北京晚报》将转载上海《文汇报》那篇报导，改用我本人相片，稿是国际电台的记者写的，她不搞美术，先是为对法广播写了稿，这是她的副产品了。

握手

吴冠中　5月5日

【按】

"去十渡上风景"期间，创作了油画《碾子》，这是吴师十分喜爱的作品，在多篇文章中描写过它"方""圆"对话的创作过程和窗户与碾砣、山墙与碾盘，这两组"大小之间存有父子、母女的协调比例"形式之间的唱答[30]。

30　参见：吴冠中. 吴冠中绘画形式分析. 成都：四川美术出版社，1988，78.

"故乡之行较满意,作了油画十余幅,六月份依凭素材作一批水墨。"

下列所举这些实例,当在这批作品之内。其中《双燕》是他画江南建筑的一个重要转折点,主要特征是更换了江南"粉墙黛瓦"的审美角度:粉墙由带三角的山墙变为大片矩形墙面;黛瓦由黑色坡屋顶变为矩形白墙的黑色镶边。题为"双燕",可天空中难以寻觅,增添了多方情趣。

以后,这类题材的形式组合,趋于平面化而近抽象,进而在此基础上引出了在大面白墙上写藤萝、枝条、树影等一批有突破的作品,形成了新江南风景。

图298 吴冠中,素描,1981,十渡
图299 吴冠中,油彩,1981,碾子
图300 吴冠中,墨彩,1996,碾子
图301 吴冠中,素描,1981,苇塘
图302 吴冠中,素描,1981,春消息

图303 吴冠中,墨彩,1981,江南小镇
图304 吴冠中,墨彩,1981,池塘

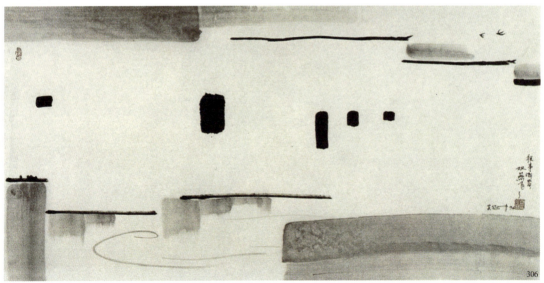

图305 吴冠中，墨彩，1981，双燕

图306 吴冠中，墨彩，1996，双燕飞了（忆江南）

图307 吴冠中，墨彩，1981，家乡笋
图308 吴冠中，素描，1981，家乡笋
图309 吴冠中，墨彩，1981，桑园

"他们同意约你写稿","你可自由写,文稿不必我过目","我让我的研究生写文稿,无名小卒理解深刻"。前辈找后辈写介绍文字或"前言",这是极为少见的"颠倒"现象,但这也是一种自信,对自己作品的自信,也是对后辈的信任、期望和培养。这件事以及后来为吴冠中画册写《前言》等经历,对我的触动很大,引导着我处理新型的师生关系。

　　天津人民美术出版社《画廊》第7期载有他的油画6幅,我专写了《身家性命画图中》一文,并非投《天津日报》的旧稿。下列油彩实例为所选的部分作品。

图310 吴冠中,油彩,1981,老屋(墙)

311

312

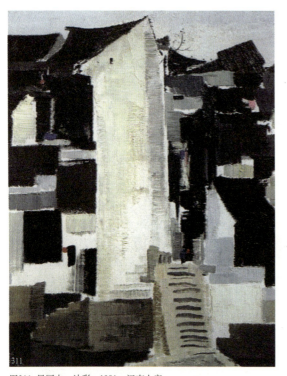

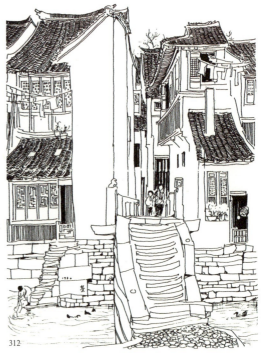

图311 吴冠中，油彩，1981，江南人家

图312 吴冠中，素描，1981，江南人家（对照作品）

图313 吴冠中，油彩，1973，南瓜花

图314 吴冠中，油彩，1996，瓜藤；多年后的同类作品

图315 吴冠中，油彩，1972，柴扉

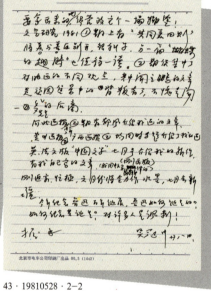

德侬：上海来信悉，文章构思可以的，我无意见，青岛那幅是粗犷者，因"玉堂春"已出版。

听说美院组织批我的"抽象美"，但结果相反，大都支持我的论点，叶浅予先生前刚见到我发表此文时极赞扬，说谈到了点子上，不过他估计今天反击文章大量出现还在后面。广东有些青年来信鸣不平，他们写了文章给《美术》，《美术》问我写不写，我写他们一定要发，不过我想晚些时狠狠反击"美盲"、"投机"，我的文章将从该文对线条、色彩的和谐等等的"微不足道"说起，先"大骂"形式美之微不足道。真理和科学是无敌的，美术界（尤其年轻一时）对我的企望与爱护我是完全了解的。小丑无半点美感,他们以打手姿势也攻击了湖北刘刚纪写的抽象美(晚我文一期《美术》发表),我自己不必立即反击,因太重视此辈了,先让群众去评议。批白桦搞得下不了台,白桦不上台领文学奖(还有另一作家也不领)(写将军你不能这样……),"太阳与人"群众争看,昨日我在内部看,片前加了说明,说此片正在修改,还是要拿出来的吧,尽管改它个一塌糊涂!《文艺研究》1981年1期上有"共同美四则",将美与善区分开,很科学。另一篇"蝴蝶的翅膀"也值得一读。2期便集中了对油画的不同观点,其中闻立鹏的文章是顽固堡垒中的背叛者了,不愧是闻一多先生的后裔。

《河北画报》今年2期有郁风介绍我画的文章。

《贵州画报》2期《广西画报》2期均同时专题介绍了我的画。英、法文版《中国文学》七月号介绍我的新作,有我自己写的文章(我用中文写,编辑部译的)(刚出版)。

刚返京,忙极,六月份将全力作水墨,七月去新疆。

今年纪念鲁迅百年诞辰,鲁迅如何诞生的?如何纪念其诞生?对许多人是讽刺!

握手

吴冠中　28日

【按】

我在去信中表示,建筑的美就是"抽象美",连我们这些绘画门外汉都能感到"抽象美"的存在,那堂堂高等美术学府组织"浙美小组",在《美术》上写文章否定"抽象美",绝不是无知,而是一种"跟风"的肆意攻击。

不过,也难怪,这年初,江丰在全国美术工作会议上的讲话中明确表示不赞成、不提倡抽象派之类的现代派艺术。8月他在一次讲话中说,对"内容决定形式"的否定,是堕落的欧美抽象派理论,将使我们的美术向资产阶级自由化蜕化[31]。这实际上等于点名批判了,可想政治压力之大。

31　参见:吴可雨. 吴冠中. 石家庄:河北教育出版社, 2006, 247.

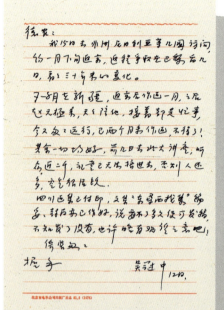

44 · 19811212 · 1-1

德侬：

我15日去非洲尼日利亚等几国访问，约一月下旬返京，返程争取在巴黎留几日，看看三十年来的变化。

7—8月在新疆，返京后作画一月，之后赵无极来，天天陪他，接着都是忙事，今又匆匆远行，已二个月未作画，不得了！其余一切均好，前几日去北大讲座，听众近二千，礼堂已无法挤进去，否则人还多，空气很活跃。

四川画集已付印，文集《东寻西找集》编妥，封面亦已作好，说要不了多久便可发稿，不知发了没有，也许略有观望之意吧！

倚装匆匆

握手

　　　　　　　　　　　　吴冠中　12日

【按】

"7—8月在新疆"，此间的创作展现了吴冠中艺术中别开生面充满地域风情的另一种新面貌。不但是异域题材的新颖，重要的是对形式要素的处理更为灵活多样，更具有现代性。

这里所举作品，应当是吴冠中艺术中具有西域风情类别之作。

图316 吴冠中,墨彩,1981,大漠;右上部有个太阳

图317 吴冠中,墨彩,1981,交河故城

图318 吴冠中,墨彩,1981,高昌古城(高昌遗址)

　　作为建筑师,我特别喜欢吴先生对各地的地域性建筑的描绘,江浙地区的粉墙黛瓦自不待言,云贵地区少数民族的各种"村寨",四川的民居,重庆的"吊脚楼"以及黄土高原的窑洞等等,都是他所钟情的地域风情建筑。在新疆阿尔泰地区的新疆民居,那种看上去"土头土脑"的方块建筑,竟也十分入画。其原因在于,这些建筑的几何属性,方体,方窗给了他另一种组合机会,还有那土色的建筑和大地的色彩融汇一体,是建筑师在内地也少有的体验。

　　我经常想一个问题,为什么我们许多建筑师心中觉得不入画的东西,如高层建筑、方块建筑等等,而在吴冠中这位大艺术家的眼中却如此美妙呢?难道"掌握"建筑艺术的建筑师们,也陷入"美盲"之门了吗?

图319 吴冠中,油彩,1981,新疆农家
图320 吴冠中,墨彩,1981,新疆农家

321

322

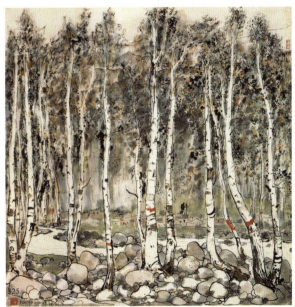

图321 吴冠中，油彩，1981，高原人家
图322 吴冠中，油彩，1981，阿尔泰山村
图323 吴冠中，墨彩，1981，阿尔泰山村
图324 吴冠中，墨彩，1986，阿尔泰山
图325 吴冠中，墨彩，1981，白桦林

图326 吴冠中,油彩,1981,白桦林
图327 吴冠中,墨彩,1981,根(根与瀑)

吴先生非洲之行，发表的一件重要作品是《非洲之夜》，竟然不是我所想象的非洲地域风情，而是一座高不见顶的摩天大楼。这是很独特的视角，非洲并非一般想象的那么"土"。在这座高层建筑之下，植物繁茂，环境优美，也不像一般所认为的那样，现代化的建筑就难以同环境共生。

图328 吴冠中，墨彩，1982，非洲之夜

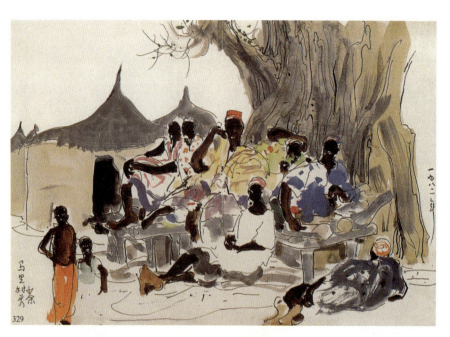

图329 吴冠中，水彩，1982，马里村头之一

图330 吴冠中，水彩，1982，马里村头之二

德侬：

我终于总算搬家了，二个单元共五间，最大的15平米，最小的6平米，由我第三个孩子夫妇俩住一间，照顾我，我挤出11平米的画室。老大夫妇一家三口仍住原址。要再宽大的，等"教授楼"，楼成大约教授们也死得差不多了。新楼尚无电话，信箱也未搞好，正在安排整理室内种种，我大约二周后住过去，来信暂寄原址或工艺美院均可，老伴暂在此上班，冬天退休，老三在工艺美院医务室上班，所以取信也方便。

房子是轻工部照顾我这位教授的，状子曾告到国务院。

本应美协青海分会之邀前去讲学及写生，八月一日拖了油画重武器到火车站，刚进站，广播水患路断，列车停开，决定不去了，路即便抢救暂通，又将再断，这个季节不宜西行。我这暑天唯一的工作就是搬家，清理杂事。《东寻西找集》校样已看过，今年一定能出书，四川印国画集据说亦即出版，但我看过校样，印得不好。上个月作的水墨更偏抽，也有全抽。此乃氢弹一批，正待杀机！总要抛出去的。

写了一篇13000字的文学性自传："黄粱梦"，写一个真人真事的知识分子的道路，是有血有肉的"苦恋"，远胜白桦的概念虚构，那没说服力。而且"黄粱梦"是爱国主义的，对今天政治有利，肯定很易发表，但老伴及孩子不主张现在抛出去，要等晚年再发，现在由人们去胡写，肤浅虚构都听之任之。

握手

吴冠中　8月6日

【按】

《东寻西找集》1982年9月出版。

"四川印国画集",于1982年2月出版,为散页封装,画幅较大,收进墨彩作品20件,有较早少见的水墨作品,如前面所提到的张家界《马鬃岭》(图252)等,具有文献意义。可惜的是,限于印刷技术,图片精度较差,作品的相关资料不全,如年月、尺寸等。

图331 《东寻西找集》封面
图332 《东寻西找集》扉页
图333 四川美术出版社出版的《吴冠中国画选》
图334 吴冠中,墨彩,1980,普陀山渡口

图335 吴冠中，墨彩，1976，太湖梅园
图336 吴冠中，墨彩，1980，夜渔港

图337 吴冠中,墨彩,1980年代,林
图338 吴冠中,墨彩,1979,春笋(缙云山中)

图339 吴冠中，墨彩，1980年代，宋塑
图340 吴冠中，墨彩，1979，嘉陵江岸

这里将同时期所画的一幅优秀油彩《嘉陵江边》附录于此，此幅现藏于中国美术馆。画面构图十分险峻，对于线的组织匠心独具，尤其是惊险的悬崖与出挑树枝优美的韵律结合，大大增添了画面的动势和张力，非常耐看。

图341 吴冠中，油彩，1979，嘉陵江边

"上个月作的水墨更偏抽,也有全抽的";"此乃氢弹一批,正待杀机!总要抛出去的"。"抽象美"的争论,促进了吴冠中绘画创作的新步伐。

图342 吴冠中,墨彩,1982,块垒
图343 吴冠中,墨彩,1982,春雪

图344 吴冠中，墨彩，1982，黄山日出
图345 吴冠中，墨彩，1982，冰湖

图346 吴冠中，墨彩，1982，春雪（巴山），有红日
图347 吴冠中，墨彩，1983，春雪

图348 吴冠中，墨彩，1982，林与泉

32 参见：吴冠中. 吴冠中绘画形式分析. 成都：四川美术出版社，1988，10.

吴师多次写到《补网》一画的创作过程。原先，他注意用色彩表现那深绿的塑料网，但始终得不到初见渔网时"浅水游龙"的强烈感受，唯舍弃渔网的质感和色彩之后，采用"一笔书"或"一笔画"的方法，始得"醉蟒"形象[32]。

图349 吴冠中，墨彩，1982，补网
图350 吴冠中，墨彩，1988，补网

图351 吴冠中，墨彩，1982，忆江南

吴先生一向把素描画得非常结实，以求保持尽量多的信息，利于教学和日后的创作。但这里的一些素描，与他近来的水墨相似，也是"偏抽"。这或许说明，素描更注重记录对现场的景物的形式感受，而不是具象细节信息。欣赏这些线描，更能令人"想入非非"，别有情趣。

图352 吴冠中，素描，1982，茅盾故乡乌镇

图353 吴冠中，素描，1982，苏州（水巷）

图354 吴冠中，素描，1982，华山

图355 吴冠中，素描，1982，西岳华山

图356 吴冠中，墨彩，1982，苍龙岭（华山）

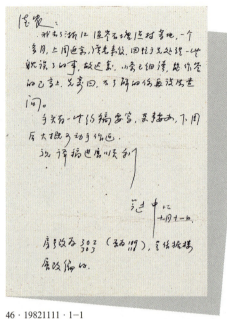

德侬：

我去了浙江温岭石塘渔村等地，一个多月，上周返京，读悉来信，因忙于先处理一些耽误了的事，故迟复，小条已细读，能作答的已写上，先寄回，不了解的你再设法查问。

手头有一些约稿要写，杂事要办，下周后大概可动手作画。

房号改为302、303（原为109、110），是依据楼层改编的。

祝译稿进展顺利

冠中　11月11日

【按】

"我去了浙江温岭石塘渔村等地"。以下作品举例，当是这批作品中的一小部分。

天津人民美术出版社编辑车永仁来我家约稿时，正值我在阅读阿纳森著《西方现代艺术史》，后来，他有意出版译本，我开始精读。随后与英语专业青年教师、艺术史爱好者巴竹师和七七届的青年教师刘珽合作，正式翻译这部巨著，由我的老师沈玉麟先生校对。

图357 吴冠中,素描,1982,石塘渔村
图358 吴冠中,素描,1982,浙江石塘

361

362

363

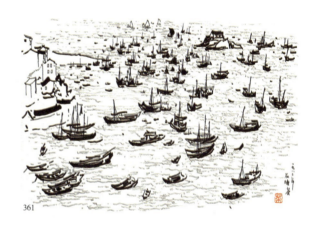

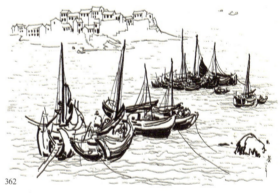

图359 吴冠中，油彩，1980，渔船（石塘）

图360 吴冠中，墨彩，1982，渔港（石塘）

图361 吴冠中，素描，1982，石塘

图362 吴冠中，素描，1982，渔船

图363 吴冠中，素描，1980，渔船（石塘）

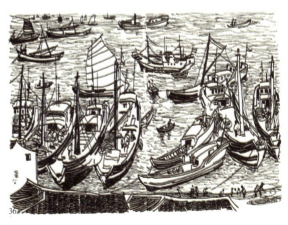

书中包含法文、德文、西班牙、意大利文以及日文等多种文字以及术语典故,这些对我而言特别困难,碰到问题即写在活页纸上,有些寄给吴师请求解惑。吴师有求必应,仔细作答,他对有些词语的译法,令人叫绝,如"布歇笔意"、"剥贴"(与"拼贴"相对)等等,既确切,又符合汉语习惯。这种活页有数十张,反正两面写,词条上百。

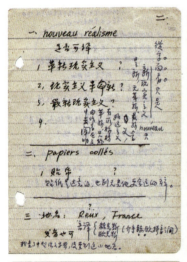
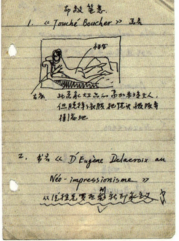
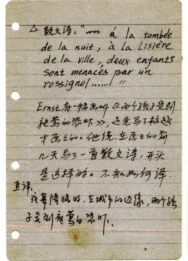
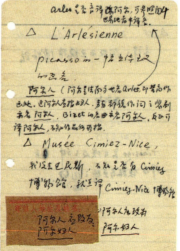

图364 请教吴先生词条等的活页纸及吴师的回复;请注意他的补充

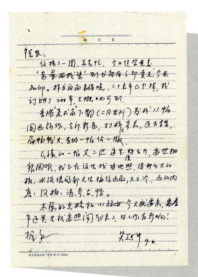

47·19830109·1-1

德侬：

信拖了一周，总是忙，今日赶紧查复。

《东寻西找集》到书店后立即卖光，今在加印。样书反而来得晚，二十来本已分掉，我订购了200本，大概日内可到。

香港《美术家》下期（二月出刊）发表我11幅国画新作，全部彩色，打样已寄来，还不错，篇幅较大，有的一幅占一版。

已裱的一幅丈二匹家里展不开，要照相很困难，我正在设法找场地照，没那么大的板，水泥墙壁都无法按住画面，天又冷。画的内容汉柏：清、奇、古、怪。

太原的儿媳和小孙女今天就要来，离春节还早，先就要热闹起来了，对工作有影响！

握手

吴冠中 9日

【按】

　　《汉柏》，是吴冠中画群体古树题材的力作、代表作。从这里所说 "已裱的一幅丈二匹"（1983）开始，在不同思考下的不同版本陆续产生，直到归结于完全抽象的丈二画面《苏醒》（1994），整个过程 历时十年。他对这一过程，有着充满感情与哲理的文字描写，他的描写，是谁人也代替不了的，这里引其片语[33]，略窥一二。

　　"苏州郊区苏州庙有四株巨大的汉柏，乾隆皇帝命名曰：清、奇、古、怪。站立着的魁梧身躯予视觉以强烈印象，魁梧的身躯跌倒在地，则予人更强烈的印象，甚至近乎一种刺激。"

　　"那四株古柏中有一株似卧龙般躺伏，缺了它，画面便松散，它是构图的基石。"

33　吴冠中：吴冠中画作诞生记.北京：人民美术出版社，2008，139.

"包括我在内的许多画家背着油画箱绕树丛往返寻找写生角度,但四周都布满龙蛇,剪不断,理还乱,难于下笔!最后我用几张高丽纸接起来绕着树丛写生成长卷,返京后多次再创造,数年后方成此幅(1992,邹注),是耶非耶则任人评说。"

"这一幅缠绵纠葛画境,实系我在无数枝藤写生中的总汇,1990年代又以丈二画面再抒情,不再局限于清、奇、古、怪母体,一味表达跌倒者的奋起,沉睡后的苏醒,粗线昂扬瘦线穿流,色块、色点纷飞,春迟春早,竭力表现生命之苏醒。"

比较两个《苏醒》我们可以看到一个有意思的现象,1994年的之一走得较远,风筝似乎断了线,而1995年的之二,有点儿回头,好像又看见了"柏"。

吴先生把"汉柏"的文章已经做到家了。

图365 吴冠中,墨彩,1983,汉柏

图366 吴冠中,墨彩,1994,苏醒之一

图367 吴冠中，墨彩，1995，苏醒之二

图368 吴冠中，墨彩，1992，汉柏之一

图369 吴冠中，墨彩，1992，汉柏之二

德侬：今天车永仁同志来家约画册稿，为方便工作，直接交他四十余件彩片（都是精选了的）。前言仍由你写，我不求那些空泛的名家虚文，不求人捧场。文之长短一概由你决定，写着瞧，有话长，无话短。

前信搁一边几乎忘却，事太忙，今天车同志来才想起尚未复你信，立刻检出交卷。

正等南京来信明确展期，准备托运作品。

匆匆

握手

吴冠中　3月2日

48·19830302·1-1

【按】

天津人美出版的《吴冠中画集》开本很小，收入了25幅油彩、22幅墨彩，加上文章中的素描插图5幅，共有作品52幅。

篇前，载入了吴师曾发表在1982年第10期《人民文学》上的自传性作品《望尽天涯路》，从发表的时间看，应当是在前信中所提的"写了一篇13000字的文学性自传：'黄粱梦'"。文中，提到了他居住的那个恐怖的大杂院，编辑在篇末特意加了一个注："目前住房条件已有所改善"，以免有关当局的尴尬。

可惜的是，过长的出版周期（1983年3月至1987年3月达4年之久），太差的印刷质量以及开本的过于寒酸，辜负了吴师倾心精选的这个时期佳作。这个画册，本当成为当时吴冠中艺术有分量、有时效的小结，结果是一再误事，却找不到原因何在，引得吴师动怒。

画册中，确是收进了许多有文献价值的作品，如1970年代初期的油画作品。这时期的一些创新意义的作品，也是最早收进去的。从这本画册的误事，就能体会到那个时期的社会背景。

图370　天津人民美术出版社的《吴冠中画集》封面

图371《吴冠中画集》前言

图372 吴冠中，油彩，1972，微山湖
图373 吴冠中，油彩，1980，奔流
图374 吴冠中，墨彩，约1980年代，松云

图375 吴冠中,油彩,1972,瓜藤
图376 吴冠中,油彩,1972,野菊

图377 吴冠中，墨彩，1982，华山
图378 吴冠中，墨彩，1983，狮子林

图379 吴冠中，墨彩，1980，北国风光（渡河）

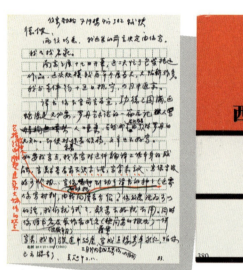

图380 《西方现代艺术史》封面

图381 吴先生写的《西方现代艺术史》前言

德侬：两信均悉。我画集的前言决定由你写，我不找名家。

南京之展十七日开幕，这两天忙着包装托运作品，这次规模较历年个展为大，大幅新作多。我与老伴约十五日抵宁，四月中返京。

译书你不写前言为宜，功德已圆满，画蛇添足无必要，罗丹《艺术论》的一篇后记人人唾弃，虽然那是由于后记作者对罗丹的无知。即使对原著作者颂扬，文章也不好写。

如要我写点，我看写对这件翻译工作本身的感触，写美术界看图不识字之苦，写拿来主义、写保守派的可怜相……写你的动机到动手译书的种种，包括你的绘画、雕塑、建筑大协作的观点（这需要你写材料，由我向读者介绍）。你考虑认为可以的话，我们就试试，效果不好就不用。同时你将书名（出版年月）及原作者姓名、籍贯（极简要的概况）一并写来，我到旅途中考虑，三月份内写成先寄你，四月份写成直接寄车永仁，怕你已云游去了。

吴冠中　3月8日

【按】

《西方现代艺术史》的作者H.H.阿纳森，"二战"时曾随军进入欧洲各国博物馆直接而广泛地接触大量名作及文献,该书虽说是史书,但也可以说是很有价值的工具书。天津人民美术出版社决定出版这个译本后,吴先生对我译书的关心和帮助,无微不至。这本书的出版,也是我学术生涯初期的头等大事。

由于专业和外语水准所限,译书过程处处皆难关。

外语难,真真体验了鲁迅夫子所说"字典不离手,冷汗不离身"的情景;也才知道吴先生曾言,他用过的外文字典,都有个乌黑的手印是怎么一回事儿;此外,还碰到大量外文词条和艺术背景问题须向师友求助。

其他问题,也是多方求教,如日文的问题我就找曾经在丹下健三事务所进修的马国馨,我也很感激他。

知识背景难,因长期自我封闭而对西方国家的文化环境十分陌生,使我阅读外来书籍和译书如夜间摸黑行路,走第一步不知下一步会碰到什么。即使语言清楚无误,也还是不明白书上说的某种情景是个什么状态,这是经常的事儿。

出版难,责编车永仁先生和社长李定兴先生,能看上这部书,应当是改革开放初期有眼光的文化人,也为出版此书费尽心力。交稿之后,偏又赶上"反对资产阶级自由化",完成的稿子放在市委宣传部三个多月,最后认定此书不是"色情的"和"反动的",才准予放行。自1983年3月完稿到1986年12月出版,历时也有3年半。

但是,社会上对此书的反响却出乎意料。出版前,全国各地新华书店预定此书的统计仅有700来本左右,出版社"硬着头皮"印了4000册。在北京印刷完后,据说书还没有拉到天津,就已经被预购完,当时学美术的人都知道这本书。

此书出版时,我国尚未制定版权法,明里暗里,一直印到2000年以后。

在吴先生搬出前海北沿大杂院之前,我和寿宾曾同去探望他,午间,吴先生决定不吃挂面了,而去附近的一家叫"烤肉宛"的小饭馆。当年在崂山部队食堂吃饭时,我和寿宾曾对他说过:"吴先生是鱼派,我们是肉派",也许他还记得此话,故而请我们吃肉。

用餐间，吴师说起学外语，感叹道："学了一辈子外语，还是不够用！"这些话对我，已经不是用"留下深刻印象"所能形容的了，而是一种持久而强力的刺激，刺在我学习外语的神经上。我熟知他在留学前的备考期间，曾对照不同版本的《茶花女》学习法语的经历，也听他说过归国初期曾被邀去为法国外宾当翻译，译书期间和他的接触，更知道他一直关注国外最新动态，探讨新出现的艺术词汇的含义，如"无形象""非形象"的含义如何区别，它们和"抽象"又是什么关系等。在我们看来，他的外语应当是驾轻就熟的，但他竟然还说"不够用"！而我这个靠中学英语课本起步的人，又当何如？

德侬：

我刚从四川凉山返京，收悉来信及拓片。拓片"如意"仍感很美，我更坚信"一见钟情"在形式美中的永恒价值，凡是我一见就喜爱的形象，从未反悔过。拓片张挂时，最好将首尾的白字折去，多余的话和白。

凉山之行直至木里藏族自治县，道路多险，仿佛再次入藏。这次作了一个决定：从此不再背油画到野外写生。一因太苦，主要因不必要了，写生之花早已开过，今日结果，不再受对象约束，江山数万里，宇宙万万年，咫尺天涯，艺海任沉浮，我正在蜕变之苦难中，已有新境新作一两件，初见端倪，更写意、粗豪、任性，类乎艺术偶戏，不雕琢。

　　《文艺研究》3期刊画数幅及"风筝不断线"短文，但已属"前期"之作，老来日短，三月又变矣！

　　车永仁编之画集谅已发稿，他原说六月发的，他选得不错，偏于新颖，河北人美也编了《吴冠中画集》，数量与车编相仿，但作品完全不重复，仅三二件相重，河北的已见广告，最早明年见。便中见车，可问及估计明年能否与读者见面？待画集出，拟赠作品一件留念，油画、水墨均可，他并未开口要过，我主动送他，感谢他的辛劳与胆识！

　　我预备购一日产Konika"傻瓜相机"（日前市上缺货），配合一本速写本，便是猎手今后下乡之全部武装了。

吴冠中　29日

【按】

　　凉山之行所画的一系列速写，简直就是"风筝不断线"绘画理论的绝妙图解，特别是那些描写群体的场景。

　　群体的人和物及其活动的场面，是通过把人、物转化成抽象的形式元素并加以组织完成的，这也和他惯用描写事物群体或动势的手法一脉相承。他曾经对我们说过："一大群东西，不能一个一个地画，不论你画多少个，最后也都能数得过来，还是成不了无数的一群。"这也使我想起，他曾举过宋代杰出画家李公麟画马的例子："他画过密密麻麻的马群，虽每匹马都很严谨，但整体效果不佳，近乎一群耗子[34]"。

　　他说："要抓住组成这群东西的形式要素，如群鹅的身体白色块，头和嘴的红色点等等，先要做整体摆布。然后只需在近处或某几个关键部位，点出几只比较完整的鹅，一下子就会把众多的白色块和红色点带起来，变为成群的鹅。画人群也是一样，只需要画不多几个……"[35]

34　吴冠中:画外画·吴冠中卷.北京：人民文学出版社，1999，3.

35　同上.

《斗牛》一幅，体现了这种处理抽象元素的方法：画面上所有的墨块、点、线原本只不过是块、点、线而已，只需几个人形，就把它们带起来而成为观众。加上这个小小的牛形，一幅山中少数民族热烈、欢快、紧张的斗牛节日景象立即跃然纸上。如果把核心的两头牛形去掉，剩下的还有什么呢？如果再把周围的几个人形去掉，剩下的还会有什么呢？

这次所绘的其他速写，都用了对大片景物作抽象描写，而局部以极简的写实笔触，点化成群体的手法。

图382 吴冠中，素描，1983，火把节（A）
图383 吴冠中，素描，1983，火把节（B）

图384 吴冠中，素描，1983，火把节斗牛图
图385 吴冠中，素描，1983，凉山
图386 吴冠中，素描，1983，木里道中

"河北人美也编了《吴冠中画集》",于1984年6月出版,张汀写前言"吴冠中——从哪里来,到哪里去?",吴师写了"回顾丹青五十年",黄苗子题书名,两种字体,都很好看。

画册收入油彩39幅,墨彩24幅。开本较大,图注尺寸、日期齐全,按当时的标准,印刷也算精良,是当时最具规模的画册,只是难过色彩走偏一关。其中的一些作品,我已经在其他章节引用过,这里再举几例,特别是其中的油画,可以说是他成熟时期的集中展示。

图387 河北美术出版社的《吴冠中画集》封面

图388 河北美术出版社的《吴冠中画集》扉页

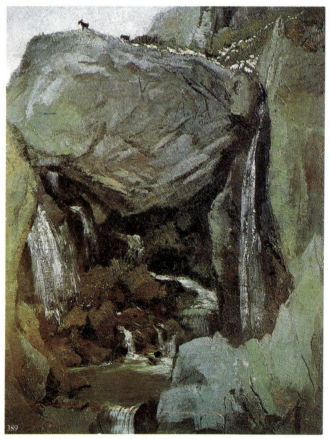

图389 吴冠中,油彩,1974,羊与泉

图390 吴冠中,油彩,1974,古长城下
图391 吴冠中,油彩,1972,岩下玉米

图392 吴冠中,油彩,1972,高粱

图393 吴冠中，墨彩，1979，黄山
图394 吴冠中，墨彩，1983，日照华山

图395 吴冠中，墨彩，1979，水田
图396 吴冠中，墨彩，1979，海之晨

图397 吴冠中,墨彩,1981,小村
图398 吴冠中,墨彩,1981,滨江小镇

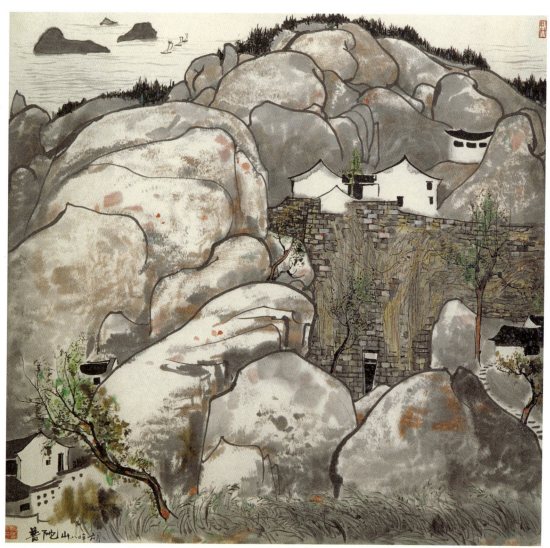

图399 吴冠中，墨彩，1980，普陀

图400 吴冠中，墨彩，1983，园林
图401 吴冠中，墨彩，1983，大江东去

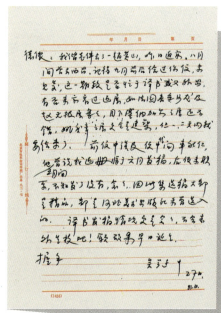

51·19831027·1-1

德侬：我偕老伴去了一趟黄山，昨日返京。八月间曾去西昌。记得九月前后给过你信，未见复，这一期段是否忙于译书或又外出，有否来京看过画展，如法国春季沙龙及赵无极展等等，目下塞纳内加尔之展还不错，姚庆章之展更全是建筑，但一二天内就要结束了。前信中谈及便中代问车永仁，他五月间曾说我画册将于六月发稿，后信未联系，不知发了没有，念念，因此集选稿大都是精品，都是河北美术出版社未曾选入的。译书发稿情况更是念念，不会意外生枝吧！愿硕果早日诞生。

握手

吴冠中　27日

【按】

"我偕老伴去了一趟黄山"。以下所举素描等作品，当是其中一部分。

图402 吴冠中，素描，1983，黄山石
图403 吴冠中，素描，1983，黄山峰
图404 吴冠中，素描，1983，黄山西海群峰

405

图405 吴冠中，素描，1983，黄山晴日
图406 吴冠中，墨彩，1983，黄山云海（忆黄山）

图407 吴冠中，墨彩，1983，黄山

德侬：信悉，时在念中，本说上月中旬要来，一直未来，谅总忙。下次来有出色新作出示，是高度升华的新作、新境，几位知己看过大为吃惊，似乎是新的诞生！已向美协提出申请明年内在美术馆举办"吴冠中新作展"，估计早晚要举办的，若展，我有绝对把握和信心，但听赞美与咒骂。

135灯片全部可借你，缺而需要的补拍，我自己只拍120的了，只为出版制版，已不拍135的，每次请有把握者拍，付报酬，因拍一次极费时，天气，时机……

一年来几乎未作油画，目前正作600公分×300公分的大幅油画"井冈山"，是为演"中国革命之歌"的新剧院（将命名"长城剧院"）首长贵宾接待室所悬挂，因太大，只能在现场作，是通过我院院办及党办一再动员，我这个新党员为党办作了一件他们认为极重要的任务，画刚于今天完成，雅俗共赏，估计是赞扬的多，参加设计的李鸿波说是你的同学，李书德也去参加了些工作。

平生未作亏心事，夜半敲门不吃惊，无论作品与言论，散播虽广，不怕狗咬，院党委前二周特别动员我给全院学生作了一次讲话，我重点谈了拿来拿去的问题，只与污染划线，不与现代划线，讲完立即作画去了，未听任何人的意见，只从热烈掌声中感到青年学生还未以冷漠对待"学究"。

欲穷千里目,更上年龄峰,我是看清了远远近近的,不失晚节便是幸福。

四川催《东寻西找续集》之稿,我精选一下只八九万字,等满十万字再说,他们说也可换个书名,我考虑二个:①看看想想;②望尽天涯路(即书中一篇名)。你以为如何?

你译的《西方近代艺术史》发稿情况如何?我一直为此担心,其实是绝无问题的,报上亦已一再申说中央精神。

画完,累极,今日接来小孙孙。

新年好

吴冠中　31日

【按】

此信写于岁末,颇有年终感言的意味。他兴奋地说,"下次来有出色新作出示"。他感到1983年的水墨是"高度升华的新作",已进入"新境","似乎是新的诞生",对自己绘画作如此判断是极有信心的。正如我们所见,这一年的作品,的确已经展示出自己独特的新面貌,并获得专家和群众的认可。

前面已经见到了许多1983年的墨彩作品,如《汉柏》(图365),《狮子林》(图266,图267),《黄山云海》(图406),《黄山》(图407),《日照华山》(图394)以及园林系列等,那的确是些让人震撼的作品。别忘了,当时还是相当封闭、保守的社会环境。

这里再展示几幅同年的作品。

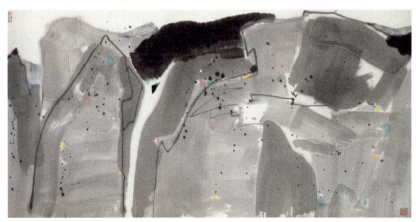

图408 吴冠中,墨彩,1983,飞白

图409 吴冠中，墨彩，1983，雪山与杜鹃

我给硕士生开的课程《西方现代艺术论》中，最后一讲为《吴冠中现代艺术对建筑师的启示》。限于条件，无法制作幻灯片，吴先生慷慨相助，将全部135幻灯片大约100片借我使用，直到1987年他赴港讲学时才奉还。这些片子的拍摄条件十分简陋，有的在院子里，有的倚在墙上，有的靠在板凳旁，所以背景比较杂乱。但是，这些片子几乎网罗了在此以前的所有油画作品，极具文献价值。和我在崂山没有留下他的影像同样遗憾的是，这么长的时间，我竟然还是想也没有想到复制一套留作己用，如果那样，这本《看日出》将会是另一番面貌了。

新剧院中的巨制《井冈山》，吴师带我去现场看过，学长李鸿博在场，可惜放在特定场合的作品很难见到印刷品，搜集不到相关的图片。

吴师对《西方现代艺术史》译稿及其出版，念念不忘，经常在信中询问进展，并给予鼓励，长期关注社会气候对它出版的影响。

德侬：

我偕老伴于三、四月间去了永乐宫、龙门、南阳、亚峡，这期间恰好你来家扑空了。大概还在译书吧？

河北美术出版社编的《吴冠中画集》已出刊，样书下次来京时给你，油画及水墨共六十余幅，全部彩色（六元）12开本，他们比天津选的晚，反出的早，车永仁是最先选的，选的更新，我喜欢车选的，全是精品，只希望印得好一些，这今打样未出，有些悬念。两本画册规格、大小仿佛，只三四幅是重复了的，那是河北先有了老底片，凡车选了的，我都未给河北，不愿重复，今重了三四幅，关系不大，便中见到车，可提及，他好像也知道的，也许他很快就能看到画集。正因河北知道天津也印我的画集，赶得快，后编反先出了。

崂山雨中那幅松与石选入了，但印得最糟，全是蓝色！

附上三百字短文是小报所约，是一版速写专页的前言，画选得很差（集体）。

自然，新作又胜旧作了。

暑天可能偕老伴去东北。

香港英文Orientation艺术月刊二月号重点发了我的新作（包括封面），《明报》月刊下月（七月）亦重点介绍。家里安了电话……

全家好

冠中　15日

【按】

"三、四月间去了永乐宫、龙门、南阳、巫峡"。以下作品，当是此行的部分成果。

图410 吴冠中，素描，1984，龙门石佛

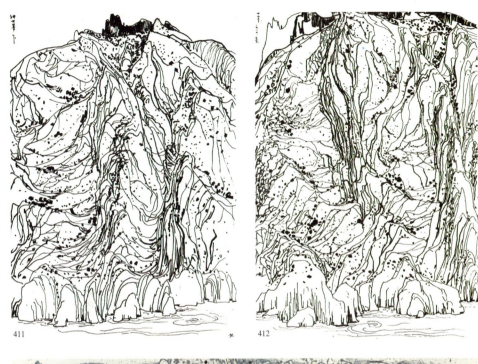

图411 吴冠中,素描,1984,神女峰下(一)
图412 吴冠中,素描,1984,神女峰下(二)
图413 吴冠中,墨彩,1985,巫峡魂

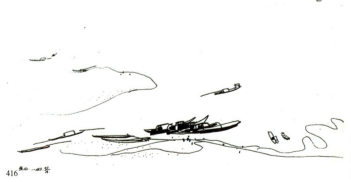

图414 吴冠中，素描，1984，今日巴东
图415 吴冠中，墨彩，1984，神女在望
图416 吴冠中，素描，1984，江岸（巫山）

图417 吴冠中，墨彩，1984，小三峡里人家

"明报月刊下月（七月）亦重点介绍"。香港《明报》月刊1984年7月号，刊登了吴先生作品14幅，除了3幅1973年以前的油彩作品（《丝瓜》、《柴扉》、《向日葵》）和1980年的油彩《水乡》之外，全是墨彩新作。这些新作，都是该时期具有创新意义的新面貌，足见香港这个国际都会文化视野观察大陆艺术的新焦点。这些作品如《汉柏》（图365），《松魂》（图120），《春雪》（图343），《补网》（图349），《鱼之乐》（图262），《忆江南》（图351）和《交河故城》（图317）等，我已经在前面引用过。同时，也能看到香港对他的早期油画以及地方题材的推崇，如在封里用一整

版发表了1972年的油画《丝瓜》。这是一幅乡土气息极浓的作品，我也十分喜爱。画幅右面用铁夹子晾起的那块"布壳子"[36]，是画家对农家"手工艺"之美的赞赏，它的色块和肌理实在美极了，今日的农村恐怕已不易找到。

我敢说，那幅墨彩《石寨》（图418）是所有建筑师都会感兴趣的作品，整个画面对石头的图案、色彩和肌理的描绘，是建筑师一直向往在现实中出现的画图。

月刊配了许以祺的文章"新村在何处？吴冠中绘画的突破"，通过吴师的《水乡》和《忆江南》可以看到，已是更为自由豪放的白、黑（粉墙黛瓦）交响曲了。

[36] 旧时把碎旧布头用糨糊裱糊在一起，晾干后用来做布鞋的鞋底和鞋帮，在农村几乎家家妇女都做此活。

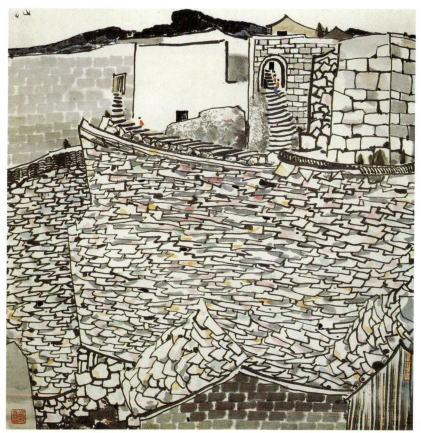

图418 吴冠中，墨彩，1983，石寨

图419 吴冠中,油彩,1972,丝瓜
图420 吴冠中,油彩,1980,水乡(水上人家)

德侬，信悉，印刷不好，无可奈何！前日车来长途拟送来打样，但我明日去四川，故请他与你商量，尽力而已。

看来今后更忙，年前须将去港展出的20幅作品寄去，都是代表性的，系二月艺术节邀请，此事当早日告你，届时我将前去一周，估计这次会震惊行家们。日本、澳大利亚均有画廊来邀展，我暂不作肯定，人家从信息中设法牟利，如明年更开放，则自己打出去，不全靠外商，如国家投资，则不止是奥运金牌，更有大量外汇，但愿明智掌舵人终能悟及中国艺术对文化声誉与经济效益之潜力！

暑日，应山西省之邀，偕老伴去了五台山，避暑四日，时光可惜，转去晋南黄河壶口，观望感受，返京作大幅"咆哮"。随即去沈阳评选全国美展之油画，应《美术》之约写了六七千字的"评选日记"，又应车之约为《画廊》写了四千字之"致青年同行们"，二文同时读，万字情怀，吐得还痛快！

我参加了全国美展油画国画各一件，均已被选作优秀作品，于年底返京展出，油画是旧作，近乎告别展出，国画是新作，完全是新貌，堪称杰作，当令人瞩目。侍装匆匆。

握手

吴冠中　1984年10月5日

54·19841005·1-1

【按】

由于吴先生的留学经历，他深知国际上艺术市场的运营。我虽然从艺术史中得知一些画商、画廊之类的事情，但不敢想象在中国也会产生艺术市场。吴师当时所言"但愿明智掌舵人终能悟及中国艺术对文化声誉与经济效益之潜力"一段，不仅仅是一个艺术市场问题，至今仍是对"掌舵人"如何正确处理市场与文化关系的珍贵谏言。

37 吴冠中. 吴冠中绘画形式分析. 成都：四川美术出版社, 1988, 26.

"我明日去四川"，这应当是再见大佛的那一次，经长江三峡到乐山。前面我已经对大佛的再写生、再创作作了简单而充满兴致的对比，是一些让人永远忘不了的作品。

一些描绘四川景色的素描，令人难忘。有的极为写实，想必准备为日后创作的素材；有的抽象或写意，更记录当时的感受，期望日后会唤起记忆。吴先生画《茶座》以及此后的"扩展"过程，则是又一番经验。

他在风景独好的五通桥跑得疲惫了，正想到大黄桷树下露天茶座小憩。他写道："待走近，眼前却是另一番天地，满座皆谈笑风生……形象与形式的跳跃吸住了我的视线。忘却疲乏，我立即投入战斗，因为对象是活的，必须活捉，急匆匆打开画夹，手发颤。"画毕，"当时我感到心情舒畅，因为基本表达了我感受到的大树下茶座之风情与神韵。"

"返京后多次根据这速写用墨彩重绘大幅繁复的画面，但每次都失败了，很懊恼，终于未能将sketch扩成小说。"[37]吴先生已经完成用简单的笔法对复杂、多样和动感环境的表达，如果反过来以此为素材，再用复杂的工具和手法去还原同样的感受，反而难以充分。艺术家的生活体验可贵，现场感受可贵，第一感觉可贵！

图421 吴冠中，素描，1984，茶座

图422 吴冠中，墨彩，1984（约），四川人家
图423 吴冠中，素描，1984，江边小舟
图424 吴冠中，墨彩，1984（约），天府梯田

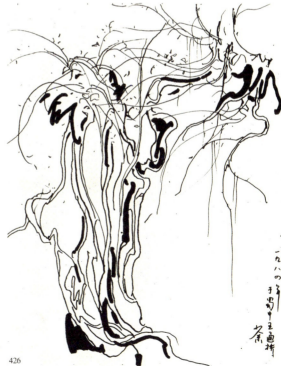

图425 吴冠中,素描,1982,滨江竹丛
图426 吴冠中,素描,1984,根

图427 吴冠中,墨彩,1984,青衣江

这年对黄河的描绘，与他对高山的描绘一样，同是吴冠中绘画艺术中的感人篇章。这些作品，场面宏大，气势磅礴，不但抒发了作者对祖国山河的热爱，同时也拓展了他的艺术语言，画面充满现代感，改变了传统江河题材作品的旧貌。一如既往，这一题材也是反复地画过，各有新意。

图428 吴冠中，素描，1984，黄河壶口
图429 吴冠中，墨彩，1984，咆哮

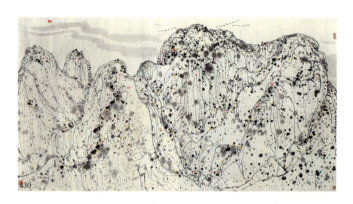
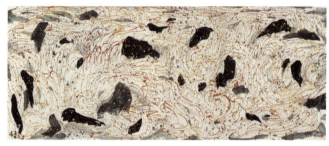

图430 吴冠中,墨彩,1986,黄河东去
图431 吴冠中,墨彩,1997,黄河

此行还去了大足、乌江,都有写生活动,并成为返京之后的创作基础材料。《神女在望》、《大江东去》、《长河落日》、《葛洲坝》等,当是这个时期的巨制。令人耳目一新的是,围绕葛洲坝的创作第一次出现了全直线的造型要素,这是他过往绘画中很少见的构成方式。

图432 吴冠中,素描,1984,乌江人家

图433 吴冠中，墨彩，1986，乌江

图434 吴冠中，墨彩，1985，大江东去

图435 吴冠中，墨彩，1984，长河落日

图436 吴冠中,素描,1984,葛洲坝工区
图437 吴冠中,墨彩,1985,话说葛洲坝

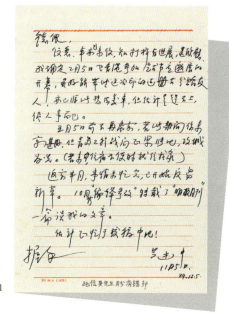

德侬：

信悉。车亦已来信，知打样有进展，甚欣慰。我确定2月5日飞香港参加艺术节应邀展的开幕，最好能带些这次印的画册去分赠友人，亦已将此想法复车，但估计是赶不上，尽人事而已。

5月5日前不再离京，若此期间你来京甚好，但青岛工程战局正紧张吧，攻城为先。（若来，住宿不便时就住我家）

返京半月，事情未忙完，已开始反刍新草。10月份《编译参考》转载了《明报》月刊一篇谈我的文章。

估计正忙于校稿中吧！

握手

冠中　11月5日

【按】

吴师此信月份应为12月。

"青岛工程战局正紧张吧"。1984年我带80级毕业生做青岛山东省外贸大楼工程，位于青岛火车站旁之海边，历经8年"抗战"，这个被市领导改为玻璃方盒子的青岛第一个超高层建筑，于1992年投入使用。

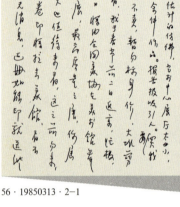
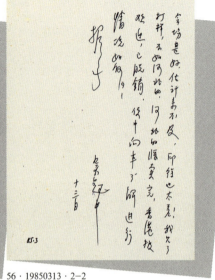

德侬，香港情况与估计的仿佛，艺术中心展厅太小，每人（共四人）只展出十余件作品。报告极吸引人。要买我的画的甚多，不卖，暂勿标身价。大堆剪报你日后来看。我于春节前二日返京，忙极。四月三日—十七日将由全国美协在美术馆举办我的新作展，最高质量之展，你届时哪怕抽一天也值得来看，这之前勿来，因作品已包卷即将拉去美馆，看不着。车永仁无消息，画册如能印就送些会场甚好，估计来不及，印得也太差！我见了打样，不如河北的，河北的将卖完，香港极欢迎，已脱销。便中向车了解进行情况如何？

握手

吴冠中　13日

【按】

在建筑界，高层建筑虽然被认为是现代化的标志，但对它的批评却从未中断。主要针对它的人文观感，说它是"冷冰冰"、"光秃秃"、"无人性"的"钢筋混凝土森林"。对于画家而言，表现"摩天大楼"更是令人进退两难，如果详细描绘，它那无数个窗口麻烦得令人生厌；如果概括地描绘，它又简单得几乎无画可绘。所以，我们很少看到用国画工具描写摩天大楼的作品。

在吴冠中艺术中，高层建筑及其建筑群，占有一个特殊的位置。他归国之后第一次出访的是被认为"落后"的非洲国家，而他归来发表的一件大幅作品，就是我们已经看过的《非洲之夜》（图328），画面的核心就是一座高不见顶的高层建筑，人群欢快，环境美丽。

在香港，他为之感动的依然是摩天大楼，而且还是城市的全景，钢笔淡彩《香港》就是对如此复杂的城市全景的精彩描写。他的独到手法，还是对建筑群作形式要素的分析：同样是直线的组织，哪里是纵，哪里是横，哪里是纵横相交的方块，哪里又是单个方块的群体组合，把简单的元素，编排得变幻无穷。而且，在街道前，背景上，建筑间，布置了花红柳绿的树木花草，在多变的方块组合间，平添了热闹的气氛，所谓"光秃秃"、"冷冰冰"和"无人性"，为之一扫。

十余年后的墨彩《都市之夜》，是多年、多向探索以现代艺术观念表达现代建筑题材的里程碑。画家用"夜"隐去了夜间摩天大楼各自无可描绘的简单体型，留下了建筑的窗之海，以及代表窗内人家活跃的灯光，画家又抓住了大都会摩天大楼的"魂"。有灯光就有人，就有家庭，变化的光影使画面充满生机。

1999的《窗之眼》，进一步抒发了现代都会之夜的人文情怀：街上的人看"窗"，窗里的人看"天"，有趣极了！

图438 吴冠中，线描淡彩，1985，香港

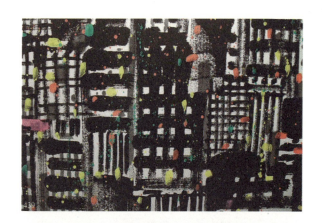

图439 吴冠中，墨彩，1997，都市之夜，细部之一
图440 吴冠中，墨彩，1997，都市之夜，细部之二
图441 吴冠中，墨彩，1997，都市之夜

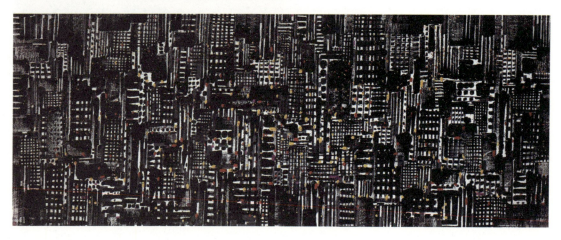

图442 吴冠中，墨彩，1999，窗之眼
图443 吴冠中，墨彩，窗之眼细部

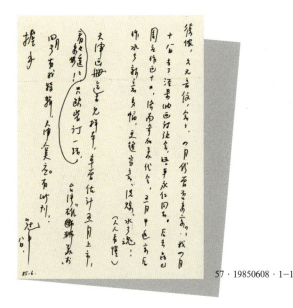

德侬,久无音信,念念。四月份曾否来京?我4月18日去了泾县油画讨论会,晤车永仁同志。后去昆山周庄作画十日,济南参加美代会,5月中返京后作水乡新意多幅,更趋写意、洗练,水乡魂!(人人看懂)

天津画册迄未见样本,车曾估计5月上市,只缺装订一环,看来仍遥遥!台湾《雄狮美术》4月号有我特辑,天津人美应有此刊!

握手

冠中 8日

【按】

清雅、幽美的水乡,是吴冠中的家乡,鲁迅的故里,他时常回去寻梦,自少小开始,直到耄耋。

"更趋写意、洗练,水乡魂!"是他水乡寻美的进程之一。他以学院式的线描看家,出门追寻水乡建筑艺术的魂灵:让黑白对照,在强烈的对比中产生清雅。难分难舍的三角与方块,在争夺中相互支持。淡墨或线铺成的灰面,调节并丰富着黑、白图画。放松的写意,简约的提炼,步步趋向水乡建筑的"魂",也就是它的美学本质。

图444 吴冠中,墨彩,1985,家
图445 吴冠中,墨彩,1985,山镇

图446 吴冠中，墨彩，1985，老街

图447 吴冠中,墨彩,1986,水乡周庄
图448 吴冠中,素描,1985,水乡周庄

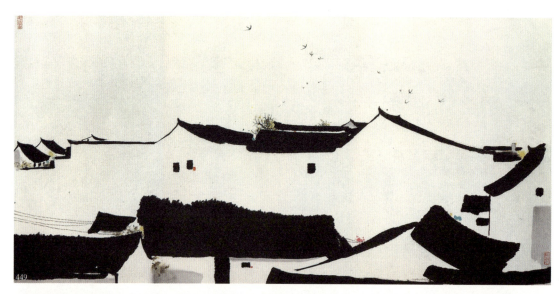

图449 吴冠中，墨彩，1986，大宅
图450 吴冠中，墨彩，1992，黑白故里

追逐"水乡魂"的进程持续不断。观察这一进程,其乐无穷,对于一个建筑师而言,尤其如此。

水乡建筑艺术中,暂时隐去了三角形的屋顶,集中显示整片白墙的美,已经在1981年的《双燕》中亮相,除单纯"块"的组合外,其中还留些具体景物。而《双燕》的"终极"版,我们都看到了,是1996年的《双燕飞了》,仅仅留下白块和黑块,在继续"提纯"水乡那黑与白的灵魂。

纯白的墙,未免有些寂寞,于是墙上就有了快乐的"来客"——藤萝和影子,继续着在墙上寻"美"的故事,一直延续到新世纪。

作品《藤与墙》,更注入了画家发现的藤枝纠缠之戏,线线缠绵之美,其舞台依然是粉黛天下,但变了"粉""黛",那是白墙镶了黑色的瓦边。

这个舞台推出的另一位新角色是"影子",乃是作者以往作品中少有的元素,我曾说过他的画一般不出现阴影。《北国春》墙面上的影子,只有淡淡的一抹,而在《照壁》中,灰影已是交织满地,所形成的灰面,与墙后面的远树,遥相呼应,衬托着被西方人称作"灵魂之墙"(spirit wall)的中国"影壁"。

即将进入新世纪了,还要墙做什么,索性以纸为"墙",让移动的树影与攀附的藤萝,在墙面上择期约会,如《墙上秋色》(图454),《墙上姻亲》(图455)。

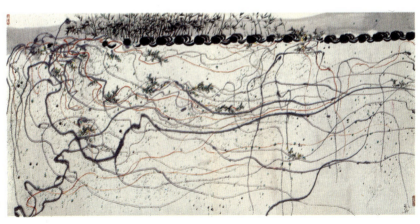

451 吴冠中,墨彩,1986,藤与墙

图452 吴冠中,墨彩,1991,北国春
图453 吴冠中,墨彩,1997,照壁

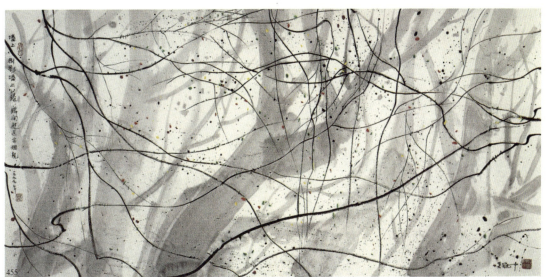

图454 吴冠中,墨彩,1997,墙上秋色
图455 吴冠中,墨彩,1999,墙上姻亲

德侬：谅你亦已知悉，车来信说画册装订后效果极坏，他们领导已决定用进口纸重印，有的作品要重制版。你向他了解是否认真在进行，还是不了了之的推辞！印刷效果极坏应在装订前发现，作为责任编辑是责无旁贷的，我早复了他信，但忽又疑心他们是否在推赖，请他将那丑书样寄一本来看看。

最近作了一个月油画，是在国画起点上的新油画，大异七十年代旧模样，接着又将作水墨，油楼水宅转轮来。

巴婴来家晤，让他看了正悬我画室之泰山拓片"如意"，画室唯此一拓片，别无画图，约十号我偕老伴去济南二天，然后去淄博画瓷板，年底前返京，明年将有日本、香港、欧洲之行，待面叙。一寸光阴一寸金，此书已值数十金。

全家好

吴冠中　12月3日

【按】

吴师龙潭湖住宅的"厅"很小，在接近天花板的高处，挂着泰山拓片

"如意",黑白效果分明、雅致。我也十分喜爱这件拓片,镶入镜框悬挂在家。由于它确实很好看,所以我从来也不在意它是一件廉价的赝品拓片,也没告诉吴先生这是赝品,以免干扰他对此拓片的"一见钟情"。

油彩、墨彩"转轮来",已是他自1970年代中期以来的创作秩序,"最近作了一个月油画",是他水墨之后的又一个轮回。所说"大异七十年代旧模样",这是应当仔细研究的课题。比较容易发现的特点是,在保持银灰调特色的基础上,用色更加单纯,白色占有更大的比例,透着水墨的意趣,如果说1970年代的油画色彩浑厚,着力于描绘性,其色彩具有交响性质,此时的笔和墨则更趋简洁、明朗,这很适于表现水乡。我们已经看过的这个时期的作品《佛》,意境深远,且充满童趣,已非一般意义的油画所能达到的。

图456 吴冠中,油彩,1985,鱼乐

图457 吴冠中，油彩，1985，江南村镇
图458 吴冠中，油彩，1985，门户

图459 吴冠中,油彩,1985,中流
图460 吴冠中,油彩,1985,家

图461 吴冠中,油彩,1985,竹海

事实上,这年的水墨也有突破性进展,我们前面已经见到的那批水乡,就是其中一部分。除水乡之外,其他题材也十分新颖,这些与接下来1986年的水墨作品一起,构成"变法"以来新成果的小结。

图462 吴冠中，墨彩，1985，瀑
图463 吴冠中，墨彩，1985，瑶池

图464 吴冠中，墨彩，1985，大江东去

图465 吴冠中，墨彩，1985，白桦
图466 吴冠中，墨彩，1985，奔流
图467 吴冠中，墨彩，1985，松与藤

图468 吴冠中,墨彩,1985,周庄

德侬：信悉，有出版社正计划后年出我的全面大型精装画册，香港也想出，估计两年内出大画册是很自然的。因此天津那小册其实已无足轻重，撤回换别家出已无必要。撤，给他们下台，不撤，不饶，事无完，我当与他们交道下去，不在乎这家出版社，事糟下去我将处处宣传，上告，他们误了别家来选稿，他们先选去的稿便阻碍了河北选用。发现印糟应在装订之前，这事故有法律责任，可能他们不肯给样书是怕留尾巴。我已去信给车，人情事理已说清，并征求他意见是否我直接致函总编、社长，或亲自来天津商谈，纸张困难，偌大出版社缺这点小画册之纸，且是遮丑之纸，若他们对付拖延，我是不忍受的，因我已作好不要这小册的想法。给车的信已近一周，极有分量，也为他着想，指出他失责之处，并请他领导过目，估计他不能置之不理，当正在研究对策。待拿到样书，如他们仍拖推，我当公开写文批评，向全国政协提案，要同他们较量较量，因他们工作太腐败了。

天天伏案伏地作画，牛马之劳不知老之将至，总缘洋人欺我，洋人财大气粗，岂能服我，愿为中华艺术鞠躬尽瘁。

　　　　　　　　　　　　　　　　　　　　　　冠中　19日

【按】

　　天津人美出版吴冠中画册，占尽了天时、地利，吴师寄予很大希望，其过程和结果，都让他生气。河北美术出版社选画在后，出书在先，1984年6月出版，赶上了展览会的需求。而天津人美几经波折，迟迟不果，直到1987年3月才见书——什么都"凉了"。硬皮金字，掩盖不了画册的小气和颜色的偏差。我经常想起出版社当年的那个联系电话号码："317429"，谐音"三姨气死二舅"，把人气个半死。

图469　吴先生早期的画册，右为河北美术出版社出版，左为天津人美版

60·19860129·1—1

　　德侬：车永仁已来过，留了两本样书，他说半年内可重印出来，纸可解决，等待下去！托他带你一本"风筝不断线"，让他看了新油画。

　　全家好

吴冠中　29日

【按】

　　《风筝不断线》和《东寻西找集》等，是一些不能再小的小册子，从交稿到出书，竟然也要两三年的时间，画册的周期更长，改革开放初期的出版业大都如此，包括建筑界在内。

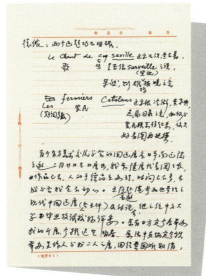
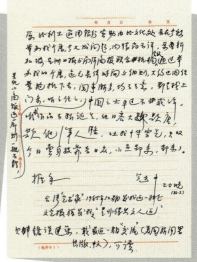

德侬：两个画题均不明确，

le chant ole coq sevelle 这字不识，查不着，是否系 surveille（监视）

歌　　公鸡

之误，果然，则雄鸡报晓之意。

les　　　fermiers catalans 这字很冷僻，查字典，是：属目录之意，

冠词多数　农民

如何与农民联系起来，你只好看图再捉摸。

有个东方美术交流会的国画展应日本南画院之邀3月20日在日展出，我系随展代表团团长，作品已去，人的手续尚在办理，时间已不多，去成与否我全不动心。5月应邀赴港参加世界性之现代中国画展（人各五件）及讨论会。继之任中文大学毕业考试校外评委。原有日方定今春举办我的个展，今推至明春。原法中友协今秋举办吴作人与我二人之展，因经费困难取消，原比利时通用银行资助由比文化处亦在今秋举办我个展，今又成问题，内情尚不详，原新加坡《星洲日报》与《南洋商报》联合机构会议通过举办我的个展，迄无具体时间与细则，大约也因经费拖推下去，阅事渐多，均不在意，都是找上门来，听之任之，其他小商贩画廊一概不理，中国之士早过不惑之年，唯求

作品不断诞生，他日客大欺店，欺他洋人洋店，吐我中华穷气，只叹今日卖身投靠者日众，小鱼都来，都来了。

台湾《艺术家》1985年12期发我画一批，《文艺报》将发我文"是非得失文人画"。

贝聿铭谈建筑，载最近一期《交流》（美国新闻署出版，中文），可读。

握手

冠中　20日晚

【按】

　　吴先生对我在翻译《西方现代艺术史》请教他的词条，一向认真回复，作为教师，他一定要给予学生完整的答案。此信中的一个词条，在下一封信中又单独作了补充。可以想见，他在给出第一个答案之后，一直在思索更合适的答案。我作为学生和后辈教师，面对此种学术和教学态度，深受教益，遇事就不敢怠慢。

　　至1980年代中期，吴冠中艺术已像初升的太阳跳出了东海！光照中国东西南北，更遍及对中国现代艺术的发展比较敏感的香港、台湾、日本和新加坡等地。而且，在西方现代艺术的故乡——欧美各地，也已经感受到吴冠中艺术的热度。此时，不断有外约的吴冠中，并不急于也不在意"轰动"，"中国之士早过不惑之年，唯求作品不断诞生，他日客大欺店，欺他洋人洋店，吐我中华穷气。"此意，足让急于扬名图利之辈无地自容。

德侬：
Les fermiers catalans　←可能是某地名，可考虑译音：格答朗的农民们，s无音。

冠中　22日晨

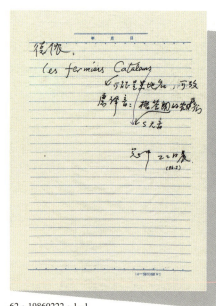

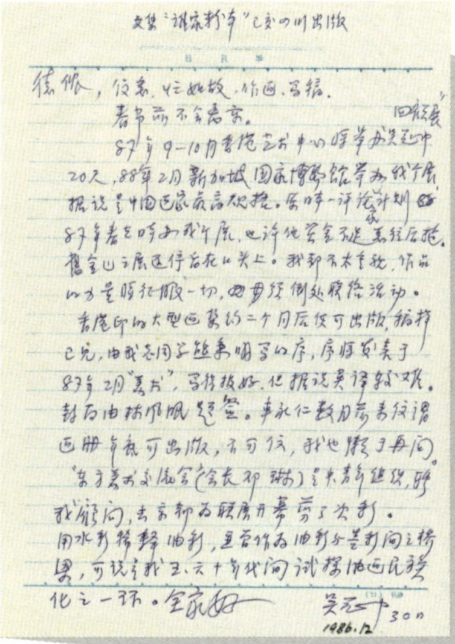

文集"谁家粉本"已交四川出版

德侬，信悉，忙如故，作画，写稿。
春节前不会离京。 旧金山展
87年9-10月香港艺术中心将举办吴冠中回顾展20天，88年2月新加坡国家博物馆举办我个展，据说是中国画家最高规格。原日本一评论家计划87年春在日本办我个展，也许他资金不足总往后拖。旧金山之展还停留在口头上。我都不太重视，作品的力量将征服一切，毋须到处联络活动。
香港的大型画集约二个月后可出版，稿样已见，由我老同学熊秉明写的序，序将发表于87年2月"美术"，写得极好，但据说英译较难。封面由林风眠题签。车永仁数月前来信谓画册年底可出版，不可信，我也懒于再问。"东方美术交流会"（会长邓琳）是中青年组织，聘我顾问，去京都为联展开幕剪了次彩。
用水彩稀释油彩，并曾作为油彩与墨彩间之桥梁，可说是我五六十年代间试探油画民族化之一环。全家好
吴冠中 30日
1986.12

63 · 19861230 · 1−1

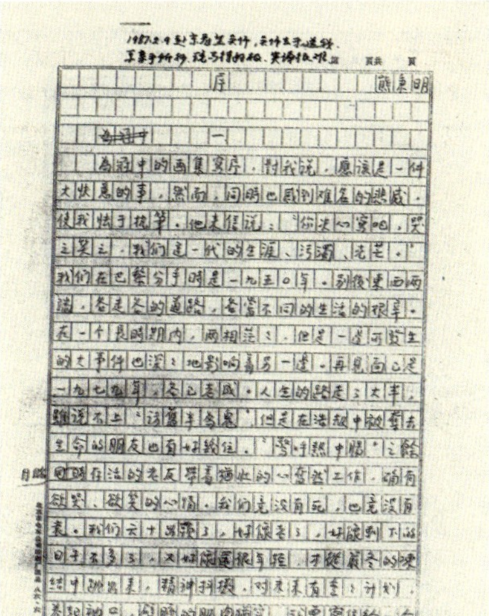

序 熊秉明

一

为冠中的画集写序，对我说，应该是一件大快意的事，然而，同时也感到难名的悲感，使我怯于执笔。他来信说："你决心写吧，哭之笑之，我们这一代的生涯、沉溺、迷茫。"我们在巴黎分手时是一九五〇年，别后东西两端，各走各的道路，各尝不同的生活的艰辛。在一个长时期内，两相茫茫，但是一些可发生的大事件也深深地影响着另一边。再见面已是一九七四年，各已老成，人生的路走了大半，虽说不上"访旧半为鬼"，但是在浩劫中被夺去生命的朋友也有好几位。"惊呼热中肠"之余，[illegible]的老友[illegible]工作，确有欲哭、欲笑的心情。我们竟没有死，也竟没有衰。我们六十岁了，[illegible]日子不多了，[illegible]才从严冬的冻结中跳出来，精神抖擞，对未来有重重计划，卷起袖口，[illegible]写信给一个

图470 熊秉明为《吴冠中画集》写《序》复印稿

德侬，信悉，忙如故，作画，写稿。

春节前不会离京。

87年9～10月香港艺术中心将举办"吴冠中回顾展"20天，88年2月新加坡国家博物馆举办我个展，据说是中国画家最高规格。原日本一评论家计划87年春在日本办我个展，也许他资金不足总往后拖。旧金山之展还停留在口头上。我都不太重视，作品的力量将征服一切，毋须到处联络活动。香港的大型画集约两个月后便可出版，稿样已见，由我老同学熊秉明写的序，序将发表于87年2月《美术》，写得极好，但据说英译较难。封面由林风眠题签。车永仁数月前来信谓画册年底可出版，不可信，我也懒于再问。"东方美术交流会"（会长邓琳）是中青年组织，聘我顾问，去京都为联展开幕剪了次彩。

用水彩稀释油彩，并曾作为油彩与墨彩间之桥梁，可说是我五六十年代间试探油画民族化之一环。

文集《谁家粉本》已交四川出版。

全家好

吴冠中　30日

【按】

1987年2月9日赴京看望吴师，他给我熊秉明为"香港的大型画集"所写的《序言》，系吴先生亲手抄在稿纸上的复印件，因而得以先读之快。

此信又是年末所写。这几年我已经尽量不给吴师写信了，再也不忍消耗他那宝贵的时间——生命。如果有事进京探望，也尽量安排在星期天的上午，在他所规定的会客时间内。

1986年，又是他行程饱满、作品丰产的一年，许多重要的水墨作品问世。我们在前面已经领略过一些，如《阿尔泰山村》、《大宅》、《黄河东去》等，还有一些我十

分喜欢、也具有创新意义的作品。

《长城》（图473，立幅）是我参观香山饭店时看到的同类，也看到了赵无极先生所画引起长官非议的两幅水墨"枫叶"。

《长城》画幅不大，那辗转反复的线条，如银蛇狂舞，自画面底部竖向纵深蜿蜒前行，直达画面顶部，十分震撼我心。画家一扫既往表现风景和山势，用半抽象的形象表达长城的宏伟与沧桑。

赵先生抽象的风景，清淡而飘逸，同时具有中国式的笔墨，特别适于布置在贝聿铭设计得极为清雅的香山饭店厅堂中。建筑师竭力要求建筑淡雅，据说开幕式上连胸前的红条也不要带。受非议的两幅抽象水墨画，建筑师最终坚持留下，据传建筑师说，这么大的中国，难道还容不下这两幅画！

如今此两幅作品可能还在，估计环境依然不会太好，2000年已经看到画前有杂物（见右图右下），这可是世界级艺术大师赵无极的作品啊。

《松曲》（图479）很自然地让我把跨度十年以上的三幅画的构图联系起来：《黄山云海》（图176），《松云》（图374）。同是松、云、山三种事物，构图也相差无几，其趣味决然不同，妙在线的曲直及其组合韵律。

《小巷》（图482）之窄极为夸张，但是，凡在这种巷子里走过的人都会认为，那感觉是十分真实的。

图471 布置在香山饭店的赵无极作品之一

图472 布置在香山饭店的赵无极作品之二

图473 吴冠中，墨彩，1986，长城（立幅）

图474 吴冠中,墨彩,1986,长城(横幅)

图475 吴冠中，墨彩，1986，春秋之一
图476 吴冠中，墨彩，1986，春秋之二

图477 吴冠中,墨彩,1986,芦苇
图478 吴冠中,墨彩,1986,养鸭场

图479 吴冠中,墨彩,1986,松曲
图480 吴冠中,墨彩,1986,田

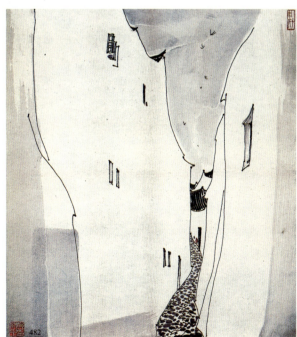

图481 吴冠中,墨彩,1986,鱼乐
图482 吴冠中,墨彩,1986,小巷

图483 吴冠中，墨彩，1986，渔港
图484 吴冠中，墨彩，1986，天池
图485 吴冠中，墨彩，1986，春山雪霁
图486 吴冠中，墨彩，1986，华山松
图487 吴冠中，墨彩，1986，雪

图488 吴冠中,墨彩,1986,园林石
图489 吴冠中,墨彩,1986,园林石笋

德侬，香港艺术中心于今年9月10日～10月4日举办"吴冠中回顾展"。我9月12日作报告，你处的幻灯片全部托可靠人带来，好准备配合。正开政协，忙极。

握手

吴冠中　1987年3月26日

64 · 19870326 · 1-1

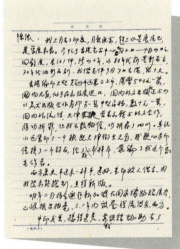

65 · 19870718 · 2-1

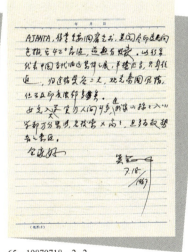

65 · 19870718 · 2-2

德侬，我上月去了印度，月底返京，赶上水墨展尾巴，建筑展未看。今忙于香港艺术中心9月10日～10月4日之回顾展，展101件，跨40年，以80年代新墨彩为主，70年代油画为副，我偕老伴9月7日去港，留十天。香港编印大型《吴冠中画集》已上市，港币540元一集，国内无有，似乎尚未考虑进口。国内外文出版社正与四川美术出版社合作筹印另一集中型高档，数十元一集，国内外流传，天津曾表示愿与外文合作，将功折罪，但我不敢相信，仍推荐了四川，车说小画集印了一千册，既天津街头无有，我疑心未印，仅换了一个封面，给了我两本样本，蒙骗了我这个昏昏老作者。

西方美史车送来一样本，甚好，立即被人借去，因我院未能抢到，且待新版。

明年二月将应邀赴新加坡在国家博物馆展出，已被推出亮相，三二年内毁誉将流传东西方。

中印交恶，接待甚差，靠我使馆协助去了AJANTA，得赏重要洞窟艺术，并阅尽印度民间色相，虽42℃高温，煎熬有收获。此行系代表中国当代油画集体之展，单枪匹马，只身往返，归途宿曼谷二天，观光泰国风情，但不及印度浓郁多矣。

女儿入大学实乃人间斗争，连我家小孙孙入小学都万分紧张，名校索X高高，且多为权势者之禁区。

全家好

吴冠中　1987年7月18日

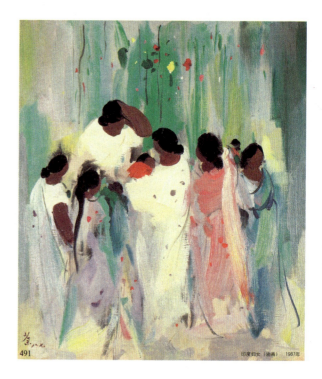

图490 吴冠中，素描，1987，印度花市
图491 吴冠中，油彩，1987，印度妇女

66 · 19871226 · 2-1   66 · 19871226 · 2-2

德侬,信悉。

26天的回顾展可说震撼了香港艺术界,两家电视台、所有的中英文报纸均作了大量报道、彩页作品,《华南朝报》(英文)以"中国艺术顶峰"作大标题……而国内报纸悄然,大概因这是香港(英国)官方搞的,无意宣扬人家功劳。倒是台湾积极采访,《文星》出了特刊(见参考报导)。明年2月新加坡国家博物院举办个展,规模不小于回顾展,《海峡时报》已作整版报导,我偕老伴将于2月初前去参加开幕式。至于台湾之展,并未与我联系,可能是他们收购了的作品之展,着眼商业利润。

此后,指向美国,几方面来邀,尚未定夺,我想,乡村包围城市,最后攻击巴黎,今日长缨在手,缚他西方蛟龙。

香港出版的大型《吴冠中画集》,印得不错,五百港币一集,但不会来国内,国内外文出版社正在另编一集大型新作。天津的小集听说只印一千册,国内根本见不着,但在香港我回顾展中居然也在出售,真是渠道纵横,唯利是图。我刚从上海参与中国油画展评选返京,在沪晤清白音与车永仁,他们又竭诚约稿,但我写的"评奖之夜"已交上海《文汇报》,他们先约,估计很快就会刊出。

亦偶然见你在《中国美术报》的短稿,知工作总紧张,出师未捷,但早晚会攻下堡垒,扬旗亦帜[38]。

38 疑为"扬旗易帜"——邹注。

《中国现代绘画史》未读，也不关心，任人评说。鲁迅遗嘱须加修改：儿子无才能……切不可当空头理论家。我们这次美协为选定全国油画展评委问题，一致反对"理论家"，他们中绝大多数不识货。什么当代中国画三足鼎立之论，无知可笑。

近况如此　　且待来春

吴冠中　1987年12月26日

【按】

这又是一封年末的信。

香港，这个具有国际艺术视野的城市，为此时的吴冠中举办如此盛大的个人回顾展，可以说慧眼独具，恰逢其时。回顾展和《吴冠中画集》的出版，不仅仅是吴冠中艺术1987年的标志性事件，更是自1970年代中期以来，以油画与水墨轮作为特征的"中年变法"的阶段性总结，是超越早期"油画民族化"，进入具有国际意义的中国现代艺术的标志。

百余年国际现代艺术运动表明，"现在的艺术"不一定就是"现代艺术"，吴冠中艺术已经具备与现代社会进步密切相关的艺术思想含义。

德艺艺术公司出版的《吴冠中画集》，也是那时表现吴冠中艺术最到位的优秀画册。装帧、印刷皆为上乘，特别是内容涵盖齐全。除有吴师的同窗好友熊秉明的精彩《序言》外，有墨彩71幅，油彩30幅，恰好是这次回顾展吴先生提供作品的数目101幅。另有素描19幅，可反映近十余年创作成果的

图492 香港，德艺艺术公司出版的《吴冠中画集》封面，1987；书名为林风眠先生所题

图493 吴先生所赠部分画册和文献

图494 吴先生所赠部分文献扉页的改赠题：（1）《吴冠中素描选》，（2）《天南地北》

全貌。吴先生赠我的这本珍贵画册，成为我今日《看日出》最重要的参考文献，也是《看日出》插图的主要来源。

自"崂山闻道"之后，每见吴师，几乎必有所赠，除了画作之外，还有文集、画册、图片、日历册等等。他理解我这个门外学生迫切希望知道吴冠中艺术新进展的心情，有几次他竟圈掉已经题在赠书扉页上赠给同窗好友朱德群、董景昭的名字，把书改赠与我，使我受后心情久久不安。

吴先生所赠文献，也成为改革开放初期中国出版界变迁的有趣实证，建筑界的出版者与此雷同。有小得不能再小，便宜得不能再便宜的著作版本，如《东寻西找集》，巴掌大，0.5元；《吴冠中素描选》，1.2元；《风筝不断线》，1.54元……也有吴师所赠高达500余港元的香港《吴冠中画集》，那是我当时的7个月工资啊！1993年所赠新加坡出版的《夕照看人体》，价格竟达1000多元。

吴师所赠图书、画册乃至画作，不论大小，不管贵贱，同样饱含他对学生的一贯亲情和学术关怀，这些大大小小的文献，和我花一个月工资买的《鲁迅全集》放在一起，成为我的精神食粮和珍贵纪念。

画家的所谓创作阶段，大多都是论者自己划的。我这里拿1987年作为吴冠中艺术创作的一个段落，只是因为我要出示的这66封信的最后一封是这年写的，恰巧这年又举行了具有重大意义的活动。但吴冠中的艺术创作总是勇往直前，对吴冠中艺术的研究也不过刚刚开始，永远没有完结，永远不会完结。

这年与往年一样，有许多令人瞩目的作品诞生。

《旅途》是一件十分有趣味和深层艺术含义的作品。作者旅途中看见两位黑衣修女，其黑发、黑衣与周围白色的强烈对比，引发出对她们的内在孤寂与人间苦难的联想。他的画很少出现人物，此幅亦仅仅是背影，其实，此时的作品与后来的"人体"一样，对他而言，已经无所谓是人物画还是风景画，他的目标是"形"是"色",是"形""色"所能表现的艺术意涵。这就是为什么他在"夕阳看人体"时,人体画总是冠以风景画名的原因。我见罗丹雕塑作品,也有类似情况。

图495 吴冠中,油彩,1987,山城鱼池

图496 吴冠中，油彩，1987，旅途
图497 吴冠中，墨彩，1987，残荷

图498 吴冠中,墨彩,1987,北武当山
图499 吴冠中,墨彩,1987,海风
图500 吴冠中,墨彩,1987,松林

在吴先生给我的这些信中，从始至终，贯彻了一个他要在国际艺术舞台上争取中国现代艺术地位的坚定信心，在前面的许多信中，我们都已经有切实的领略。此信中说："此后，指向美国……乡村包围城市，最后攻击巴黎，今日长缨在手，缚他西方蛟龙"，也是一个恰当的总结。

从吴师五十多岁的信开始，就贯穿了一条"来日无多"只争朝夕的紧迫感。他望着生命的尽头，加紧手中的工作，集中所有火力，强攻艺术使命的营垒，这是他可以达到既定目标的保证。

吴先生在此信里提出，"鲁迅遗嘱须加修改：儿子无才能……切不可当空头理论家"，在选定评委方面，"一致反对'理论家'，他们中绝大多数不识货"。他对一些理论家的态度，对我这个和理论沾边儿的教师而言，振聋发聩！

我自青岛返校之后，业余时间一直在集中吸取有关西方现代艺术、现代建筑方面的知识，也开始在建设部前设计局长龚德顺领导下研究"中国现代建筑史"，因而，我会关注甚至研究一些建筑或艺术理论问题。

每当撰写与理论相关的文章时，他信里的这些话，如高悬在我头顶的达摩克利斯之剑，成为我在工作中时刻不断的警钟。

吴先生实在太忙了，他曾对我说，除了政协的会议外，不参加任何会议和活动。来访的人太多，只集中安排在星期天上午的9点钟，可是，不速之客依然时常闯入，招致创作中断。每当写信或去探望他，我耳边总是响起鲁迅在《门外文谈》说的那句话："时间就是性命。无端的空耗别人的时间，其实是无异于图财害命的。"所以，进入1980年代以后，自觉尽量少去信，少探望，电话也打得极少。

以1987年香港"回顾展"和《吴冠中画集》的出版为标志，吴冠中艺术终于喷薄日出，光芒照射东方大地，并展开了全方位的发展，赢得了世界性的荣誉，在中国艺术史上，竖起了一座现代的艺术丰碑。

这年以后，虽然与吴师还有少数通信，也有一些必要的探望以及参加会议等活动，但与他的联系，可以说已是"藕断丝连"了。

这年以后，吴冠中艺术依然持续地打动着我，我已经注意到了一些"系列",如"黄土高原"系列,"夕照人体"系列,"古韵新腔"系列,"汉字春秋"系列等等,我更注意到,他的一些风筝已自由放飞了,出现了全抽象的鸿篇巨制……令我目不暇接。而且,我作为建筑师,特别被他的"建筑艺术"系列所感动,没有一位专业画家对建筑如此倾情,我决意为他的"建筑系列"写一个专篇,与我的建筑同行共赏。

这年以后,虽与他的直接联系渐少,但我几乎天天与吴师对话,面对他的著作。画展、画册、视频、照片等等,当然,还有这些信……

"出师未捷,但早晚会攻下堡垒,扬旗易帜",是吴冠中老师对我事业的深切期望,也是令我时刻不敢忘怀的鞭策!

三　同学同耕

效孟、寿宾和我，既是同事，又是画友。追随吴先生崂山写生以来，我们又成了同学。手足般的真挚友谊保持至今，算来已有四十余年了。

图501 崂山写生留影，1970年代初，从左至右：效孟，德侬，寿宾

01 效孟

效孟与我同庚，是小我几个月的"老虎"。他初中毕业之后，只读了两年高中，就因家境贫寒不得不辍学谋生，1958年进了四方工厂，当上了名钻工。读书时，美术教师张朋先生教学生们画画，因他聪敏好学，渐渐成了尖子，进工厂时，他比别人多了画画这门手艺。

工厂在制造双层客车等新产品时，很需要画图和设计人手。那时分来的大学生还很少，厂里决定从车间抽调一批心灵手巧、品行端正的工人，进设计科学着画图、做设计，其中就有效孟。在设计科，领导让他做"美化"车厢的"美工"设计。重视产品艺术性的铁峰厂长给了美工一个特权，"凡造型问题，各个专业都得听美工的"。

一个好学的青年工人，刚跨进设计科的大门，觉得要学的东西实在太多了！他并不想利用所谓"特权"做些给现成客车部件"涂脂抹粉"的表面文章，他要首先弄清这种小房子"里头"的结构是怎么回事儿。

他从客车的钢、木结构学起，逐步深入到给水、采暖、电气等专业，他要弄明白当中那些看不见的结构关系，搞清楚他所设计的座椅、茶桌、卧铺、行李架、灯具等客车设备如何在这些结构和部件上"生根"。他要知道在车厢这个日行千里的活动建筑里，客室、乘务室、储藏间、洗手间、茶炉等大大小小的空间如何布置才能方便使用。车上车下的学习思考，令他得出一个明确的结论：美工设计不单是美化外表，应该是深入生活、深入各专业内部的综合与协调工作。

效孟在1960年代初期所作的一项独到的客车"美工"设计，我们如今还在受惠，那就是把日本式的"老硬卧"，改造成如今还是主流车型的"开敞式"硬卧。木结构的"老硬卧"，卧铺铺面厚重，铺间空间狭小，下铺要坐人，得把中铺翻下来当靠背才行。就翻铺这个动作，一个人还完不成，那靠背实在太重了。效孟和其他专业的设计师一起，长期跟车调查，与乘务员同劳动数月，搞出了一整套新型硬卧客车方案。首先，把暖气管放低，允许座椅相应也放低几厘米；其次，将10多厘米厚的卧铺结构改为只有5厘米多的钢结构。几方面省出来的尺寸，刚好让中铺下面的空间达到可以坐下人的90厘米。这项设计，连同对车内大到行李架、小到衣帽钩的几乎所有部件的创新设计，催生了具有"自主版权"的"开敞式"新硬卧。之后，此车型还经历了多方延伸设计，甚至改造成可以运送伤员的"战备车"。

当我1962年10月进厂和他成为同事的时候，他已经完成在中央工艺美院的进修，设计了援助锡兰（今斯里兰卡）的出口车辆，正在准备设计跑"莫斯科—北京"的国际列车，他已然是一位很有经验的青年设计师了。在后来的年月里，效孟还先后参加了专为我国领导人如毛主席等使用的公务特种车辆设计。这些车辆的功能和技术要求都极为复杂，设计、制造全优，多次获得铁道部科技进步奖。改革开放以后，他如虎添翼，又为伊朗等多个国家设计了不同的创新车辆。

我与效孟一见如故，相同的美工设计工作，对水彩画的共同爱好，使我们形影不离，上班一起画设计图，业余就一

图502 张效孟，水彩，1982，观象山远眺

起画水彩画。特别是我们之间多方面的"互补性"，使彼此相互吸引，取长补短。比如，我想尽快得到些客车内部的结构知识，想尽快适应我所十分陌生的

图503 张效孟，水彩，1978，岛城之夜

图504 张效孟，水彩，2010，华灯初上

图505 张效孟，水彩，1993，岸边夕阳
图506 张效孟，水彩，2008，秋韵

"机械制图";而他则很想熟悉建筑形式美理论和水彩画技法。后来,他索性也搬到了单身宿舍,与我同住。

有趣的是,我和效孟的水彩画特点也相当"互补"。初见效孟的水彩,形体准确,用笔用色大胆泼辣,但色彩有些乌涂,水彩画的"水"味儿不大足。而我的水彩技法运用使画面有些水彩味儿,但缩手缩脚,总是摆脱不了形体呆板的建筑味儿。平时或外出写生,画砸了,互相批评;画满意了,互相叫好,但更多的情况是,我们总是处在一种要想画得精彩,却又处在"求之不得,寤寐思服"的苦恼之中。直到吴先生的到来,才彻底结束了我们这种翻来覆去、原地打转的写生状态,把我们的水彩引入了一个明确追求艺术性的新境界。

崂山写生之后的一个时期,我们的画都不由自主地模仿吴先生,比如构图、用笔、用色等等。处理复杂题材的能力大大增强,效孟也画出了一批相当有新意的画。虽然画的面貌有些改变,但我们都意识到,这算不上是自己的什么成绩,只是模仿性的起步而已,我们都在设法画出不像吴先生、而属于自己的画。

改革开放之后,大家都忙了,但在效孟那里,画画的事儿一直没有中断。当我们阔别多年,再看到他的一批作品时,其水彩的进展让我十分吃惊,已经完全看不出吴先生在绘画手法方面对这些画面的影响。他的那幅《观象山远眺》,天空和山体的肌理,在斑驳中透着水灵,简练的用笔表现复杂物象,非常耐看。我注视良久,竟然看不出那些大面是怎么"铺"出来的,他笑着告诉我:"有特技!这就是吴先生经常教导我们的要'不惜一切手段'。"1990年代,他已经成为青岛屈指可数的水彩画家,经常参加国内外的艺术交流活动。

图507 效孟(左)与德侬写生,1975年11月,孙力摄影

图508 寿宾(近处作画者)与德侬写生,1975年11月(可以看到各自盛画具的"菜篮子"),孙力摄影

这次见到效孟，又看了他的大量近作，听他讲参加的一些集体创作大型水彩画的情形。我难以想象，像他这样开敞、奔放，并时有抽象元素出现的画风，怎么能和他人的风格融合成一体？我怀疑这样的"集体创作"。临行时，他说最近接到的一项新的任务是画"啤酒节"。我想，他肯定能画出一个"出其不意"的精彩《啤酒节》。但愿诸位画家能各干各的，大家不要互相"结合"。

画夜景，重在经营光——月光和灯光。对比欣赏不同时期的这两幅夜景的灯光，非常有趣。前者由"特技"点出个个具象的光点组成群体，而后者用抽象的成片色彩，画出群体灯光的感觉。异曲同工，妙不可言。

《岸边夕阳》画得那太阳刺眼，以至于不敢直视，但操作却在太阳之外。作者苦心经营烘托太阳的景物，利用远近山形的明暗变化，上下冷暖的色彩对比，特别是左下翠绿纯色的出现，包括右边中部的一片变调的灰绿，来完成这个烘托。真所谓——画太阳而不管太阳。

《秋韵》是一个水彩加墨色的童话场景，整片土黄加着淡墨，自画面上部顺流而下，形成似乎可以分辨远近的独特肌理，似天似山似树。浓墨村庄接住了这片洪流，水、色、墨的交流淋漓酣畅，形成一片萧萧然的深秋，亦或初冬。

这次所见效孟的大批作品，变得我已完全不认识了。想当年，几米开外我都能认出他的手笔；如今，不但没了吴师的踪影，连他自己过去的踪影也找不到了。

变，追求艺术中的变化和变化中的自己，已成为这位绘画老汉的一直不变的目标了。

02 寿宾

我已经不记得，我是怎么和寿宾认识的了，想来这也很合乎他的性格——温文尔雅，谦恭倾听，不显山，不露水，从不惹人注意。最近他告诉我，是当年同住在单身宿舍时，他看见我们屋里有画，便敲门进来看画，这才认识的。

寿宾长我一岁，1961年毕业于上海交通大学机车专业，先分配到铁路上工作，后于1964年调入四方工厂机车设计科。那时，原设计科已经分为机车和客车两个科室，所以我们并不熟悉。少年时，他喜欢写字和"涂鸦"，得到家人的夸赞；在初中，美术老师很喜欢他，使他一直保持着对美术的强烈爱好。

四方工厂的机车设计科没有专门的"美工"设计人员，由于他绘画能力强，便让他在复杂的机车设计任务之外，再负担起机车设计中出现的"美工"任务。我们认识之后，就形成了雷打不动的"铁杆儿"三画友。

寿宾还是个多面手，他治印多年，给我刻的多方印章，至今珍藏。一位工人送我一方"出土"的旧印石，周边有些残缺，经寿宾因石构图，完整饱满，字形如画，而且还巧妙地化解了残缺。他写的字我也很喜欢，正而不板，拙里见巧。四方工厂发给职工的搪瓷茶缸上烧的字，就是寿宾写的，至今仍是我的"收藏"。

画如其人，寿宾的绘画形体精准，一丝不苟。谦逊好学的性格使他的画进步飞快,他画具有动态海浪的海景,那浪花充满生气,常常令我羡慕。当吴先生到来之时,我们三人的水彩画,都已经各有追求,虽然画得很苦,但大家都走在寻求自己的路上。随吴师"崂山闻道"之后,我们都又在各自所选的新路上前行。我们除了平日坚持写生外,寿宾外出也总是带上画具——我们的画具都装在各自的"菜篮子"里,公事之余,有空便画。寿宾把文革"逍遥时期"所赢得的时间,都倾注在了消化和实践得自吴师的艺术之"道"上,尽情享受着追逐绘画艺术的苦与乐。

国家拨乱反正,建设重新起步。我们都从十年"文革"的阴影中走出来,全身心投入到"四化"建设热潮。日渐忙碌的工作,把画画的事儿挤在了旁边,寿宾迎来他人生中在事业上"闪光"的阶段。

在贯彻"阶级路线"的时代,由于寿宾"家庭出身不好",在设计工作中"不宜"担当重要的任务,只让他设计技术含量较低的水管路系统,因为水管路出不了大问题。但他并不气馁,水管路也很复杂,照样可以创新,照样可以发挥自己的才能。他工作认真投入,总在追求完美,一干就是十几年。他的一些设计一直被沿用,有的成为标准,甚至被外厂引用。1983年,寿宾终于得到"认可",升任主任设计师,主持主流产品"东风5型电传动内燃机车"的总体设计。

这是个有好几千张图纸的产品,也是个极为错综复杂的大系统,在千头万绪的设计工作中,他竟然想到了吴先生的画论,并且用画画中的道理来"主持"处理许多事务。比如,从不出头露面、一向谨小慎微的寿宾,现在他开始大胆地指挥总体布局,然后再开展周密的细节处理。这不就是吴先生所说的,在绘画中要"用大扫帚落笔,用绣花针收拾"的原则吗?在处理各类矛盾时,他想到,在绘画中,既可以用对比法,也可以用调和法取得画面的统一,那在不同意见面前呢?虽然可以用雄辩或职权压倒对方而实现统一,但照寿宾的性格,他更愿用调和的方法实现统一。他将自己的意图和想法耐心地告诉对方,尽量争取对方的赞同和支持,同时又认真听取对方的意见,并随时准备作出合理的妥协。因此,在这些年纷繁复杂的工作中,不论是与领导,与同事,与外单位,都合作愉快。说起来也挺有意思,艺术上的道理，与实际领域的道理竟也是相通的。

1984年，产品试制成功，1987年通过铁道部鉴定，1988年获铁道部科技进步一等奖，1989年获国家科技进步二等奖。他前后开发出五个机车品种，总产量逾千台，产品遍布全国各铁路枢纽。

为对外工作需要，他从在家私下自学英语起步，以43岁高龄参加铁道部英语口语班。半年后，以中国专家的身份，前往奥地利去完成一项由联合国赞助的技术合作计划。此后多年，各种荣誉、获奖目不暇接：铁路系统劳模、省劳动奖章、优秀科技工作者、突出贡献专家、政府特殊津贴、山东省政协委员等。

虽然忙得没有时间画画，但那渴望画画的愿望以及吴先生关于艺术的教导，从来不曾在他心中消失，他唯一可以指望属于自己的画画时间，是在退休之后。他打定主意，退休后什么都不干，"重中之重"只做一件事——画画。他还把这些想法写信告诉了吴先生，并叮嘱吴师千万不要回信。

令人匪夷所思的是，像寿宾这样有突出贡献的高级知识分子，在国营企业退休后，退休金竟然微薄得令人难以置信！但经济的拮据丝毫没有压垮他对画画的兴致和决心。水彩纸太贵了，他用打印纸，甚至用旧坐标纸画。在我看来，用这类纸画水彩，简直是个奇谈！这种纸见水就皱，着笔就破，更不用说水彩特有的"渗化"效果了。但是，当我看到那些画之后，我也惊呆了，纸质差丝毫没有影响他所追求的美，甚至促成他探索了水彩画的新路子，天知道！

1978年代的作品《雪松》，整体构图饱满，树形姿态优美，光感处理动人，但依然明显带有吴先生在崂山写生

图509 俞寿宾，水粉，1978，雪松
图510 俞寿宾，水粉，2002，礁石
图511 俞寿宾，水彩，2007，晨练（红方格坐标纸）

时期的影响。待到退休重新起步时,那影响渐渐远去,加之纸张等工具的变化,可以说已经形成寿宾细致、深入同时又充满热情的写实风格,和效孟这位"同学"的画风针锋相对。

《礁石》在描绘大海退潮时的那种宁静,作者专注于对形成这种宁静的各种因素的观察与描写。海面平和,岸边浪静。岸上一弯弯的大小水面,以及大大小小礁石,都参与了这种宁静。近处的石块,沙滩以及滩上的水痕,他也静心描写,不放过任何细部,十分耐看。

《晨练》的热情与《礁石》的冷静形成有趣对比。来自画面右侧的晨光,似乎已将人影泼洒到读者身上,使其也参与其中。所有人物都是暗暗的背面,但色彩深而不乌,红衣、黄衣、花衣等的调节,形成丰富的色谱。精到的细部,从众人的头发到每人的鞋子,显示了寿宾心细的一贯画风。

《千丝万缕织秋色》和《教堂晨曦》,是那种几乎人人天天都能看到的普通景物,如果要把它们刻画充分,都可能是极复杂的描写。前者通篇是个"织"字,较粗的几条树干是"经",较细的无数树枝是"纬",在这个基本架构下,进行了极为复杂的交织。有一缕绿色的藤蔓植物向纵深穿透,其形体和色彩,连同远来的光感,使得画面活跃起来。后者则放松中部,让建筑伴着阳光泻来,十分欢快!

我注意到,他在方格纸上的画,大多是小笔触,甚至是"点彩"的技法,笔触重叠多变,这大概可以避免水对纸的不良作用。有意思的是,露出来的红方格并不讨厌,反而有调和色调的功用。寿宾的红方格坐标纸水彩,可以算作水彩介质带动水彩技法的创新了。

图512 俞寿宾,水彩,2006,千丝万缕织秋色
图513 俞寿宾,水彩,2005,教堂晨曦(红方格坐标纸)

03 同耕

我们三人全是在中小学时期,从美术课上接触画画的,是"爱玩儿"的天性让我们爱上美术。那是个极好的教育环境,教我们"玩儿"的老师,在当时或者日后,都是一方著名的画家。我们画画玩儿,丝毫没有影响其他功课的学习,虽然我们都不是什么学习尖子,但从小智力全面发展,使我们日后能够胜任所遇到的任何复杂工作。

我们三人都不是职业画家,但对美术的热爱可以说持续了一生。这是因为绘画不但是一种技艺,更是一种修养,而且是可以带动深入到其他艺术领域的修养,我们都为自己有这个爱好感到庆幸。因为,我们由此而喜欢动手,动手画画,动手木刻,动手刻印,动手扎风筝、画风筝……我们乐于欣赏,欣赏绘画、雕塑、摄影、建筑,欣赏文学、音乐、戏剧……我们愿意琢磨,琢磨如何纠正画面缺陷、画出新意、画出自己,琢磨绘画道理和其他艺术相通,和自己的事业相通,和人生相通……这种修养,使我们在各自绘画与各自事业的自我完善中,充满苦恼之后的快乐。

我们三人都是在绘画求索和人生苦闷的时刻见到吴冠中先生的,他教导我们绘画技艺,美,艺术,艺术与人生。在后来的岁月里,我们学着他的榜样实践着,努力作画,努力从事与美术关联的或无关的事业,也努力塑造各自的人生。我们都没有画出众人争说的驰名画作,也没有做出"感动中国"的发明创造,面对吴先生,面对教过我们的诸多老师,我们自感有些愧疚;不过,我们三个"同学",分别在客车、机车、建筑等各自开阔的田野里,运用吴先生传授给我们的艺术视界,学着他像老农一样地勤劳耕作,各自也获得了不错的收成。

回眸这些收成,起码我们可以自豪地说,在各自的行业里,我们都是出色的劳动者。

图514 效孟、寿宾和德侬(自右向左)重访崂山,2010年9月,张健波摄影

附 录

附录1

在绘画实践中学习
"洋为中用,古为今用"的体会

吴冠中

(1978年3月14日下午在中央工艺美术学院的报告发言稿)

我今天谈的是:在绘画实践中学习"洋为中用,古为今用"的体会,完全是个人的,很少一点点,又不见得正确,只能和我自己的学生或几个知心朋友聊一聊,仿佛是一些私房话。今天来了那么多同志,不仅有青年同志,还有不少美术界的前辈们,我讲的这些私房话,感到害臊。

华主席和党中央提出:抓纲治国,实现四个现代化。伟大的新长征开始出发了,科技界奋发图强的大好形势,使我们搞文艺工作的心潮澎湃,不能平静。我们学习西方绘画,特别是油画,历史不长,水平本来就不高,再遭到"四人帮"的破坏、糟蹋,使国内国际都普遍认为我们的油画是落后的,这个耻辱落在我们这些老老少少的美术工作者的头上。如果说我们的科技落后二三十年,那么我们的油画一味听从"四人帮"的要求搞,那种照相似的要求搞,可以说落后于世界一百二三十年也不算过分。华主席在政治报告中指出:要迅速发展社会主义科学文化事业,还必须坚持"古为今用,洋为中用"的方针。对于世界上先进的科学技术,要认真学习,拿来为我所用。对于古代和外国的文化,要批判地吸收,取其精华去其糟粕,推陈出新,促使我国具有民族风格的、富有时代特点的社会主义文化的发展。科技有国际的统一标准、迎头赶上的道路,我觉得是比较直线的,美术同样有共同的国际水平的一面，但是还有另一个重要的方面，而且是一个极重要的因素，就是民族化。毛主席早就指出古为今用、洋为中用的明确方向，但是在实践中如何体现？凡是认真工作的同志们，都会感到这不是一件轻易能成功的事情。我和同志们一样，对这个问题是在朦胧中探讨，有时候可以说是在黑暗中摸索。今年我刚刚跨入六十岁，为绘画虽然忙白了少年头，但没有成绩，心情并不轻松。我们院的领导要我拿最近几年的作品展出，我开始不敢，也不愿意，后来说作为垫脚石，正像华罗庚所讲作为人梯，让后面的人爬上去，走过去，我也就同意了。这些画拿出来，愿意听大家的批评，即使作为草料，拿出来肥田也是好事。

先谈谈我自己学习的过程。我是科班出身，早在抗日战争以前，在杭州国立艺术专科学校学习。开始我们是绘画系，不分中国画和西洋画，主要是学西洋的。先学素描，同大家一样，从石膏头像，石膏半身像，到素描真人裸体，最后是油画人体。同时也有点中国画课程，但不多，一星期中两个下半天，所有的上午都是西洋画。中国画是潘天寿老师教的，但很多同学仍不重视，认为国画可学可不学，而西洋画才是主要的，是真正的专业。我对国画倒是比较喜欢的，业余搞得比较多，白天画油画，灯光下画国画。后来开始分西画和国画系，我两样都喜欢，选择中很犹豫。那时在云南，潘先生没有带家属，我们经常去他宿舍里，很方便，很接近，我舍不得潘先生，因此决定进国画系。在国画系学了一个时期，又感觉不满足了。潘先生是我非常推崇的，对我的艺术成长起着重要的作用，是一生中始终对我起指导作用的老师。他的画有独特的风格，但他的观点是老的，是比较保守的。他教学生开头一定是临摹，我就大量地临，开始是临石涛、石溪、板桥、沈周，不断地临。我记得在湖南沅陵上课时，经常有日本飞机来袭击的警报，不过真轰炸倒也不多，因那地方偏僻。图书馆里有些画册算宝贝，包括日本印的《支那南画大成》都不能外借，只能在里面临。每有警报，图书馆馆员要去躲避，要关门，我被迫出门。后来我和他商量，让他去躲警报，把我锁在馆里，生死我自己负责，开始他不肯，我再三恳求，终于同意了。从此，每遇警报，便是我最安心、最痛快的临摹课了，我几乎临遍了图书馆的藏画集。

但我渐渐开始不满足了,特别是在色彩问题方面。我非常偏爱色彩,林枫眠老师说他是"好色之徒",我这学生也是好色之徒。我在绘画中探索,想这样主意,又想那样主意,那时潘先生回浙江探亲去了,我就写信给他,告诉他我的新想法和新主意,这当然是很幼稚的年轻学生的种种想法,潘先生回信说:"以吾弟现在时期,应该多研究,少主张"。后来我终于又改回西画系,因改系,比人家多学了一年,别人学六年,我学七年,因在国画系的一年不算数。回到油画系,我就不再改了,从此一股劲学西洋画。要学油画,当时世界上唯一的高峰是法国,觉得要学油画只有去法国最理想。靠个人奋斗,考公费,居然给我争取考上了第一名,是中法交换生,用法国外交部的公费到巴黎学习。由于对绘画的感情,到法国学习就像到了舅舅家里一样高兴和兴奋。我埋头钻进学习里去,在学校学,在博物馆学,古典的、现代的都学。像我们这些一向没有好学习条件的穷学生,到了巴黎这么好的学习环境中,真是如饥如渴,用全部热情拥抱它,将整个生命投进去,废寝忘食地学习。在旧中国,难找职业,生活艰难,没有出路,更谈不上发展艺术,好不容易出去了,我就考虑不再回来;打算在那里站稳脚跟,走今天看来是资产阶级画家的道路,"飞黄腾达",我们有不少同学在那里没有回来。我本来已作好等公费完了后半工半读的计划,第一步先站下来。但是在巴黎住久了,感情上慢慢有些变了,祖国和人民的形象经常在脑子里出现,渐渐感到和法国在感情上有距离,我和法国同学在一起学习,但和他们毕竟不一样,舅舅家并不亲呵,反有寄人篱下之感!记得有一次,法国的一个团体组织一次绘画奖金比赛,任何人都能参加,得奖,分头奖、二奖,奖比较多。我虽然去了还不太久,是初生之犊,却想试试,得它个头奖,颇有点野心勃勃的气概。但一看那试题:"圣诞节",我感到没法画,我不理解那样的感情。如果题目是春节,我就能画,就可能画好。这个圣诞节,我画不过他们西方人,我虽然也已在巴黎度过圣诞节,可是我享受不到他们那种愉快,那种心花怒放的狂欢,我终于没有画。春天,我们法国同学经常组织复活节等等活动,实际上是利用节日春游,步行到外省教堂去,朝庙进香,长途远足,男男女女们都各自背着背包,一路上住在马棚里,吵吵闹闹,演戏,唱歌。我也跟着去,主要想深入他们的生活。人是跟去了,但感情没有他们愉快,总有一层隔膜。如果是端午节,让我去看龙舟,看屈原的汨罗江,那我一定更有兴趣,我爱屈原,我不爱耶稣。

过了三年,中国人民站起来了,全国解放了。随着国内形势的转变,过去打算不回国的想法开始改变了,同时解放区也有同志在巴黎,给我们留学生做了工作,介绍解放区的情况及对知识分子的政策,号召留学生回国建设祖国,这些活动都起来了,解放区的书籍也容易看到了。我是在巴黎才读到毛主席在延安文艺座谈会上的讲话的,对其中所提为工农兵服务的问题我是接受的,关于生活是艺术源泉的阐明更特别打动我。如果我在国内的时候,在重庆读到"讲话",可能印象反不及在法国感受更深刻。在国外三年,离开祖国乡土,当时读主席的讲话印象是特别深刻的,我思想上起了极大的波动,原来不想回国,现在这想法从根本上开始动摇了。荷兰画家凡高是我一向所喜爱和崇敬的,他的画热情奔放,他热爱劳动人民,对土地有浓厚的感情,我就是崇拜他。在国内我看不到文字资料,只看他的画片,后来在巴黎读他的传记,读他的书信,读到他给弟弟戴奥的一封信,感触特别深。戴奥也学画,在巴黎当画商的雇员,凡高信中劝他回故乡荷兰去作画:"你也许会说在巴黎也有花朵,你也可以开花、结果。但你是麦子,你的位置是在故乡的麦田里,种到故乡的泥土里去,你才能生根、发芽,不要再在巴黎的人行道上浪费你的生命吧!"凡高的这段书信,深深触动了我的心弦!好比穷家庭的子弟进城念书,学习努力是必然的,我每天上课到得很早,下课走得很晚,特别专心,与那些吊儿郎当满不在乎的同学比,老师很快注意到了我这个中国学生的刻苦钻研劲儿,个子矮矮的中国学生在学业上并不比高个儿的洋人矮,老教授明显地表现出对我的青睐,三年公费满了,他主动提出给我延长公费,但当他将他签了名的申请书交给我时,却语重心长地说:"你是我这班最好的学生,我愿意留你在这里学习和工作下去,但最后你还是应回到中国去,从你们17世纪以前的传统根基上发出新枝来,不要老住在我们法国。"这位教授叫苏弗尔皮(J.M.SOUVERBIE),我是十分敬爱他的,他是(二十世纪)三十至六十年代西方的著名画家之一。回国不回国的问题在当时留学生中展开了剧烈的思想斗争，有些人口头上嚷嚷进步，但到底回国不回国是个考验，我在以上的思想基础上，随着时代的洪流终于回到了新中国。

船一离开马赛，我就想起玄奘回到唐朝住进白马寺译经的故事，我下决心开始摸索油画民族化的问题。

我今天先只谈风景画。

民族化的核心，我觉得主要还是意境问题。我没有对自己数十年来的摸索作过理论分析和总结，但回忆一下，粗粗地归纳，我似乎不断在追求四个方面：人民的感情、泥土的气息、传统的特色和现代西方绘画的形式法则。其中最关键的是要有意境，中国人民思想感情息息相通的意境。形式呢，吸取西方现代的手法必须将之化为中国人民喜闻乐见的形式。西洋风景画一般主要是画风景，色彩漂亮也好，立体感空间感强也好，似乎着意表现的是景物外貌的美观，当然他们的许许多多杰作也并不止于外貌的追求，同样是具有深刻的境界的。我每到一个地方，很少背上画箱就去找个景画。我总是先看，到处观察，跑遍山上山下，河东河西，大街小巷，然后慢慢思考，探索情调、意境，捉摸有没有画面。第一天，第二天，第三天，至少走那么三天，酝酿三天。有时觉得某处有些意思，但形象单调些，构不成画面，须调用别处的素材来补充，来综合。一般写生中永远有扬弃次要突出立体的手法，但这点手法是起码的，我觉得远远不够用，要动大手术，要集中不同对象的因素，然后组织，概括，我是经常这样搞的。我将这个构思和思考组织的阶段称为怀孕。如一旦怀孕，我就高兴了，心里就踏实了，不管是七斤八斤，男孩女孩，一定能生下一个生命来。如不怀孕，思之无物，我决不动手画，也一定画不出来。表面看我的画是写实的吧，实质上我是写意的，我愿给自己扣个写意派的帽子。举些例子：我们学院在下放锻炼期间，天天种水稻，劳动严格得很，铅笔都不敢拿一支，不用说作画了。这样过了三四年，后来略松一点，星期天偶然允许画点画了。但河北省的农村没有黄山或桂林那些秀丽的景色，灰扑扑的黄土，地形也比较单调。由于在那儿生活了几年吧，还是感到很亲切，我首先就想画房东的家。房东的家朴素整齐，很有北方民间住宅的特色，但门前一片新场，虽平整，却太平淡了。场院对面，堆积着乱七八糟的煤渣和碎石,墙脚也极破烂,但那里长了一棵茂盛的石榴树,繁花满枝,我每次劳动后回家,总是先经过石榴树,再进入住房。我将住房和石榴树组织在同一画面里,表现了我每天映在脑子里的完整印象。画成后,大娘大嫂们都到我屋里来看画,都说好看,并争先恐后地抢着指出这是谁家谁家,因这个村子的住房大同小异,而且处处有石榴树,我的画对他们都是似曾相识。但他们都没有说正确,我最后揭开谜底,说这就是我们的家,我们正在这屋子里说话呵!他们于是恍然大悟,都大笑起来。我天天住在老乡家,也经常同他们聊家常,他们对我也完全不陌生了,如果煮了白薯玉米之类也总要分点给我吃,如果我画的画他们全看不懂,我不自觉地会感到难过!我画高粱、棉花、南瓜、冬瓜,这些与他们息息相关的庄稼,他们是喜欢的,画得像固然赞扬,画得美尤其兴奋,老乡们朴素纯真的审美观给了我很大的启示,以为"逼真"就是老乡的审美观,那才真真是对劳动人民的污蔑!那时绘画材料很不齐全,我买了块农村地头用的简易黑板,是纸板压成的,在上面刷层土胶就画油画,借房东的粪筐当作画架,粪筐轻,作画过程中转移地点倒较方便,我有一批画全是在粪筐里画出来的,同学们嘻称我粪筐画家。我说粪筐画家不行,要组织粪筐画派,粪筐画派应有两个宗旨:首先是民族化,其次是不怕苦。

再举一个早期在西藏作画的例子。那里条件艰苦,交通不便,当地领导给我们派了个吉普车,并有翻译、保卫,一路住在兵站。有一次在行车途中,我看到了动人画面,有雪山、瀑布、野花、劲松,好一幅壮丽山河!不久到兵站住定,第二天天刚明我们就背着画箱返回去寻找这引人入胜的佳境。吉普车似乎只走了半小时,但我们却足足爬了四小时,高山反应很厉害,感到特别吃力。我那时四十来岁,却比二十来岁的翻译和保卫的青年同志走得更快,因为我心里着急,不知能否赶到那地方,更不知能否怀孕成胎!终于到了那地方,但失掉了我印象中的胜境!因雪山、瀑布、野花和劲松等等它们彼此相距很远,是吉普车的速度将它们的形象在我印象中重叠起来,仿佛电影所起的作用。我于是只好搬动画架,从雪山、瀑布、野花、直到劲松,边写生边组织,魂兮归来,招回我失去的画境!匆匆忙忙用四小时作画，留下四小时赶回程，报销了十二小时，归途中我远远落后在翻译和保卫同志的后面了。

  有一次在桂林，下雨天，挤在公共汽车里去看芦笛岩。车里挤极了，我用脑袋钻过别人的腋下，争着去观望窗外的如画江山。蒙蒙细雨中山如墨染，其前湿润的秋林中散布着雪白的粉墙，好一派秋雨山村风光！翌晨，我借了自行车驮着画具赶到了原地。同样，又不见了车窗外望时白驹过隙所得的完美景色。我推着自行车沿公路写生，路边的小树正好当我的雨伞，这时我想起莫奈的工作室曾设在船上，一面漂流一面写生，我的画室在自行车上，也不比他差呵！

  我在海南岛搞过一幅《香茅加工厂》。当时觉得香茅草很有意思，又是经济作物，但光是画草又嫌单调，便想法与加工厂挂上钩，这样还不够，送草进厂不是总得在开花的香蕉林中穿过吗？油画这一套工具极不方便，画面油色未干要搬家更是困难，但我又必须画一阵搬一段，好比是当场选矿，当场炼钢，边选边炼。我索性将画架画布一起扛在肩上，像个货郎担，不过走路时要小心，要同时照顾肩上和脚下。晚上回到住地，正准备第二天工作需要的一切材料，突然发现画架上一个很重要的零件失掉了，这一下可槽了，这个东西一掉，画架支不起，我明天就没法工作了，急得一夜没睡着。怎么办？第二天一早便沿着昨天的写生路线去找，我回忆写生中的曲折往还，仔细思索，寻寻觅觅，但郁郁葱葱的海南岛的草有多深呵！大海捞针，居然给我发现了这零件，因它遍体沾有鲜红色，万绿丛中一点红，终于映入了我这恋人的眼里，我高兴得要发狂了，双手捧着它就吻了一下。你们也已看到我那幅《青岛》吧，密密麻麻的红屋顶，我早晨五时就赶到一处制高点，在180°的视野中环视青岛，十分吃力地组织工作，我将之比为全本玉堂春的唱工，一点儿偷巧不得。我画了不一会，一些老头老太太上山来打太极拳，有个老头打完拳，来欣赏我的艺术了，看了一阵回去吃早饭了，吃了早饭又来看，一直看到中午回去吃午饭，不料他下午又来了，他感动了：同志，我已吃过两顿饭了，还没见你吃饭呵！他不了解我在工作中不仅吃不下饭，有时蚊子在咬腿，都抽不出手来拍打！

边选矿、边炼钢是一个方面，有时还要回来继续加工炼，特别是大幅画，总要多次"冶炼"，久炼成钢。我在中国历史博物馆作的《长江三峡》，高四米，宽三米，就是经过无数次推敲"冶炼"的。三峡不好处理，人在峡中难得画面，出了峡谷又失险境，必须将昂视、俯视、近视、远眺有机地、巧妙地组织在同一画面里，使观众感到既在峡中，又奔腾于峡外，我试熔中国山水画的平远、高远、深远法于一炉。当然实践并没有成功，但不到黄河心不死，我决不退却，陈毅的一首诗更鼓了我的勇气：三峡束长江，欲令江流改，谁知破夔门，东流成大海。

还要谈谈那幅《鲁迅故乡》，我也曾接受过各式各样的任务，而当鲁迅博物馆约我作大幅《鲁迅故乡》时心情最为激动。我爱鲁迅，远远超过爱我的父亲，从中学时代起，我一遍一遍读他的作品，《故乡》《社戏》《孔乙己》……我多熟悉呵，完完全全是我童年生活的回忆，我没有见过鲁迅，但当我在杭州艺专的阅报室读到他逝世的消息时，我哭了，我生平第一回因一位我并不直接认识的人的逝世而真正伤心地哭泣！1956年我曾利用假期自费到绍兴去作画，凭吊鲁迅先生的每一个脚印。这次接受了任务，我重到绍兴，那边的风土人情、山色湖光与我的故乡几乎是完全一样的，我满怀信心要画出一幅真正流自内心的杰作来！小酒店的柜台、拱桥下的乌篷船、湖畔的油菜花、白墙上乌黑的门窗、市郊小河道里啪啪作响的小汽轮似在召唤我该上船进城上学了！任何一个小角落，我可以信手拈来画成抒情小品。然而这些平易亲切缓缓展开的江南河滨风光却不易组成气势连贯的大幅拼图！许多玲珑的局部无法用数学加法加成整数！我遇到了极大的困难，几乎无法跨越的阻碍！这幅我本以为最有把握的作品，却令我付出了最长的创作时间，最煞费苦心的劳动！从桥头到皇甫庄，从东湖、柯桥到上旺，我跑遍了绍兴的郊区公社，走路、搭船，寻遍各处社戏的旧址。最后我从市内几个小山头上向下俯视，取其河网交错的水乡气势，再以身临其境的近景真实感填补进去。从高处往下俯视，近处的房屋多见瓦顶少露墙壁，是黑压压的一片，我颠倒了这个常理，我用白墙为主求其明亮，相反，远处成片的房屋我以黑瓦为主（实际上是多见白墙），这样可与明亮的水面对照。就是说，从构图整体看,基本是俯视的,但具体形象却往往是平视甚至是昂视的,让观众可深入画境,不是远远地眺望。画稿数易,几番上了画布又刮掉换布,总表达不出孕育鲁迅小说的韵味深远的江南水乡来!

以上谈的偏于构图,是如何通过构图来表达意境的问题。下面想谈谈题材选择问题。我生长在农村,土生土长,到中学时代才进城念书。这回下放到河北农村三年,又重温了乡土之情,所以特别喜欢画那些植物、庄稼、山花、野果、柴扉、草垛,甚至就只画一堆泥土。我想画一组冬瓜花果,肥大墨绿的层层瓜叶中缠绵着瓜藤,开着并蒂的黄花,低垂着毛茸茸的小冬瓜……无声的生命是由线面交错、色彩相映的形象因素组成的,像这些因素条件又并不都集中在某一颗瓜果中,它们是分散的,甚至是隐藏的,要有心人才能发现它们,有情人才能感受到无声的生命在呼吸着!我们白天劳动,只在晚饭后到学习开会前有半小时左右的空隙,可以在附近散散步或洗洗衣服。我利用每天傍晚这点点光阴到冬瓜地里观察,探求形象,构思构图,希望酝酿成熟后好寻某个开恩的星期日来动手画。因为一连多少天傍晚都蹲在瓜地里找,被老乡发现了,他们问:老关,你丢了什么东西?是否丢了手表,我们帮你找吧!

同志们大概都见过北京市美展中我那幅《苗圃》,一片早春树苗,一张叶儿也没有,灰调子。那是在胶东海滨一带画的,当地有些美术工作者整天跟着我写生,热心帮助我,提供我自行车,我们成了自行车写生队。我早留意了郊区一片苗圃,虽尚未发芽,但潜藏着蓬勃的生命力,很快就要出芽了,这气氛,就仿佛重要角色将要出场前的乐曲伴奏。我骑车直奔那里,到了目的地下车支开画架。跟我去的同志们惊讶了,因附近都是荒郊,已不见蓝海红楼的美丽风光,不知我要画什么。我说明我的意图后,他们说原以为我要下车撒尿呢!另一幅《剑麻》也叫《龙舌兰》吧,是在厦门画的。大榕树、南国鲜花和鼓浪屿的海岛洋楼都是吸引画家们的题材,那路边地头的剑麻,仿佛野草似的不被人注意。但我见过鲁迅先生在厦门剑麻丛中的坟地里摄的一张相片,又想起他的"怒向刀丛觅小诗"句,我看见剑麻就想起刀丛,就想起鲁迅先生的倔强性格,浩渺的大海在剑麻林后奔腾,白浪又时时冲击着剑锋!

技法、手法是随题材及意境产生的，随题材及意境的变而变。有些技法是前人经验的总结，如山水的皴法、十八描法等等当然都可以学习，但这些技法的局限性太大了，它们应付不了大自然形象的丰富和复杂性，一百八十描，一万八千描也不能概括描法大成。画面线条的优劣或色彩的好坏是相对的，应根据整幅画画的艺术效果来评价，孤立的线条或色彩是无所谓好坏的。恽南田的画是秀丽吧，如取其画中精彩的线条置入吴昌硕的画中，那立即显得软弱无力。是败笔了！安格尔那种光滑细腻、干干净净的技巧与德拉克洛瓦奔放、动荡的色彩笔触像水火一般不相容。喜欢"屋漏痕"线条特点的画家没有理由反对林风眠线条的爽利。文艺复兴时代威尼斯画家委洛内施是以其色彩的华丽、金碧辉煌著称的，他画的多半是容光焕发的贵妇人。有一回他指着威尼斯泥泞的人行道对他的学生说："我可以用这色调来表现一个金发少女"。这说明了画面色彩的相对性，"脏"的色彩可以用来表现漂亮的对象。总之，在追求自己独特感受的前提下，对技法问题应不择手段。不择手段者，实际就是可择一切手段。如果局限于技法框框，则在框内的题材能看得见，框外的广阔天地视而不见。学过斧劈皴，近乎斧劈皴的山头就看得见，不宜斧劈皴表现的山头就看不见，发现不了它的美。学西洋画的情况也一样，学了某一派某一家，便被他们奴役了！刚才讲的那苗圃，那几位同志也曾学过一些技法的，但没有学过表现一片灰蒙蒙苗圃的技法，发现不了这种美，以为只是撒尿的地方。儿童没有技法框框的局限，观察对象是完全自由的，什么有趣就画什么，有什么感受就表现什么感受。我不是技法至上者，但也不蔑视技法，一种技法容易变成一种眼镜，那我们应借各种眼镜戴戴，最后还是全扔掉，只靠自己的肉眼观察！有的同志说我的画不直接画光，问我是否反对光，犹如我不反对线，形、光、色、线等等都是手段，都可以用，不排斥任何一种，但并不是在同一画面中这些手段都要用。我不会做菜，但也认为糖醋油盐等量并用并不是烹调艺术。石涛谈点苔，什么点、什么点、拖泥带水点，也可一点都不点。同样理由，可用正面光、侧面光、顶光、背光，当然也可无光，我们祖宗两千多年来不直接用光，同样创造了难以计数的杰作！

意境之外，还是要谈形式问题，形式不是小问题，是个大大的大问题呵！意大利的达·芬奇、西班牙的委拉斯开兹，荷兰的伦勃朗，这些大师们是什么人呢，就其社会功能讲，他们实质上就是当时社会上杰出的摄影师。要请伦勃朗作画的人可多了，个人像、团体像，只好按次排队等候。委拉斯开兹这个宫廷画师，不仅要画王和后、王子王孙、还要画王家的狗。如果当时有了彩色照相机，这些画家基本就要失业，如果今天尚未发明照相机，则我们的美术院校招几百万学生也不够社会的需求。古代大师们如看到今天的彩色照片，他们定会五体投地。不过他们的作品除了与照相竞争的一面外，除了"像"之外，还有另一个极重要的因素，就是美，美的形式，形式之美。古代画得很"像"的写实主义作品真是汗牛充栋，其中除因某种文物价值保存下来外，如缺乏形式美，没有美术价值的，已大量淘汰了。比如文艺复兴时代画圣母圣子，妈妈抱着孩子，或画受胎告知，长着翅膀的天使告诉圣母已怀了耶稣，这些同一题材的作品何止画了千千万万，就技术水平看大都已不差，但永远被人们赞扬，一代一代久经考验的传世之作却也并不太多，这被传世或被遗忘淘汰的标准是什么呢，是艺术性，是美！虽然画得都很"像"，很具体，但只有美的能流传，不美的被淘汰！现代美术家积累了前人的经验，比古代画家聪明了，研究了大量古人作品中美不美的原因，逐渐总结出美的法则和形式规律。优秀的画家都有其创造美的法则和规律，即使是民间艺人他自己说不清道理，但他却牢牢掌握着造型美的规律。美术美术，我们是用美来为人民服务的，因为人人喜欢美。如果追求"像"来为人民服务，那你这个蹩脚的手工摄影机早该收起了，何况摄影艺术今天已远远不止是追求一个"像"字了！美术与摄影的关系好比是近邻，住在同一大院里，彼此经常需借用些什物，关系是好的，密切的，但不是姻亲，没有血缘关系。但美术与文学，即使住得远些，却有血缘关系，这血缘关系体现在一个"情"字上，也还是意境的问题。我国古代将诗和画结合得很紧，所谓诗中有画，画中有诗，明清以后的画上经常题诗，几乎成为一种程式。这成了诗、书、画三者结合的综合艺术吧，但它妨碍了绘画形式的独立发展。绘画的意境并非文学的注脚，画中有诗便不必另题诗句，不是说没有诗画相得益彰的佳作，但更多的情况是：或是画蛇添足，或是诗画之间的彼此误会！我希望看到更多不隶属于文学的、在形式美方面苦下功夫的独立的绘画作品，林风眠先生就是这方面作探索的先行者！

我感到在文艺领域里，我们美术的作用最小了，它不如文学，不如电影，不如戏剧，不如音乐，也不如摄影，为什么呢？因为我们取消了自己的独特手段——形式美，成为不学无术的不务正业者了。我们往往将内容与形式分离开来，好像形式只是内容的奴役者。其实在美术中，形式本身往往就是内容。桂林山水是客观实体，是内容吧，但古今中外画家们却画出各种不同形式的桂林山水来，仿佛同一歌词可以谱出不同的曲调吧！我看过一个桂林山水的专题摄影展览，觉得很单调，因基本上都是客观实体的再现，千篇一律。黄山被画了数百年，若形式上无新发展，陈腐的滥调调将很快被人们唾弃！世界各国的美术家都在探求新颖的形式，唯独我们一向视形式似蛇蝎，挨过形式主义棍棒的同志们携起手来！

大家知道，西方现代绘画是受了东方古代绘画的启蒙，日本画、波斯画、印度画对他们的影响更直接。对我们中国的传统，他们虽欣赏，但有隔膜，了解不深。但我深深感到他们所努力追求的，正是我们传统艺术中固有的因素。如果法国雕刻家马约触摸到霍去病墓前的石雕，如果郁脱利罗看到杨柳青的年画原作，如果毕加索看到我们各式各样的大幅门神，他们将为之神魂颠倒！油画民族化应包涵两个方面，一方面是矛盾的转化，如何将西方的油画移植到中国来，仍不失其油画的特色。另一方面是如何发扬和发挥东方和西方绘画中共同的因素，西方现代绘画的东方化正好作了我们油画民族化探索工作的借鉴。最近在京展出的伊朗画展，既展出了波斯艺术的传统，又展出了他们大胆汲取西方现代绘画与波斯艺术相结合的新作，是值得我们深入研究的好机会。

下面我想谈谈我这几年作水墨画的经过和体会。有些国粹派不承认我的中国画，我不想去测量他们"国画"的围墙界限在什么地点，也并无闯入他们的禁区之意，但我之自称水墨画，却绝无投降之意，我认为我的油画也就是中国画，水墨画只是与油画工具相区别而命名的。

"文化大革命"后，我的画大都包藏起来，怕被抄，有些不熟悉的同道要看,也不敢拿出来,谁知来者是不是王曼恬的暗探呢,所以一般同志到我家轻易看不到画,大概还因此得罪了不少同道,我在此表示道歉!有一回一位老同志到我家相叙,我们大骂江青后又谈到绘画,我打开一包油画请他看,他看后很喜欢,但说能否用水墨画一幅这类情调的画送他。自从学生时代离开潘天寿老师后,我再也没有作过中国画,如今为了满足朋友的要求,我就画。画出来的面貌完全脱离石涛、石溪和潘先生的影响了,像是水墨、水彩和油画的综合,因为我是用水墨和色彩在生宣上移植油画的。意外,不仅引起了那位朋友的喜爱,还引起了朋友的朋友们的喜爱。中国历史博物馆约我作两幅油画风景赠日本华侨总会,来家约稿的同志发现了我的水墨画,认为很有意思,于是改变主意,要我作一幅油画和一幅水墨。丈二足对开的水墨画我还是第一次画,我有意移植了一幅被"四人帮"的爪牙打成黑画的油画《桂林新篁》,因我不服气,偏将这黑画送到日本去。在历博预展时正值"四人帮"刚被擒住,我这幅《桂林新篁》还颇被一些同志们喜爱,他们向荣宝斋打听这位作者是谁,荣宝斋也不知道,后来荣宝斋找到我,发现原来是位画油画的。呵!我作水墨,是木兰从军!艺术的实质没有变,只是利用了水墨和油彩的工具而已!从此我经常作水墨,因有些在油画中失败了或无法解决的问题,倒在水墨中获得了解决,同时,当水墨中求不到某种意境时,促使我在油画中开拓了探索的道路。我同时运用油画和水墨,竭力想发挥厚积和流畅、浓郁和淡雅的表现力,仿佛用一把剪刀的双刃,欲剪裁出自己的新装来!

我读毛主席对音乐工作者的谈话,完全赞同,觉得都谈到点子上了。通过数十年的实践,我早就主张要借用西方的解剖刀和显微镜来总结和整理我们的传统艺术,这解剖刀和显微镜就是西方现代艺术所总结出来的形式科学规律。我以前瞧不起日本的绘画,认为他们抄袭我们的国画,又抄袭西方的油画,既不如我们,又不如西方。但数十年来,他们逐渐创造出了东方和西方结合的新品种绘画,他们跑到我们前面去了!我们呢,在新西太后的新闭关政策下,九斤、八斤、七斤,一代不如一代,成为破落户的败家子了!水稻杂交得高产,一个品种如老不吸收新营养便一定会退化,这是生物的现象,亦是艺术发展的规律。

"继承"和"革新"在理论上并不矛盾，大家认为二者都要，但到具体实践中，二者之间还是有一定矛盾的，而且矛盾还不少。我自己的体会，革新是主要的，应起主导作用。我们看绘画发展史，一个新高峰的起来，总是在摆脱旧束缚的基础上形成的，一浪高一浪，必须有无比的勇气和巨大的冲力。艺术上的革新也必然会联系到工具的革新，水墨工具固能发挥流畅的特色，但又弱于厚积与塑造，油画的优缺点却与此正相反，我长期使用过这两种工具，感到都不理想，像一条腿走路，使不出全身的劲来。现在国际上已流行丙烯，似乎较能取长补短，容纳水墨与油彩两方面的优点，但愿孙悟空终于能找到镇海神针这样的武器，能大能小，我们能淋漓尽致地抒写自己的情怀！

"四人帮"控制期间，许多朋友和亲戚劝我不必作画了，免惹祸，还不如轻轻松松养养身体，他们见我瘦得厉害，都有些心疼和担忧。当时黄永玉同志更没有作画的自由，他只好在更深人静时偷着画，听说他每月的电灯费在十六元以上。是什么力量在支持我们这些人作画，是人民的感情，我深信人民喜爱我们的作品，士为知己者死，我们愿为人民所爱而死！75年在青岛，我在小港画一群渔船，那是福建来的船队，红红绿绿真好看，每只船都睁着大眼睛，十分吸引人。我在岸上画，船上的渔民发现后慢慢都围拢来看，最后他们的队长也来了，他们先是要我这幅画，后来愿出钱买，他们说队上出钱，因他们太喜爱这画了，他们从来没见过将他们自己的船队画得如此美丽！我诚恳地说明了我自己也要留着这画的原因和心情。他们说希望我第二天再画一幅给他们，本来他们翌日就起航回福建了，如我肯画，他们可推迟一天出发！这只是一个例子，我遇到类似的情况可多了，这是支持我永不肯放下画笔的力量！

我的画大家都看了，艺术水平不高。我更无理论水平，讲的话都经不起推敲，错误百出，如其中偶有某几点或一点半点可作借鉴，就算不白白浪费大家宝贵的几个小时了。

（完　1979年整理）

邹德侬注：此稿为吴冠中先生所赠，是他稿纸上手书的复印件。

附录2

有感于本书的译出

吴冠中

曾有不少外省的小青年,在困难的条件下自筹盘缠,赶到北京来看法国19世纪农村风景画展和卢浮宫及凡尔赛的藏画展。然而许多美术工作者失望了,倒不是苛求法国人应送来他们的精品国宝,但在卫星早已上天的今天,人们不满足于只看蒸汽机时代的作品,现代中国人需要了解现代外国人的思想、情绪和艺术手法。

事情还须追溯到很久以前,我的青年时代,三十年代,早已有人告诫,说西方现代艺术流派全是胡闹、颓废、没落,万万不可接近。我们这些小和尚,却并不信老和尚所说女人都像老虎一样可怕,反而感到现代艺术中有迷人的东西,有的还真感人,像凡高和马蒂斯等人的作品,虽只是印刷品,也已令人一见倾心!坦白地说吧,我们翻阅西方现代派的画册比看古典的东西兴趣大多了,然而只止于翻看图片,看图不识字,当然也就不很了然。不懂外文是以往美术院校学生的通病,翻译的书少,有关西方现代艺术的译著更是找不到,人家不译,我们这些孤立无援的年轻人想读天书读不懂,但多想钻进这个"荒诞"的现代艺术世界中去了解一个究竟呵,这便是我下决心学习法文的动力。我后来曾经两度在大学的建筑系里教课,建筑师和建筑系的学生大都懂外文,他们直接读懂外文书刊的机会比美术院校的师生多多了。而且,建筑师必须把握结构科学与艺术形式的统一,他们重视绘画和雕刻的形式美的法则。美术学院为防止"形式主义"的流毒吧,我曾从那里被挤出来,到了建筑系,但我倒感到与建筑系的师生有较多的共同语言!

阿纳森的这部现代艺术史比较全面、通俗地介绍了直至七十年代的西方现代绘画、雕塑和建筑的概况,并将三者综合起来研究。全书约一千五百幅插图,着重作品分析,几乎每幅作品都被提及,分析细致,不加褒贬。作者原意是写给学生看的,可以当词典查阅。翻译这样一部规模较大的现代艺术史,在我国还是头一次,译者邹德侬同志是建筑系毕业的建筑工作者,他设计、绘图、作画……任务和工作当然是紧张的,竟下决心挤出大量的时间和精力来译这部书,是什么力量的推动呢!

邹德侬说,在建筑系读书时,讲到现代建筑总是结合现代艺术进行批判,除了驴尾巴画画外,对现代艺术一无所说。他想,即使是洪水猛兽,也不怕,还是该弄清现代建筑的作品、作者及其理论。他后来慢慢体会到现代艺术在形式法则中有一套值得研究的东西,因之利用"文革"期间的寂寞,闭门译了1952出版的一本老掉牙的书的一部分《建筑形式美的原则》。如果解剖学和透视学等科学研究促进了文艺复兴艺术的大发展,那么现代艺术的发展中有没有具有科学价值的规律性的因素呢?具有现代科学文明的现代人在艺术上却全都是一团糟——这是辩证法分析出来的结论吗?邹德侬说,建筑师成天要和抽象的点、线、面、体、虚、实……打交道,而美术界却在嚷嚷否认抽象美,建筑和美术之间竟如此隔阂!现在提倡城市雕塑了,看来建筑、雕塑和绘画的血缘关系将被重新承认,已不只是建筑师盖房子,雕塑家在门口放雕塑,画家在大厅里挂画的关系。她们是姐妹,姐妹年龄相仿,姐妹生活在同时代,携手走在共同的大道上,20世纪的建筑否认17世纪的绘画是自己的亲姐妹!

拿来!这是鲁迅对外国的好东西的态度。但拿来主义谈何容易,不懂拿下来,往往偏拿糟粕来。对西方的现代艺术,不懂,则一概斥之为腐朽资产阶级的。有人说几十年前就有人提倡过现代派,搞不起来,证明现代派不可能在中国传播,这话有理,说明真正的艺术一定是根着于自己的土壤和人民之中的,洋人的须眉只能演戏化装时借用,假洋鬼子终于会被识破的。正因西方流派在中国没有土壤,不会泛滥成灾的,怕它什么?相反,我们需要从其间得到借鉴，扩大自己的视野，探寻造型艺术法则的共同规律。我正写着这稿子，送来了毕加索的油画和版画在北京展出的预展票，这是令人兴奋的新情况。两个月前我在外地，有人问我毕加索画展在京的展出日期，我还曾以为那是谣言呢！毕竟"吃了牛肉并不会就变成牛"，由于政策的开放，三中全会以来文艺蓬勃发展了，所取得的成就是有目共睹的。

印象派和抽象派都不可怕，毕加索和马蒂斯都不可怕，可怕的是无知。辛勤、智慧的中国美术工作者热爱自己的人民和土壤，他们有识别力，见识愈广他们的识别力愈强。认真研究现实世界客观存在的事物吧，我们感谢本书的翻译者邹德侬等同志！

1983年5月

邹德侬注：吴冠中先生十分关注《西方现代艺术史》的翻译，译者遇到近百条有关法文的艺术问题，都是烦劳吴先生费神解决的。由于吴先生告诫"译书你不写前言为宜，功德已圆满，画蛇添足无必要"，竟没有机会写段文字感谢他。

附录3

我的美术缘

俞寿宾

我儿时读书不用功，贪玩，所以在学习成绩方面少有"可圈可点"之处，唯独写毛笔字和涂鸦，倒偶尔会受到老师或家人的表扬。上中学以后，情况依旧，好像只有那位美术老师还算喜欢我。我一直到初二下学期才开始懂事，开始知道要努力学习。

1961年大学毕业后，我进入铁路部门工作，1964年调入著名的青岛四方机车车辆工厂，搞产品设计，直至退休。虽然这一路走来，我的专业和工作，与"美术"并无多少直接的关联，但我心中对美术的那种眷恋，那份情缘，却从来没有中断过。

来到四方工厂之后，有幸结识了几位热情的画友，我开始"下水"，星期天常跟着他们出去写生，主要是学画水彩风景，偶尔也画点静物（例如天气不宜外出时）。因为这些画友都曾受过专业训练或直接从事美术工作，所以实际上他们都是我的启蒙老师。那正是"文革"期间，有较多的空闲时间，每到星期六晚上，我就会早早把画具准备好，星期天一大早，天蒙蒙亮，德侬就会从几公里外的家里骑车过来，准时在楼窗下呼叫我。因为太穷，那时我还没能攒足足够的钱买辆自行车，所以每次只能由德侬用自行车带着我，我坐在后座上，他在前面呼哧呼哧地喘着粗气蹬车，那感人的情景，至今难忘。画友会齐之后，我们就会找一个僻静处坐下来画画，外面的一切全不管。在他们的热情指点、言传身教之下，我的进步很快；我也学得很努力，甚至连出差时也不忘带着写生工具，记得一次在昆明写生，因过于专注，竟忘了时间，差一点误了火车！

但是，我从真正意义上进入"美术"这道门槛，还是1975年以后的事。那年初夏，吴冠中老师因一个极偶然的机会来到四方工厂，我有幸与他相识，并成功地"混入"了那次后来被吴先生称作"误入崂山"的团队之中（吴先生后来在他的回忆录中，曾多次提到这件事，足见这件事在他的经历中也非同一般），差不多有将近一个月的时间，日夜陪伴在吴先生的身旁，白天站在他身后看他全神贯注地作画，有时自己也跟着画；到了晚上，我们就依在干草堆上，聆听他讲审美、论艺术、谈人生……正是从那时，我才真正开始懂得，什么是美，什么是艺术，什么是人生，艺术与人生的关系，以及什么样的人才称得上真正的艺术家。我与吴先生相处的时间虽短，但感悟良多，受用终生。

遇天气不好也画点静物，1973
出差不忘见缝插针，《繁忙的浦江》，1972

自从得了吴冠中老师的真传之后，我感觉自己的画，不论从内涵上还是技法上，都有一种质的飞跃和升华。

吴先生离开青岛后，我们更是一发而不可收，画了大量写生，努力消化吸收并践行吴先生的教导，这个阶段一直延续到70年代末，取得了飞速进步，但是，在我的画中，可以明显看出吴先生的强烈影响。

期间，我借出差北京的机会，又去拜访过吴先生一次，那时他还住在前海北沿那个杂乱破旧的四合院里，是碰巧与德侬一起去的，当时他已调回天津大学任教。那天，拜读了吴先生的近作之后，中午吴先生还请我们在他家附近的一家"烤肉宛"吃了烤肉，吴先生一定还细心地记得，在崂山部队的食堂里，我们曾对吴先生说过，他是"鱼派"，我俩是"肉派"。

1979年以后，随着"科学春天"的到来，我就没有那

俞寿宾，油彩，1975，海边
俞寿宾，油彩，1975，崂山脚下

么多空闲时间了。虽然我对美术的爱，甚至可以超过我的专业，但它毕竟不是我的"饭碗"；既然我当时已经选定了走机械工程的路，现在又给了我施展自己才能的机会，我当然首先还是应该考虑集中精力把自己该做的事情做好。尽管自那以后我不再有时间动手画画，但这并不影响我"看画"，"想画"，我心中与美术、与吴先生相连的那根线，始终没有断。

让我意想不到的是，在"崂山闻道"中吴先生关于"美"、"艺术"、"艺术与人生"的教诲，自然而然地融会进了我的机车设计工作之中，处处伴随着我。且不必说工作中所需的美术表达，审美选择之类，就是在我做主任设计师主持新产品设计的思想方法上，那些教诲，也起了很大的作用，如大胆的总体布局，细致而周密的细部收拾，这不就是他所说的在绘画中要"用大扫帚落笔，用绣花针收拾"的原则吗？又如，在设计工作中抓"结构性"的环节带动其他的元素，不就是他所教导的"结构是统帅，其余都是小兵"吗！许多零星的艺术感悟，都可以在我的设计生涯中得以印证。

艺术创作中的许多道理，同样可以适用于别的行业中，这真是一个值得艺术领域之外的所有人群关注的课题。艺术应当无边界，艺术可以跨行业，艺术原理具有"普世价值"。我想，吴先生认为我国的"美盲"太多，提倡大举"扫盲"，也许就是包含着这一层意思的吧。

1997年我年满60周岁退休。在这之前我早已计划好了，退休后什么都不干，"重中之重"只做一件事：画画。我给吴冠中老师写了一封信，向他报告了我的计划，第一期为10年，10年后视精力情况再另作安排。我在信中对他说，我没有什么企求，只不过是想在这扇艺术之门里面再多走走，看看自己到底还能走多远；我只不过是想圆圆我那美术梦,仅此而已。

我认真努力地践行了我的诺言,而且自感收获颇丰;我的第二个"10年计划"也已按时启动。只要身体条件允许,我就会乐此不疲,一直这样爱下去,画下去。我想,如果有一天我真的画不动了,我还可以用眼睛看,如果眼睛也看不见了,我就用耳朵听,用脑子想。

吴先生反复教导我们,一定不要满足于对他的模仿,并总是鼓励他的学生要勇于当"叛徒"。我这一时期的画,更注意追求趣味和内涵,并试着摸索走自己的路。

现在美术早已成为我生活的一部分,也已经是我生命的一部分。

自从那次吴先生请我们吃烤肉之后,我就再也没有敢去打扰过他,虽然那时我去北京的机会很多,而且也知道他的电话和住址;我也从不给他打电话或写信,只有前面提到的那封信,是唯一的例外,而且我在那封信的末尾还特别声明:"请一定不要给我回信"。因为我知道吴先生一向惜时如命,他的时间实在太少,要做的事情又实在太多;我实在不忍去占用、浪费他那以分秒计算的时间。

吴冠中老师对我恩重如山,我一直把他当作自己最尊敬的老师,虽然我自己心里明白,我还远远够不上成为他真正的学生。我多么想能有机会再对他表白一下我对他的感恩之情,让他看看我画的画啊。可没有想到,他就这样急匆匆地走了——他总是那样地急匆匆:急匆匆地创作,急匆匆地写文章,急匆匆地发表自己的观点……他不知疲倦,永远前行。

现在,我就只好把我的这份感恩之情,留在自己的心底了。

俞寿宾,粉彩,1976,鹿
俞寿宾,粉彩,1978,深秋
俞寿宾,复印纸上水彩,2006,果蔬

俞寿宾　2010年8月22日于青岛

附录4

为现代性而战斗：吴冠中艺术的第一品格
（在《吴冠中的艺术——东西文化百年聚焦国际研讨会》上的发言）

邹德侬

中国与西方交融，传统与现代交融，几乎是当代一切艺术创作的至高准则和境界，但是，不同的思想和方法，会使"交融"的结果大不一样。当我们说吴冠中艺术是中西文化交融结果的时候，我们更应当注意到，追求艺术的"现代性"，是吴冠中艺术的第一品格；就当前中国艺术的发展而言，"现代性"也是值得首先探讨的问题。[1]吴冠中艺术正是在最不适于现代艺术生长的社会环境里，艰难地走出了自己的现代艺术之路。

艺术的"现代性"，是一个时代的艺术家，为创造或融入最进步的国际

[1] 现代性（modernity），在不同的学科有不同的理解，而且各种理解也不尽相同，这里仅是个人见解。

邹德侬与吴先生在会前的展览会上

性艺术原则而工作的体现。艺术家的工作，首先会表现出自己的国家性（或民族性、地区性），同时也会表现出某些国际性。艺术的国家性是以国家（或民族、地区）自身特定条件为根据的特殊性；国际性则是反映出国际社会对艺术进步的需求，是可能或者已经被国际吸收了的具有普遍意义的那些国家性艺术，现代艺术运动的许多工作，就是国际性的艺术。艺术的国家性和国际性之间，是艺术对国际而言的特殊性和普遍性之间的关系。

20世纪现代艺术运动的先驱们，在同老学院派的战斗中，建立起一些过去所没有的并且能代表艺术进步的国际性艺术原则，比如，以工业化思想和方法为基础的全新的审美观念；彻底摒弃模仿的自由创造意识；艺术形式的变异、抽象；内在和潜意识的艺术表现；艺术门类边界之间的开放；艺术手段及媒介的开放性；艺术的俚俗化等等，当然也有一些异化的非艺术现象。吴冠中艺术的种种"交融"，首先关注进步的国际性艺术原则，倾心于创造具有"现代性"作品，进而创造出可能具有国际性的新作品。

但是，环境太严峻了。1970年代以前的大部分时间里，中国艺术社会的主流，对于现代艺术运动的态度很明确：一是不太了解，二是坚决反对。因为那是帝国主义用来消灭民族艺术的阴谋，是些乌七八糟的社会颓废现象。即使没有意识形态的原因，在我们这样一个具有灿烂古代文明和深厚艺术传统的国度里，异邦的现代艺术运动原则，也难有落脚之地。我们只能在"民族化"、"洋为中用"等这样有限的天地里工作，工作的成就也有限。

在吴冠中先生脱离主流艺术的日子里，他决意"搬家"。他以极大的勇气，舍弃了油画"民族化"的成就，用传统最为浓重的宣纸、毛笔和水墨，探索距离传统远在天边的现代性。这一抉择，对于形成具有现代性的吴冠中艺术十分恰当：如果用油画媒介体现现代性，难逃外人的窠臼；若在中国绘画媒介上工作，现代性却不断民族情。况且，水墨天地有三大条件：1. 纸与水的变化多端，神出鬼没；2. 墨色之灰调微妙，间以色，可与油彩抗礼；3. 线之运用天下第一。1980年代以来，吴冠中艺术中的现代性有了独特的体现。

◎ 绘画鲜明的时代精神

他为过去的艺术社会盲目排斥又不甚了然现代艺术痛心疾首。他不相信，能进入太空的民族，搞现代艺术却个个低能；他针对一个法国画展发出感慨，要追现代化的今天给我们看蒸汽机时代的蹩脚货，庸俗的图画侮辱了有悠久文化的法兰西人民，糟蹋了尊敬的法国伟大的大师们，同时欺侮我国人民无眼力，给吃了馊饭还当作佳肴！

他追求与自己的过去划线，在现代艺术上出新。如在创作《鲁迅故乡》的工作中，数易其稿，本已上布，接近完成时又全部刮掉，重新构思后，再易其稿，下定决心，注入现代因素。新稿与现代艺术精神有了瓜葛，而旧稿是石涛的后裔。[2]

◎ 旧形式美的现代超越

绘画有形式美原则，但长期圈为禁区。如果不研究形式美问题，中国的文艺将永远落在无科学的愚昧状态中。1980年代以后，旧形式美开禁，但现代形式美依然是禁区，著名的"抽象美"争论，就是代表性事件。吴冠中把已经成为国际性的现代形式美原则之一的"抽象美"问题，应用于自己的创作，宣传予广泛的大众。他终于超越了老形式美原则，完成了自己绘画的现代美学特征。

◎ 事物本质的现代表述

摈弃模仿而自由创造，是广大现代艺术家的共同道路。我们看到，许多现代艺术家都是从功底扎实的学院派好手中蜕变出来的。他们不满对事物表皮的描绘，期望在新的作品中找到自己，找到事物的内在或灵魂。吴冠中先生画过一大批以"魂"命名的画，彻底摆脱摹写，用最本质的形体，阐述艺术家心目中事物的灵魂，就像方块主义把事物解构成方块并进行重构，彻底阐明艺术造型的本质一样。不同的是，吴冠中动员的造型元素更多。

◎ 现代艺术手段的开放

现代艺术运动有一项很有用的原则，就是手段和媒介的开放。颜料的滴、漏、泼、洒、手势、拼贴、结构、安装、非艺术材料……一切适应于艺术表现的需要，毫不在乎笔墨不笔墨。用得着笔墨，或拿来或创造；用不着，等于零。我们看到，吴冠中绘画里有无比流畅、婉转而走远的墨线，用传统笔墨根本接不上气，他肯定用了国画认为不姓"国"的手段。我们不能说这种线条不是笔墨，也不能因为在他的画中很少见到中国画的"皴"法就说没有笔墨。媒介和手段的开放性，注定使他获得更多笔墨。

吴冠中艺术中"现代性"的意义，不仅在过去，更在于未来。从总体上

---

2 本文所引吴冠中观点，凭我个人的记忆或研究，如有不当，由我负责。

看，中国的艺术远还没有完成它的现代性，此时，全球化的风潮又起，人们又面临"第二次现代化"[3]。知识经济或信息社会将要带来的问题，各个行业开始多多少少有了些感受，艺术上的问题也远远地招手。对于这个问题我无能思考，不能说出有根据的话来。也许，艺术家会更多地在国家性（民族性或地方性）方面工作，与全球化平衡而不是抗衡。不过，也不能放弃中国人创建新的国际性艺术原则的机会。今天的青年艺术家比吴冠中先生幸运得多，他们几乎干什么都有条件。应当肯定的是，不论完成第一或是第二次现代化时代的艺术，吴冠中艺术在逆境中追求现代性的经验，一定会发挥进步作用。

最后，请允许我表述一点自己的情怀。

我是吴冠中老师门外没有注册的学生，但吴冠中老师是对我一生最有影响的老师。1975年当我还是青岛一家工厂里的小技术员时，我和几个年轻的伙伴有机会跟他"误入崂山"写生。在山间写生现场，他是饮食无时的"走兽"，在山间不眠之夜，他是循循善诱的导师。在几乎永远也不会天亮的日子里，我像是真的圆了一个读研究生的梦——大学毕业时，由于出身不好不让我报名参加研究生考试。吴冠中老师伟大的教师人格，对待我这个不能再普通的建筑学专业学生，付出了不能再大的心血。他曾亲自带我进故宫在传统名作前讲解新老形式美和现代派；他曾在澡堂排队时，在腿上写信给我说艺术的事情；他鼓励我译书，亲手解惑近百条，并为书写序；更令人感动的是，在1980年代之初竟让我这个无名后辈为他的画册写前言，培养后辈的用心可见一斑；在最困难的日子里，他坚定地说，不要担心，李自成的农民军一定要占领北京城，成吉思汗的黄脸部队必然要进驻欧罗巴洲。

1979年我作了教师后，吴冠中老师的一言一字一画，他那一手执绘画之笔、一手执理论之笔侧着身子为艺术的现代性战斗的情景，他那蓬蓬苍发和洪亮而浓重的乡音，时刻在我的头顶上方，直到今天、直到永远。他是所有教师和学生的"藤野先生"。

1999.10.31于"有无书斋"

[3] 有学者把完成工业化称为第一次现代化，把知识化、信息化称为第二次现代化。参见《光明日报》1999-10-20。

图版资料

图号、作者、媒介、日期、图名、尺寸（cm）	引自	现藏
图1 吴冠中，墨彩，1976，忆付家台枣树	作者	
图2 王进家，石刻，误入崂山	作者	
图3 吴冠中，素描，1975，青岛雪松；约70×140	吴冠中.吴冠中彩画素描选.济南：山东一轻科研所，1975：25.	
图4 吴冠中，油彩，1976，苗圃；46×61	吴冠中.吴冠中画集.香港：德艺艺术公司，1987：146.	上海美术馆
图5 吴冠中，油彩，1976，小院春暖；46×45	吴冠中.吴冠中画集.香港：德艺艺术公司，1987：142.	上海美术馆
图6 吴冠中，宣纸钢笔淡彩，1975，海滨车辆厂；70×140	吴冠中.吴冠中彩画素描选.济南：山东一轻科研所，1975：31.	
图7 崂山北九水"误入"深山的路口	作者	
图8 李帆，素描，潘天寿头像	卢炘.潘天寿.石家庄：河北教育出版社，2000：封面.	
图9 潘天寿，水墨，1960（约），荔枝	卢炘.潘天寿.石家庄：河北教育出版社，2000：185.	
图10 潘天寿，1959，墨梅；24.5×30.5	卢炘.潘天寿.石家庄：河北教育出版社，2000：178.	
图11 潘天寿，水墨，1962，雁荡花石图；150.2×364.9	卢炘.潘天寿.石家庄：河北教育出版社，2000：167.	
图12 吴冠中，墨彩，1975，渔村	吴冠中.吴冠中画册.北京：轻工业出版社，1986：24.	

图号、作者、媒介、日期、图名、尺寸（cm）	引自	现藏
图13 吴冠中，素描，1975，白云洞	吴冠中.吴冠中画册.北京：轻工业出版社，1986：44.	
图14 邹德侬，油彩，1975，顶风图：吴冠中小像	作者	
图15 吴冠中，油彩，1975，青岛一角；46×61	吴冠中.吴冠中画选.北京：人民美术出版社，1979：16.	上海美术馆
图16 吴冠中，油彩，1975，青岛红楼；约46×61	吴冠中.吴冠中画集.天津：天津人民美术出版社，1987：10.	上海美术馆
图17 吴冠中，水彩，1975，法桐（青岛中山公园）	作者	
图18 吴冠中所画《法桐》微小草图	作者	
图19 邹德侬，水彩，1974，《法桐》之一	作者	
图20 邹德侬现场临摹之木板油彩，1975，崂山海与石	作者	
图21 邹德侬现场临摹之木板油彩，1975，崂山麦田	作者	
图22 吴冠中，油彩，1975，崂山新屋；59×47	吴冠中.吴冠中画集.香港：德艺艺术公司，1987：133.	
图23 吴冠中，油彩，1975，崂山山村；54×46	吴冠中.吴冠中画集（上）.南昌：江西美术出版社，2008：299.	
图24 吴冠中，油彩，1975，松与石；约46×61	吴冠中.吴冠中画集.石家庄：河北美术出版社，1984：18.	日本藏家
图25 吴冠中，油彩，1998，崂山松与石（重画）；80×100	吴冠中.画外画吴冠中卷.北京：人民文学出版社，1999：100.	中国美术馆
图26 吴冠中，墨彩，1980，崂山松石；70×70	吴冠中.吴冠中画集（上）.南昌：江西美术出版社，2008：22.	
图27 重访"崂山松与石"的写生现场，1988年（照片）	作者	
图28 吴冠中，素描，1975，崂山松石；70×140（约）	吴冠中.吴冠中彩画素描选.济南：山东一轻科研所，1975：24.	

图号、作者、媒介、日期、图名、尺寸（cm）	引自	现藏
图29 吴冠中，墨彩，1987，崂山松石；180×95	吴冠中.吴冠中画集（上）.南昌：江西美术出版社，2008：57.	上海美术馆
图30 邹德侬，水彩，1975，华严寺竹林	作者	
图31 邹德侬，油彩小品，1975，渔村小路1	作者	
图32 邹德侬，水彩，1975，竹	作者	
图33 邹德侬，油彩小品，1975，渔村小路2	作者	
图34 邹德侬，油彩小品，1975，麦场巨石	作者	
图35 重访当年崂山写生驻地返岭村前（照片）	作者	
图36 吴冠中与林风眠，1988年，香港		
图37 林风眠画赠吴冠中结婚纪念卡，1946年		
图38 邹德侬，水彩，1975，小港渔船	作者	
图39 吴冠中解释素描《向日葵》构图的草图	作者	
图40 吴冠中，素描，1974，向日葵	作者	
图41 吴冠中，油彩，1973，向日葵；50.5×40	吴冠中.吴冠中油画写生.上海：上海人民美术出版社，1979：16.	
图42 吴冠中，油彩，1974，硕果（向日葵）；74×55	吴冠中.吴冠中画集.香港：德艺艺术公司，1987：138.	上海美术馆
图43 吴冠中，墨彩，1975，向日葵	吴冠中.吴冠中彩画素描选.济南：山东一轻科研所，1975：50.	
图44 宋·郭熙，1078，窠石平远图	徐邦达.中国绘画史图录（上）.上海：上海人民美术出版社，1981：125.	

图号、作者、媒介、日期、图名、尺寸（cm）	引自	现藏
图45 宋·赵佶，祥龙石图	徐邦达.中国绘画史图录（上）.上海：上海人民美术出版社，1981：156.	
图46 宋·赵佶，芙蓉锦鸡图	徐邦达.中国绘画史图录（上）.上海：上海人民美术出版社，1981：154.	
图47 邹德侬所绘芙蓉锦鸡图之形式分析图	作者	
图48 宋·马远，踏歌图	徐邦达.中国绘画史图录（上）.上海：上海人民美术出版社，1981：232.	
图49 元·黄公望，九峰雪霁图	徐邦达.中国绘画史图录（上）.上海：上海人民美术出版社，1981：374.	
图50 宋·马远，水图卷，层波叠浪	徐邦达.中国绘画史图录（上）.上海：上海人民美术出版社，1981：231.	
图51 宋·马远，水图卷，洞庭风细	徐邦达.中国绘画史图录（上）.上海：上海人民美术出版社，1981：230.	
图52 吴冠中，草图，1975，白皮松1	作者	
图53 吴冠中，草图，1975，白皮松2	作者	
图54 吴冠中，油彩，1975，故宫白皮松；80×50	吴冠中.吴冠中画集（上）.南昌：江西美术出版社，2008：295.	
图55 吴冠中，油彩，1975，双杨；74×41	吴冠中.吴冠中画集.天津：天津人民美术出版社，1987：13.	
图56 吴冠中，油彩，1975，深山春色之二；61×46	作者	
图57 吴冠中，深山春色之二的细部	同上	
图58 吴冠中，水彩，1959，篱笆和鸡	作者藏	

图号、作者、媒介、日期、图名、尺寸（cm）	引自	现藏
图59 吴冠中，油彩，1973，黄山竹林；61×46	俞寿宾供稿	
图60 吴冠中，水彩，1957，北京交道口	俞寿宾供稿	
图61 吴冠中，水彩，1973，笼中游禽	俞寿宾供稿	
图62 记忆中的吴先生分析佛像形式草图	作者	
图63 吴冠中，油彩，1974，高粱与溪水；61×46	张效孟供稿	
图64 吴冠中，水彩，1961，雅鲁藏布江渡口	张效孟供稿	
图65 吴冠中，水彩，1975，厂前小荷塘	张效孟供稿	
图66 吴冠中，墨彩，1984，长河落日之一	作者	
图67 吴冠中，墨彩，1984，长河落日之一的细部	作者	
图68 吴冠中，水粉，1976，石岛石屋	作者	
图69 陈伯涵刻印《土生土长》	作者	
图70 邹德侬，水粉，1979，颐和园石舫	作者	
图71 邹德侬水粉临摹吴师油画《荷花》，1975	作者	
图72 吴冠中，墨彩，1975，荷花	吴冠中.吴冠中彩画素描选.济南：山东一轻科研所,1975：51.	
图73 邹德侬默写张正宇赠吴冠中《鱼之乐》，1976	作者	
图74 吴冠中，油彩，1974，石榴；35×42	吴冠中.画外话·吴冠中卷.北京：人民文学出版社,1999：6.	
图75 吴冠中，墨彩，1975，迎春	吴冠中.吴冠中国画选.成都：四川美术出版社,1982：12.	

图号、作者、媒介、日期、图名、尺寸（cm）	引自	现藏
图76 吴冠中，素描，1975，林；42×30	吴冠中.吴冠中画集.香港：德艺艺术公司，1987：161.	
图77 吴冠中，墨彩，1975，白皮松；35×35（约）	吴冠中.吴冠中彩画素描选.济南：山东一轻科研所，1975：47.	
图78 吴冠中，墨彩，1975，北京松；35×35	吴冠中.吴冠中画集.石家庄：河北美术出版社，1984：40.	
图79 吴冠中，墨彩，1975，银杏	吴冠中.吴冠中彩画素描选.济南：山东一轻科研所，1975：53.	
图80 吴冠中，墨彩，1975，春笋；35×35（约）	吴冠中.吴冠中彩画素描选.济南：山东一轻科研所，1975：58.	
图81 吴冠中，墨彩，1975，山城；35×35（约）	吴冠中.吴冠中彩画素描选.济南：山东一轻科研所，1975：57.	
图82 吴冠中，素描，1975，松与海	吴冠中.吴冠中画集.天津：天津人民美术出版社，1987：29.	
图83 吴冠中，墨彩，1975，松与海	吴冠中.吴冠中画集.天津：天津人民美术出版社，1987.	
图84 吴冠中，油彩，1975，白皮松	吴冠中.吴冠中画选.北京：人民美术出版社，1979：8.	
图85 吴冠中，油彩，1975，黄山	吴冠中.吴冠中画选.北京：人民美术出版社，1979：9.	
图86 吴冠中，油彩，1975，白杨和山桃；65×46	吴冠中.吴冠中画集.香港：德艺艺术公司，1987：131.	
图87 吴冠中，油彩，1975，木槿；120×80	吴冠中.吴冠中画作诞生记.北京：人民美术出版社，2008：28.	
图88 吴冠中，油彩，1975，竹林春笋；73.5×55	吴冠中.吴冠中画集（下）.南昌：江西美术出版社，2008：296.	
图89 吴冠中，粉彩，1975，水杉	吴冠中.吴冠中彩画素描选.济南：山东一轻科研所，1975：39.	
图90 吴冠中编写的讲义《风景写生中的色彩问题》，封面和第一页	作者	
图91 吴冠中，素描，1976，烟台早春	吴冠中.吴冠中彩画素描选.济南：山东一轻科研所，1975：2.	

图号、作者、媒介、日期、图名、尺寸（cm）	引自	现藏
图92 吴冠中，素描，1976，林与屋	吴冠中.吴冠中彩画素描选.济南：山东一轻科研所,1975：1.	
图93 吴冠中，油彩，1976，鱼海；45×61	吴冠中.吴冠中画集（下）.南昌：江西美术出版社,2008：301.	
图94 吴冠中，油彩，1976，青鱼；46×61	吴冠中.吴冠中画集.石家庄：河北美术出版社,1984：24.	
图95 吴冠中，素描，1976，龙须岛风光	吴冠中.吴冠中彩画素描选.济南：山东一轻科研所,1975：19.	
图96 吴冠中，素描，1976，龙须岛新貌；97×70	吴冠中.吴冠中彩画素描选.济南：山东一轻科研所,1975：16.	
图97 吴冠中，素描，1976，松与海；39×54	吴冠中.吴冠中彩画素描选.济南：山东一轻科研所,1975：17.	
图98 吴冠中，素描，1976，滨海渔村；38×69	吴冠中.吴冠中彩画素描选.济南：山东一轻科研所,1975：20.	
图99 吴冠中，素描，1976，浪（成山角）	吴冠中.吴冠中彩画素描选.济南：山东一轻科研所,1975：6.	
图100 吴冠中，素描，1976，松林与海港；36×60	吴冠中.吴冠中彩画素描选.济南：山东一轻科研所,1975：13.	
图101 吴冠中，油彩，1973，苏州园林；150×200	吴冠中.吴冠中画选.北京：人民美术出版社,1979：15.	北京火车站
图102 挂在北京站一楼候车室的《北国风光》	作者	
图103 吴冠中，油彩，1973，北国风光；90×180	吴冠中.吴冠中画集（下）.南昌：江西美术出版社,2008：280.	
图104 吴冠中，墨彩，1976，青鱼（青鱼丰收）	吴冠中.吴冠中彩画素描选.济南：山东一轻科研所,1975：43.	
图105 吴冠中，油彩，1976，山村春暖；46×61	吴冠中.吴冠中画集（下）.南昌：江西美术出版社,2008：302.	
图106 吴冠中，油彩，1976，新村；46×46	吴冠中.吴冠中画集.石家庄：河北美术出版社,1984：21.	
图107 吴冠中，油彩，1976，渔港；46×61	吴冠中.吴冠中画集.石家庄：河北美术出版社,1984：26.	

图号、作者、媒介、日期、图名、尺寸（cm）	引自	现藏
图108 吴冠中，油彩，1976，渔港（船群）；46×61	吴冠中.吴冠中画集（下）.南昌：江西美术出版社,2008：303.	
图109 吴冠中，油彩，1976，防沙林（刺槐）；46×46	吴冠中.吴冠中油画写生.上海：上海人民美术出版社,1979：7.	
图110 吴冠中，油彩，1976，滨海渔村；60×46	吴冠中.吴冠中油画写生.上海：上海人民美术出版社,1979：14.	上海美术馆
图111 吴冠中，油彩，1976，海滨树苗；46×46	吴冠中.吴冠中画集.石家庄：河北美术出版社,1984：23.	
图112 吴冠中，油彩，1976，渔家院子	吴冠中.吴冠中油画写生.上海：上海人民美术出版社,1979：2.	
图113 吴冠中，油彩，1976，海浪；29×36	吴冠中.吴冠中画集.石家庄：河北美术出版社,1984：25.	
图114 吴冠中，素描，1976，渔网	吴冠中.吴冠中彩画素描选.济南：山东一轻科研所,1975：3.	
图115 吴冠中，油彩，1976，春暖；46×61	吴冠中.吴冠中画集.石家庄：河北美术出版社,1984：22.	
图116 吴冠中，油彩，1976，石岛山村	吴冠中.吴冠中画集.天津：天津人民美术出版社,1987：8.	
图117 吴冠中，粉彩，1976，海鸥之家	吴冠中.吴冠中彩画素描选.济南：山东一轻科研所,1975：37.	
图118 罗丹，雕塑，1866，茹莱义民	H.H.阿纳森.西方现代艺术.天津：天津人民美术出版社,1986：58.	
图119 吴冠中，素描，1976，泰山（黑龙潭）	吴冠中.吴冠中彩画素描选.济南：山东一轻科研所,1975：4.	
图120 吴冠中，墨彩，1973，松魂；70×140	吴冠中.吴冠中画集.石家庄：河北美术出版社,1984：64.	
图121 吴冠中，墨彩，1976，忆付家台	私人收藏	
图122 泰山石刻"游山乐"	作者	
图123 泰山石刻"游山乐"拓片	作者	
图124 吴冠中，油彩，1972，漓江新篁；46×46	吴冠中.吴冠中画集.石家庄：河北美术出版社,1984：3.	

图号、作者、媒介、日期、图名、尺寸（cm）	引自	现藏
图125 吴冠中，素描，1984，重庆；24×49	吴冠中.吴冠中画集.香港：德艺艺术公司，1987：171.	
图126 吴冠中，油彩，1974，长江山城	吴冠中.吴冠中画集.天津：天津人民美术出版社，1987：9.	
图127 吴冠中，墨彩，1979，老重庆；51×53	吴冠中.吴冠中画集.香港：德艺艺术公司，1987：17.	
图128 吴冠中，油彩，1996，老重庆；46×46	潘震宇.中华人民共和国文化部1999吴冠中艺术展作品集.南宁：广西美术出版社，1999：109.	上海美术馆
图129 吴冠中，墨彩，1970年代，山城重庆	吴冠中.吴冠中国画选.成都：四川美术出版社，1982：6.	
图130 吴冠中，墨彩，1997，老重庆；150×360	吴冠中.画外话·吴冠中卷.北京：人民文学出版社，1999：46.	
图131 吴冠中，油彩，1974，太湖群鹅61×45.7	吴冠中.吴冠中油画写生.上海：上海人民美术出版社，1979：11.	中国美术馆
图132 吴冠中，墨彩，1976，春暖（丛林溪水）	吴冠中.吴冠中彩画素描选.济南：山东一轻科研所，1975：49.	
图133 吴冠中，油彩，1976，长江三峡，400×300	吴冠中.吴冠中画集.香港：德艺艺术公司，1987：137.	
图134 吴冠中，素描，1977，绍兴	郭庆祥，柴宁.吴冠中水墨里程.长沙：湖南美术出版社，2004：129.	
图135 吴冠中，油彩，1977，鲁迅故乡(绍兴河滨)；61×46	吴冠中.吴冠中画选.北京：人民美术出版社，1979：10.	中国美术馆
图136 吴冠中，油彩，1977，鲁迅故乡（之一）；46×61	吴冠中.吴冠中画集（下）.南昌：江西美术出版社，2008：312.	
图137 吴冠中，油彩，1977，鲁迅故乡（之二）；41×50	吴冠中.吴冠中画集.石家庄：河北美术出版社，1984：27.	
图138 吴冠中，油彩，1977，绍兴东湖；46×62	吴冠中.吴冠中画集.石家庄：河北美术出版社，1984：28.	
图139 吴冠中，油彩，1977，绍兴乡村；46×61	吴冠中.吴冠中画集.石家庄：河北美术出版社，1984：29.	
图140 吴冠中，油彩，1977，墙里春满；46×46	吴冠中.吴冠中画集.石家庄：河北美术出版社，1984：32.	

图号、作者、媒介、日期、图名、尺寸（cm）	引自	现藏
图141 吴冠中，素描，1977，绍兴；70×70	吴冠中.吴冠中画集.香港：德艺艺术公司，1987：167.	
图142 吴冠中，油彩，1977，鲁迅故乡；46×46	吴冠中.吴冠中画集.香港：德艺艺术公司，1987：144.	上海美术馆
图143 吴冠中，油彩，1977，苗圃；44×44	吴冠中.画外话.吴冠中卷.北京：人民文学出版社，1999：8.	上海美术馆
图144 吴冠中，墨彩，1977，山村；70×69	吴冠中.吴冠中画集.香港：德艺艺术公司，1987：19.	
图145 吴冠中，油彩，1977，漓江两岸；36×54	吴冠中.吴冠中画集.石家庄：河北美术出版社，1984：33.	
图146 吴冠中，油彩，1969，桂林；44×45	吴冠中.吴冠中画集（下）.南昌：江西美术出版社，2008：270.	
图147 吴冠中，油彩，1972，桂林山村；45.8×45.7	吴冠中.吴冠中油画写生.上海：上海人民美术出版社，1979：6.	中国美术馆
图148 吴冠中，油彩，1976，桂林日出；43×47	吴冠中.吴冠中画集.香港：德艺艺术公司，1987：143.	
图149 吴冠中，油彩，1977，漓江之滨；39×49	吴冠中.吴冠中画集（下）.南昌：江西美术出版社，2008：311.	
图150 吴冠中，油彩，1977，阳朔渡口	吴冠中.吴冠中画选.北京：人民美术出版社，1979：12.	
图151 吴冠中，油彩，1996，桂林江山；43×88	吴冠中.画外话.吴冠中卷.北京：人民文学出版社，1999：32.	
图152 吴冠中"文革"后第一本《吴冠中彩画素描选》封面	作者	
图153《吴冠中彩画素描选》扉页	作者	
图154 吴冠中，素描，1953，树	吴冠中.吴冠中彩画素描.济南：山东一轻科研所，1975：26.	
图155 吴冠中，素描，1953，冬天的树	吴冠中.吴冠中彩画素描.济南：山东一轻科研所，1975：27.	
图156 吴冠中，素描，1964，梯田（马栏村）	吴冠中.吴冠中彩画素描.济南：山东一轻科研所，1975：23.	
图157 吴冠中，素描，1974，山与火车（雁翅山）	吴冠中.吴冠中彩画素描.济南：山东一轻科研所，1975：14.	

图号、作者、媒介、日期、图名、尺寸（cm）	引自	现藏
图158 吴冠中，水彩，1973，江南民居	吴冠中.吴冠中彩画素描选.济南：山东一轻科研所,1975：33.	
图159 吴冠中，水彩，1973，看展览	吴冠中.吴冠中彩画素描选.济南：山东一轻科研所,1975：32.	
图160 吴冠中，水彩，1973，纳凉	吴冠中.吴冠中彩画素描选.济南：山东一轻科研所,1975：34.	
图161 吴冠中，水彩，1976，枇杷	吴冠中.吴冠中彩画素描选.济南：山东一轻科研所,1975：42.	
图162 吴冠中，粉彩，1973，野菊	吴冠中.吴冠中彩画素描选.济南：山东一轻科研所,1975：35.	
图163 吴冠中，粉彩，1976，萝卜花	吴冠中.吴冠中彩画素描选.济南：山东一轻科研所,1975：60.	
图164 吴冠中，粉彩，1976，白杨	吴冠中.吴冠中彩画素描选.济南：山东一轻科研所,1975：41.	
图165 吴冠中，粉彩，1975，睡莲	吴冠中.吴冠中彩画素描选.济南：山东一轻科研所,1975：40.	
图166 吴冠中，粉彩，1976（约），山春	吴冠中.吴冠中彩画素描选.济南：山东一轻科研所,1975：38.	
图167 吴冠中，墨彩，1976，黄山日出（忆黄山）	吴冠中.吴冠中彩画素描选.济南：山东一轻科研所,1975：56.	
图168 吴冠中，墨彩，1976，蜀中水田	吴冠中.吴冠中彩画素描选.济南：山东一轻科研所,1975：54.	
图169 吴冠中，墨彩，1976，假日	吴冠中.吴冠中彩画素描选.济南：山东一轻科研所,1975：48.	
图170 吴冠中，墨彩，1976（约），节日	吴冠中.吴冠中彩画素描选.济南：山东一轻科研所,1975：45.	
图171 吴冠中，墨彩，1976，海滨松林	吴冠中.吴冠中彩画素描选.济南：山东一轻科研所,1975：52.	
图172 吴冠中，墨彩，1975，梨花	吴冠中.吴冠中彩画素描选.济南：山东一轻科研所,1975：55.	
图173 吴冠中，墨彩，1976，庐山山村	吴冠中.吴冠中彩画素描选.济南：山东一轻科研所,1975：46.	
图174 吴冠中，墨彩，1976，山村早春	吴冠中.吴冠中彩画素描选.济南：山东一轻科研所,1975：59.	

图号、作者、媒介、日期、图名、尺寸（cm）	引自	现藏
图175 吴冠中，墨彩，1976（约），山村与桥	吴冠中.吴冠中彩画素描选.济南：山东一轻科研所，1975：30.	
图176 吴冠中，墨彩，1975，黄山云海（黄山日出）	吴冠中.吴冠中彩画素描选.济南：山东一轻科研所，1975：44.	
图177 吴冠中与旅法雕塑家朱德群在历史博物馆《长江三峡》前留影		
图178 吴冠中，钢笔墨彩草图，1977，鲁迅故乡定稿	作者	
图179 吴冠中，油彩，1978，鲁迅故乡；80×140	吴冠中.吴冠中画集（下）.南昌：江西美术出版社，2008：318.	
图180 吴冠中，墨彩，1976，韶山夜校	吴冠中.吴冠中画册.北京：中国轻工业出版社，1986：27.	
图181 吴冠中，墨彩，1976，韶山；47×109	郭庆祥，柴宁.吴冠中水墨里程.长沙：湖南美术出版社，2004：20.	
图182 吴冠中，墨彩，1988，武夷山村；70×140	吴冠中.吴冠中画集（上）.南昌：江西美术出版社，2008：66.	上海美术馆
图183 吴冠中，油彩，1977，武夷山村	吴冠中.吴冠中油画写生.上海：上海人民美术出版社，1979：13.	中国美术馆
图184 吴冠中，油彩，1977，武夷山；62×50	吴冠中.吴冠中画集.香港：德艺艺术公司，1987：145.	
图185 吴冠中，油彩，1977，武夷山林场；49×59	吴冠中.吴冠中画集.石家庄：河北美术出版社，1984：30.	
图186 吴冠中，油彩，1977，鼓浪屿；70×90	吴可雨.吴冠中.石家庄：河北教育出版社，2006：213.	
图187 吴冠中，墨彩，1977，鼓浪屿	吴冠中.吴冠中画选.北京：人民美术出版社，1979：3.	
图188 吴冠中，油彩，1977，鼓浪屿的院落；50×70	吴冠中.吴冠中画集.石家庄：河北美术出版社，1984：31.	
图189 吴冠中，油彩，1977，井冈山主峰；50×70	吴冠中.吴冠中油画写生.上海：上海人民美术出版社，1979：10.	
图190 吴冠中，墨彩，1977，井冈山主峰；70×70	吴可雨.吴冠中.石家庄：河北教育出版社，2006：101.	

图号、作者、媒介、日期、图名、尺寸（cm）	引自	现藏
图191 吴冠中，油彩，1973（约），紫竹院早春；60×81	潘震宇.中华人民共和国文化部1999吴冠中艺术展作品集.南宁：广西美术出版社，1999：186.	
图192 吴冠中，墨彩，1974（约），迎春（局部）	吴冠中.吴冠中国画选.成都：四川美术出版社，1982：12.	
图193 吴冠中，油彩，1973，紫竹院公园（初春）；61×46	吴冠中.吴冠中画集.香港：德艺艺术公司，1987：127.	
图194 吴冠中，粉彩，1976，松与海（代替信中所说松实与海）	吴冠中.吴冠中彩画素描选.济南：山东一轻科研所，1975：36.	
图195 吴冠中，油彩，1978，玉龙山；75×86	吴冠中.吴冠中画集（下）.南昌：江西美术出版社，2008：315.	
图196 吴冠中，油彩，1978，雨后玉龙山下；76×65	吴冠中.吴冠中画集（下）.南昌：江西美术出版社，2008：312.	新加坡美术馆
图197 吴冠中，墨彩，1979，玉龙山下瀑；45×47	吴冠中.吴冠中画集（上）.南昌：江西美术出版社，2008：8.	
图198 吴冠中，油彩，1978，雨后山涧；36.5×29.5	吴冠中.吴冠中画集（下）.南昌：江西美术出版社，2008：317.	
图199 吴冠中，墨彩，1978，月下玉龙山；96×180	吴冠中.吴冠中画集.香港：德艺艺术公司，1987：64.	
图200 吴冠中，墨彩，1981，流；35×62	吴冠中.吴冠中画集.香港：德艺艺术公司，1987：41.	
图201 吴冠中，墨彩，1978，雨后飞瀑	吴冠中.吴冠中绘画形式分析.成都：四川美术出版社，1988：5.	
图202 吴冠中，墨彩，1978，玉龙山花；70×70	吴冠中.吴冠中画集（上）.南昌：江西美术出版社，2008：13.	
图203 吴冠中，素描，1978，玉龙山下人家	吴冠中.吴冠中画册.北京：轻工业出版社，1986：42.	
图204 吴冠中，墨彩，1978（约），玉龙山老松；140×70	吴冠中.吴冠中画集（上）.南昌：江西美术出版社，2008：12.	
图205 吴冠中，墨彩，1978，玉龙山下古柏	吴冠中.吴冠中画册.北京：轻工业出版社，1986：3.	
图206 吴冠中，墨彩，1992，玉龙山下丽江城；96.5×73	郭庆祥，柴宁.吴冠中水墨里程.长沙：湖南美术出版社，2004：55.	

图号、作者、媒介、日期、图名、尺寸（cm）	引自	现藏
图207 吴冠中，油彩，1978，玉龙山下丽江城；42×46	吴可雨.吴冠中.石家庄：河北教育出版社，2006：169.	
图208 吴冠中，油彩，2003，玉龙山下古丽江；70×140	吴冠中.吴冠中画集（下）.南昌：江西美术出版社，2008：398.	
图209 吴冠中，墨彩，1978，滨江丛林；52×103	吴冠中.吴冠中画集（上）.南昌：江西美术出版社，2008：2.	
图210 吴冠中，墨彩，1978，西双版纳丛林；70×140	郭庆祥，柴宁.吴冠中水墨里程.长沙：湖南美术出版社，2004：25.	
图211 吴冠中，油彩，1978，西双版纳；100×80	吴冠中.吴冠中画集（下）.南昌：江西美术出版社，2008：316.	
图212 吴冠中，墨彩，1978，西双版纳；70×66	吴可雨.吴冠中.石家庄：河北教育出版社，2006：66.	
图213 吴冠中，墨彩，1978，忆西双版纳；33×46	吴冠中.吴冠中画集（下）.南昌：江西美术出版社，2008：11.	
图214 吴冠中，钢笔淡墨，1978，石林	吴冠中.吴冠中画册.北京：轻工业出版社，1986：1.	
图215 吴冠中，钢笔淡墨，1978，西双版纳香蕉园；52×54	郭庆祥，柴宁.吴冠中水墨里程.长沙：湖南美术出版社，2004：130.	
图216 吴冠中，素描，1978，西双版纳的树	吴冠中.吴冠中画集.天津：天津人民美术出版社，1987.	
图217 吴冠中，素描，1978，云南人家	吴冠中.吴冠中素描选.成都：四川美术出版社，1983：5.	
图218 吴冠中，油彩，1978，雨后流泉（云南云彬，林间）；48×46	吴冠中.吴冠中油画写生.上海：上海人民美术出版社，1979：12.	
图219 吴冠中，墨彩，1978，云南景色；90×96	郭庆祥，柴宁.吴冠中水墨里程.长沙：湖南美术出版社，2004：22.	
图220 吴冠中，素描，1978，丽江纳西人家庭院	吴冠中.吴冠中素描选.成都：四川美术出版社，1983：28.	
图221 北京人民美术出版社《吴冠中画选》封面	作者	
图222 上海人民美术出版社《吴冠中油画写生》封面	作者	
图223 吴冠中，油彩，1974，瀑布；60×46	吴冠中.吴冠中画选.北京：人民美术出版社，1979：封面.	

图号、作者、媒介、日期、图名、尺寸（cm）	引自	现藏
图224 吴冠中，油彩，1973，水田；90×90	吴冠中.画外话.吴冠中卷.北京：人民文学出版社，1999：2.	
图225 吴冠中，油彩，1974，水田；47×60	吴冠中.吴冠中画选.北京：人民美术出版社，1979：14.	上海美术馆
图226 吴冠中，油彩，1974，苏州虎丘	吴冠中.吴冠中画选.北京：人民美术出版社，1979：11.	
图227 吴冠中，墨彩，1977，海滨渔村	吴冠中.吴冠中画选.北京：人民美术出版社，1979：4.	
图228 吴冠中，墨彩，1976，鱼塘（鱼乐）	吴冠中.吴冠中画选.北京：人民美术出版社，1979：5.	
图229 吴冠中，墨彩，1976（约），鲁迅家乡	吴冠中.吴冠中画选.北京：人民美术出版社，1979：6.	
图230 吴冠中，墨彩，1976（约），雨后山村	吴冠中.吴冠中画选.北京：人民美术出版社，1979：1.	
图231 吴冠中，墨彩，1976，万县（忆长江山城）	吴冠中.吴冠中画选.北京：人民美术出版社，1979：封底.	
图232 吴冠中，油彩，1976（约），江南园林；45.4×45.6	吴冠中.吴冠中油画写生.上海：上海人民美术出版社，1979：5.	
图233 吴冠中，油彩，1972，双燕（房东家，李村）；42.8×41.6	吴冠中.吴冠中油画写生.上海：上海人民美术出版社，1979：1.	
图234 吴冠中，油彩，1978，傣族村寨；56.5×50	吴冠中.吴冠中油画写生.上海：上海人民美术出版社，1979：8.	
图235 吴冠中，油彩，1978，云南边陲风光；38.3×33.3	吴冠中.吴冠中油画写生.上海：上海人民美术出版社，1979：9.	
图236 与吴先生在方庄住宅《佛》前合影，1993年	照片	
图237 吴冠中，墨彩，1978，乐山大佛；102×102	吴冠中.吴冠中国画选.成都：四川美术出版社，1982：1.	
图238 吴冠中，素描，1978，乐山大佛；31×21	吴冠中.吴冠中艺术回顾展.上海：上海书店出版社，2005：183.	
图239 乐山大佛资料图片（引自CNSphoto）	CNSphoto	
图240 吴冠中，素描，1984，乐山大佛	吴冠中.吴冠中画册.北京：轻工业出版社，1986：59.	

图号、作者、媒介、日期、图名、尺寸（cm）	引自	现藏
图241 吴冠中，素描，1984，又见大佛	吴冠中.吴冠中画册.北京：轻工业出版社，1986：65.	
图242 吴冠中，油彩，1985，佛；73×61	吴冠中.吴冠中画集.香港：德艺艺术公司，1987：150	
图243 吴冠中，墨彩，1978，峨嵋山月	吴冠中.吴冠中国画选.成都：四川美术出版社，1982：2.	
图244 吴冠中，油彩，1979，北国风光（首都机场）	互联网	
图245 吴冠中，素描，1979，湘西山村	吴冠中.吴冠中素描选.成都：四川美术出版社，1983：10.	
图246 吴冠中，墨彩，1986，山；70×140	吴冠中.吴冠中画集.香港：德艺艺术公司，1987：122.	
图247 吴冠中，素描，1979，辰溪古渡	吴冠中.吴冠中画集.天津：天津人民美术出版社，1987：插图.	
图248 吴冠中，墨彩，1979，湘西行；103×103	吴冠中.吴冠中画集（上）.南昌：江西美术出版社，2008：4.	
图249 吴冠中，墨彩，1978，湘西渡口；105×105	吴冠中.吴冠中画集.香港：德艺艺术公司，1987：18.	
图250 吴冠中，墨彩，1990，湘西水田；69×68	郭庆祥,柴宁.吴冠中水墨里程.长沙：湖南美术出版社，2004：31.	
图251 吴冠中，墨彩，1979，张家界；102×102	吴冠中.吴冠中画集（上）.南昌：江西美术出版社，2008：6.	
图252 吴冠中，墨彩，1979，马鬃岭	吴冠中.吴冠中国画选.成都：四川美术出版社，1982：8.	
图253 吴冠中，墨彩，1992，张家界；69×139	范迪安.耕耘与奉献.北京：人民美术出版社，2009：286.	上海美术馆
图254 吴冠中，墨彩，1997，张家界；150×360	吴冠中.画外话.吴冠中卷.北京：人民文学出版社，1999：74.	
图255 吴冠中，墨彩，1997，张家界细部	吴冠中.画外话.吴冠中卷.北京：人民文学出版社，1999：73.	
图256 吴冠中，素描，1980，俯视园林（拙政园）	吴冠中.吴冠中素描选.成都：四川美术出版社，1983：32.	
图257 吴冠中，墨彩，1980，拙政园	吴冠中.吴冠中画集.天津：天津人民美术出版社，1987：36.	

图号、作者、媒介、日期、图名、尺寸（cm）	引自	现藏
图258 吴冠中，素描，1980，苏州狮子林	吴冠中.吴冠中素描选.成都：四川美术出版社，1983：23.	
图259 吴冠中，素描，1980，竹石庭院（苏州有园）	吴冠中.吴冠中素描选.成都：四川美术出版社，1983：22.	
图260 吴冠中，素描，1980，园林石（苏州有园）	吴冠中.吴冠中素描选.成都：四川美术出版社，1983：25.	
图261 吴冠中，墨彩，1980，网师园；90×180	吴冠中.吴冠中画集.香港：德艺艺术公司，1987：28.	
图262 吴冠中，墨彩，1983，鱼之乐；70×140	吴冠中.吴冠中画集.香港：德艺艺术公司，1987：56.	
图263 吴冠中，素描，1983，拙政园	吴冠中.吴冠中素描选.成都：四川美术出版社，1983：4.	
图264 吴冠中，素描，1980，网师园石笋	吴冠中.吴冠中画册.北京：轻工业出版社，1986：45.	
图265 吴冠中，油彩，1991，拙政园；60×92	吴冠中.吴冠中画集（下）.南昌：江西美术出版社，2008：360.	
图266 吴冠中，墨彩，1983，狮子林之一	吴冠中.吴冠中画集.天津：天津人民美术出版社，1987：26.	
图267 吴冠中，墨彩，1983，狮子林之二；173×345	吴冠中.吴冠中画集.香港：德艺艺术公司，1987：62.	上海美术馆
图268 吴冠中先生在讲座中，青岛，1980年7月，孙力摄影	孙力供稿	
图269 吴冠中先生在讲座中，青岛，1980年7月，孙力摄影	孙力供稿	
图270 吴冠中先生1980年7月在青岛，孙力摄影	孙力供稿	
图271 吴冠中先生在青岛汇泉宾馆，1980年7月，孙力摄影	孙力供稿	
图272 吴冠中与夫人朱碧琴，1980年7月在青岛与学生们合影，孙力摄影	孙力供稿	
图273 吴冠中先生与张效孟在青岛汇泉宾馆，孙力摄影	孙力供稿	

图号、作者、媒介、日期、图名、尺寸（cm）	引自	现藏
图274 吴冠中，墨彩，1980（约），根	吴冠中.吴冠中画集.天津：天津人民美术出版社，1987：34.	
图275 吴冠中，素描，1980，根	吴冠中.吴冠中素描选.成都：四川美术出版社，1983：6.	
图276 吴冠中，素描，1980，青岛	吴冠中.吴冠中画册.北京：轻工业出版社，1986：54.	
图277 吴冠中，油彩，1980，侗家村寨；59×61	吴冠中.吴冠中画集.石家庄：河北美术出版社，1984：35.	
图278 吴冠中，油彩，1980，苗寨	吴冠中.吴冠中画册.北京：轻工业出版社，1986：72.	
图279 吴冠中，墨彩，1980，贵州江畔小镇；40×40	吴冠中.吴冠中画集（上）.南昌：江西美术出版社，2008：5.	
图280 吴冠中，墨彩，1979，雨后山村；69×68	吴冠中.吴冠中画集.香港：德艺艺术公司，1987：20.	
图281 吴冠中，素描，1980，麦熟（贵州）	吴冠中.吴冠中素描选.成都：四川美术出版社，1983：30.	
图282 吴冠中，素描，1980，原始林（贵州）	吴冠中.吴冠中素描选.成都：四川美术出版社，1983：29.	
图283 吴冠中，素描，1980，岩洞里（犀牛洞）	吴冠中.吴冠中素描选.成都：四川美术出版社，1983：34.	
图284 吴冠中，墨彩，1981，溶洞里；80×150	吴冠中.吴冠中画集.香港：德艺艺术公司，1987：32.	
图285 吴冠中，墨彩，1980（约），奔流	吴冠中.吴冠中画册.北京：轻工业出版社，1986：2.	
图286 吴冠中，墨彩，1986，山高水长；140×70	吴冠中.吴冠中画集.香港：德艺艺术公司，1987：107.	上海美术馆
图287 吴冠中，墨彩，1987，奔流	吴冠中.吴冠中画作诞生记.北京：人民美术出版社，2008：96.	
图288 吴冠中，素描，1980，大鱼岛一	吴冠中.吴冠中素描选.成都：四川美术出版社，1983：35.	
图289 吴冠中，素描，1980，海岛（大鱼岛）	吴冠中.吴冠中素描选.成都：四川美术出版社，1983：33.	
图290 吴冠中，素描，1980，大鱼岛二	吴冠中.吴冠中素描选.成都：四川美术出版社，1983：12.	

图号、作者、媒介、日期、图名、尺寸（cm）	引自	现藏
图291 吴冠中，墨彩，1983，渔村；70×140	吴冠中.吴冠中画集.香港：德艺艺术公司，1987：54.	
图292 吴冠中，素描，1980，孔林树	吴冠中.吴冠中画册.北京：轻工业出版社，1986：38.	
图293 吴冠中，素描，1980，孔林；27×37	吴冠中.吴冠中素描选.成都：四川美术出版社，1983：9.	
图294 吴冠中，素描，1980，入孔林；27×67	吴冠中.吴冠中艺术回顾展.上海：上海书店出版社，2005：180.	
图295 吴冠中，墨彩，1990，孔林；03×132	吴冠中.吴冠中画集（上）.南昌：江西美术出版社，2008：121.	
图296 吴冠中，墨彩，1980，孔林	吴冠中.吴冠中画作诞生记.北京：人民美术出版社，2008：47.	
图297 吴冠中，墨彩，1981，卧佛；90×180	吴冠中.吴冠中画集.香港：德艺艺术公司，1987：24.	
图298 吴冠中，素描，1981，十渡	吴冠中.天南地北.上海：上海文艺出版社，1984：65.	
图299 吴冠中，油彩，1981，碾子；46×36	吴冠中.吴冠中绘画形式分析.成都：四川美术出版社，1988：79.	上海美术馆
图300 吴冠中，墨彩，1996，碾子；70×70	吴冠中.吴冠中画集（上）.南昌：江西美术出版社，2008：202.	
图301 吴冠中，素描，1981，苇塘	吴冠中.吴冠中素描选.成都：四川美术出版社，1983：17.	
图302 吴冠中，素描，1981，春消息	吴冠中.吴冠中素描选.成都：四川美术出版社，1983：20.	
图303 吴冠中，墨彩，1981，江南小镇；60×80	吴冠中.吴冠中画集.石家庄：河北美术出版社，1984：47.	
图304 吴冠中，墨彩，1981，池塘；70×72	吴冠中.吴冠中画集.石家庄：河北美术出版社，1984：46.	
图305 吴冠中，墨彩，1981，双燕；70×140	吴冠中.吴冠中画集.香港：德艺艺术公司，1987：30.	
图306 吴冠中，墨彩，1996，双燕飞了(忆江南)；70×140	潘震宇.中华人民共和国文化部1999吴冠中艺术展作品集.南宁：广西美术出版社，1999：53.	

图号、作者、媒介、日期、图名、尺寸（cm）	引自	现藏
图307 吴冠中，墨彩，1981，家乡笋；70×140	郭庆祥，柴宁.吴冠中水墨里程.长沙：湖南美术出版社，2004：28.	
图308 吴冠中，素描，1981，家乡笋	吴冠中.吴冠中素描选.成都：四川美术出版社，1983：19.	
图309 吴冠中，墨彩，1981，桑园；70×140	吴冠中.吴冠中画集.香港：德艺艺术公司，1987：38.	
图310 吴冠中，油彩，1981，老屋（墙）；46×46	天津人民美术出版社出版的《画廊》1981年第七期：1.	
图311 吴冠中，油彩，1981，江南人家；61×45	天津人民美术出版社出版的《画廊》1981年第七期：2.	
图312 吴冠中，素描，1981，江南人家；34×24	吴冠中.吴冠中画集.香港：德艺艺术公司，1987：162.	
图313 吴冠中，油彩，1973，南瓜花；46×92	天津人民美术出版社出版的《画廊》1981年第七期：3.	
图314 吴冠中，油彩，1996，瓜藤；73×90	吴冠中.吴冠中艺术回顾展.上海：上海书店出版社，2005：86.	
图315 吴冠中，油彩，1972，柴扉；34×26	天津人民美术出版社出版的《画廊》1981年第七期：封里.	
图316 吴冠中，墨彩，1981，大漠；70×100	吴冠中.吴冠中画集.香港：德艺艺术公司，1987：36.	
图317 吴冠中，墨彩，1981，交河故城；110×102	吴冠中.吴冠中画集.香港：德艺艺术公司，1987：35.	
图318 吴冠中，墨彩，1981，高昌古城（高昌遗址）；101×105	吴冠中.吴冠中画集.天津：天津人民美术出版社，1987：43.	
图319 吴冠中，油彩，1981，新疆农家；54×62	吴冠中.吴冠中画集.石家庄：河北美术出版社，1984：39.	
图320 吴冠中，墨彩，1981，新疆农家；50×50	吴冠中.吴冠中画集（上）.南昌：江西美术出版社，2008：28.	
图321 吴冠中，油彩，1981，高原人家；58×80	吴冠中.吴冠中画集.石家庄：河北美术出版社，1984：328.	
图322 吴冠中，油彩，1981，阿尔泰山村；75×80	吴冠中.吴冠中画集（下）.南昌：江西美术出版社，2008：331.	
图323 吴冠中，墨彩，1981，阿尔泰山村；70×140	吴冠中.吴冠中画集.香港：德艺艺术公司，1987：78.	上海美术馆

图号、作者、媒介、日期、图名、尺寸（cm）	引自	现藏
图324 吴冠中，墨彩，1986，阿尔泰山；96.7×179.7	吴冠中.吴冠中画集（上）.南昌：江西美术出版社,2008：54.	
图325 吴冠中，墨彩，1981，白桦林；103×103	吴冠中.吴冠中（吴冠中艺术回顾展）.上海书店出版社,2005：159.	
图326 吴冠中，油彩，1981，白桦林；60×40	吴冠中.吴冠中画集（下）.南昌：江西美术出版社,2008：330.	
图327 吴冠中，墨彩，1981，根（根与瀑）；90×180	吴冠中.吴冠中画集.香港：德艺艺术公司,1987：22.	
图328 吴冠中，墨彩，1982，非洲之夜；103×107	吴冠中.吴冠中画集.香港：德艺艺术公司,1987：37.	
图329 吴冠中，水彩，1982，马里村头之一	吴冠中.吴冠中画集（下）.南昌：江西美术出版社,2008：460.	
图330 吴冠中，水彩，1982，马里村头之二	吴冠中.天南地北.上海：上海文艺出版社,1984：60.	
图331《东寻西找集》封面	作者	
图332《东寻西找集》扉页	作者	
图333 四川美术出版社出版的《吴冠中国画选》	作者	
图334 吴冠中，墨彩，1980，普陀山渡口	吴冠中.吴冠中国画选.成都：四川美术出版社,1982：15.	
图335 吴冠中，墨彩，1976，太湖梅园	吴冠中.吴冠中国画选.成都：四川美术出版社,1982：16.	
图336 吴冠中，墨彩，1980，夜渔港	吴冠中.吴冠中国画选.成都：四川美术出版社,1982：14.	
图337 吴冠中，墨彩，1980年代，林	吴冠中.吴冠中国画选.成都：四川美术出版社,1982：13.	
图338 吴冠中，墨彩，1979，春笋（缙云山中）	吴冠中.吴冠中国画选.成都：四川美术出版社,1982：3.	
图339 吴冠中，墨彩，1980年代，宋塑	吴冠中.吴冠中国画选.成都：四川美术出版社,1982：10.	
图340 吴冠中，墨彩，1979，嘉陵江岸	吴冠中.吴冠中国画选.成都：四川美术出版社,1982：4.	

图号、作者、媒介、日期、图名、尺寸（cm）	引自	现藏
图341 吴冠中，油彩，1979，嘉陵江边；61×46	范迪安.耕耘与奉献.北京：人民美术出版社，2009：286.	中国美术馆
图342 吴冠中，墨彩，1982，块垒；78×78	吴冠中.吴冠中画集.石家庄：河北美术出版社，1984：55.	
图343 吴冠中，墨彩，1982，春雪；70×70	吴冠中.吴冠中画集.天津：天津人民美术出版社，1987：47.	
图344 吴冠中，墨彩，1982，黄山日出；68×69	吴冠中.吴冠中画集.石家庄：河北美术出版社，1984：53.	
图345 吴冠中，墨彩，1982，冰湖；70×71	吴冠中.吴冠中画集.香港：德艺艺术公司，1987：51.	
图346 吴冠中，墨彩，1982，春雪（巴山）；70×140	吴冠中.吴冠中画集.香港：德艺艺术公司，1987：44.	
图347 吴冠中，墨彩，1983，春雪；70×140	吴冠中.吴冠中画集（上）.南昌：江西美术出版社，2008：36.	中国美术馆
图348 吴冠中，墨彩，1982，林与泉；140×70	吴冠中.吴冠中画集（上）.南昌：江西美术出版社，2008：29.	
图349 吴冠中，墨彩，1982，补网	吴冠中.吴冠中绘画形式分析.成都：四川美术出版社，1988：11.	
图350 吴冠中，墨彩，1988，补网	吴冠中.吴冠中画作诞生记.北京：人民美术出版社，2008：102.	
图351 吴冠中，墨彩，1982，忆江南；70×140	吴冠中.吴冠中画集.香港：德艺艺术公司，1987：42.	
图352 吴冠中，素描，1982，茅盾故乡乌镇	吴冠中.吴冠中素描选.成都：四川美术出版社，1983：18.	
图353 吴冠中，素描，1982，苏州（水巷）	吴冠中.吴冠中素描选.成都：四川美术出版社，1983：11.	
图354 吴冠中，素描，1982，华山	吴冠中.吴冠中素描选.成都：四川美术出版社，1983：36.	
图355 吴冠中，素描，1982，西岳华山	吴冠中.吴冠中素描选.成都：四川美术出版社，1983：15.	
图356 吴冠中，墨彩，1982，苍龙岭（华山）；70×140	吴冠中.吴冠中画集.石家庄：河北美术出版社，1984：63.	

图号、作者、媒介、日期、图名、尺寸（cm）	引自	现藏
图357 吴冠中，素描，1982，石塘渔村	吴冠中.吴冠中素描选.成都：四川美术出版社，1983：39.	
图358 吴冠中，素描，1982，浙江石塘	吴冠中.天南地北.上海：上海文艺出版社，1984：56.	
图359 吴冠中，油彩，1980，渔船（石塘）；46×60	吴冠中.吴冠中素描选.成都：四川美术出版社，1983：40.	
图360 吴冠中，墨彩，1982，渔港（石塘）；68×98	吴冠中.吴冠中画集.石家庄：河北美术出版社，1984：56.	
图361 吴冠中，素描，1982，石塘；40×58	吴冠中.吴冠中艺术回顾展.上海：上海书店出版社，2005：76.	
图362 吴冠中，素描，1982，渔船	吴冠中.吴冠中画集.石家庄：河北美术出版社，1984：38.	
图363 吴冠中，素描，1980，渔船（石塘）	吴冠中.天南地北.上海：上海文艺出版社，1984：19.	
图364 请教吴先生词条等的活页纸及吴师的回复（4幅）	作者	
图365 吴冠中，墨彩，1983，汉柏；149×365	吴冠中.吴冠中画集.香港：德艺艺术公司，1987：58.	
图366 吴冠中，墨彩，1994，苏醒之一；150×360	吴冠中.吴冠中画集（上）.南昌：江西美术出版社，2008：182.	
图367 吴冠中，墨彩，1995，苏醒之二；70×140	吴冠中.吴冠中画集（上）.南昌：江西美术出版社，2008：186.	
图368 吴冠中，墨彩，1992，汉柏之一；96×180	吴冠中.吴冠中画集（上）.南昌：江西美术出版社，2008：152.	
图369 吴冠中，墨彩，1992，汉柏之二；124×248	吴冠中.吴冠中画集（上）.南昌：江西美术出版社，2008：154.	
图370 天津人民美术出版社的《吴冠中画集》封面	作者	
图371《吴冠中画集》前言	作者	
图372 吴冠中，油彩，1972，微山湖	吴冠中.吴冠中画集.天津：天津人民美术出版社，1987：1.	
图373 吴冠中，油彩，1980，奔流	吴冠中.吴冠中画集.天津：天津人民美术出版社，1987：25.	

图号、作者、媒介、日期、图名、尺寸（cm）	引自	现藏
图374 吴冠中，墨彩，约1980年代，松云	吴冠中.吴冠中画集.天津：天津人民美术出版社，1987：33.	
图375 吴冠中，油彩，1972，瓜藤；40×92	吴冠中.吴冠中画集.天津：天津人民美术出版社，1987：6.	
图376 吴冠中，油彩，1972，野菊；50×540	吴冠中.吴冠中画集.天津：天津人民美术出版社，1987：4.	
图377 吴冠中，墨彩，1982，华山	吴冠中.吴冠中画集.天津：天津人民美术出版社，1987：40.	
图378 吴冠中，墨彩，1983，狮子林	吴冠中.吴冠中画集.天津：天津人民美术出版社，1987：26.	
图379 吴冠中，墨彩，1980，北国风光（渡河）；90×160	吴冠中.吴冠中画集.天津：天津人民美术出版社，1987：27.	
图380 《西方现代艺术史》封面	作者	
图381 吴先生写的《西方现代艺术史》前言	作者	
图382 吴冠中，素描，1983，火把节(A)；23.6×28.1	郭庆祥，柴宁.吴冠中水墨里程.长沙：湖南美术出版社，2004：131.	
图383 吴冠中，素描，1983，火把节(B)；23.6×28.1	郭庆祥，柴宁.吴冠中水墨里程.长沙：湖南美术出版社，2004：132.	
图384 吴冠中，素描，1983，火把节斗牛图	吴冠中.吴冠中画册.北京：轻工业出版社，1986：51.	
图385 吴冠中，素描，1983，凉山	吴冠中.吴冠中画册.北京：轻工业出版社，1986：50.	
图386 吴冠中，素描，1983，木里道中	吴冠中.吴冠中画册.北京：轻工业出版社，1986：64.	
图387 河北美术出版社的《吴冠中画集》封面	作者	
图388 河北美术出版社的《吴冠中画集》扉页	作者	
图389 吴冠中，油彩，1974，羊与泉；46×61	吴冠中.吴冠中画集.石家庄：河北美术出版社，1984：15.	
图390 吴冠中，油彩，1974，古长城下；46×61	吴冠中.吴冠中画集.石家庄：河北美术出版社，1984：14.	

图号、作者、媒介、日期、图名、尺寸（cm）	引自	现藏
图391 吴冠中，油彩，1972，岩下玉米；46×61	吴冠中.吴冠中画集.石家庄：河北美术出版社，1984：6.	上海美术馆
图392 吴冠中，油彩，1972，高粱；46×61	吴冠中.吴冠中画集.石家庄：河北美术出版社，1984：7.	
图393 吴冠中，墨彩，1979，黄山；98×55	吴冠中.吴冠中画集.石家庄：河北美术出版社，1984：43.	
图394 吴冠中，墨彩，1983，日照华山；70×140	吴冠中.吴冠中画集.石家庄：河北美术出版社，1984：57.	
图395 吴冠中，墨彩，1979，水田；92×100	吴冠中.吴冠中画集.石家庄：河北美术出版社，1984：42.	
图396 吴冠中，墨彩，1979，海之晨；35×35	吴冠中.吴冠中画集.石家庄：河北美术出版社，1984：41.	
图397 吴冠中，墨彩，1981，小村；35×35	吴冠中.吴冠中画集.石家庄：河北美术出版社，1984：50.	
图398 吴冠中，墨彩，1981，滨江小镇；35×38	吴冠中.吴冠中画集.石家庄：河北美术出版社，1984：51.	
图399 吴冠中，墨彩，1980，普陀；90×90	吴冠中.吴冠中画集.石家庄：河北美术出版社，1984：44.	中国美术馆
图400 吴冠中，墨彩，1983，园林；31×50	吴冠中.吴冠中画集.石家庄：河北美术出版社，1984：62.	
图401 吴冠中，墨彩，1983，大江东去；97×181	吴冠中.吴冠中画集.石家庄：河北美术出版社，1984：59.	
图402 吴冠中，素描，1983，黄山石	吴冠中.吴冠中画册.北京：轻工业出版社，1986：37.	
图403 吴冠中，素描，1983，黄山峰	吴冠中.吴冠中画册.北京：轻工业出版社，1986：35.	
图404 吴冠中，素描，1983，黄山西海群峰；29×40	吴冠中.吴冠中艺术回顾展.上海：上海书店出版社，2005：175.	
图405 吴冠中，素描，1983，黄山晴日	吴冠中.吴冠中画册.北京：轻工业出版社，1986：48.	
图406 吴冠中，墨彩，1983，黄山云海(忆黄山)；35×45	吴冠中.吴冠中画册.北京：轻工业出版社，1986：20.	中国美术馆
图407 吴冠中，墨彩，1983，黄山；69×63	吴冠中.吴冠中画集.香港：德艺艺术公司，1987：48.	

图号、作者、媒介、日期、图名、尺寸（cm）	引自	现藏
图408 吴冠中，墨彩，1983，飞白；70×140	吴冠中.吴冠中画集.香港：德艺艺术公司，1987：60.	
图409 吴冠中，墨彩，1983，雪山与杜鹃；70×140	吴冠中.吴冠中画集.石家庄：河北美术出版社，1984：59.	
图410 吴冠中，素描，1984，龙门石佛	吴冠中.吴冠中画册.北京：轻工业出版社，1986：33.	
图411 吴冠中，素描，1984，神女峰下（一）	吴冠中.吴冠中画册.北京：轻工业出版社，1986：30.	
图412 吴冠中，素描，1984，神女峰下（二）	吴冠中.吴冠中画册.北京：中国轻工业出版社，1986：31.	
图413 吴冠中，墨彩，1985，巫峡魂；182×375	吴冠中.吴冠中画集（上）.南昌：江西美术出版社，2008：44.	
图414 吴冠中，素描，1984，今日巴东	吴冠中.吴冠中画册.北京：轻工业出版社，1986：47.	
图415 吴冠中，墨彩，1984，神女在望；70×140	吴冠中.吴冠中画集.香港：德艺艺术公司，1987：76.	
图416 吴冠中，素描，1984，江岸（巫山）	吴冠中.吴冠中画册.北京：轻工业出版社，1986：49.	
图417 吴冠中，墨彩，1984，小三峡里人家；49×47	吴冠中.吴冠中画集.香港：德艺艺术公司，1987：49.	
图418 吴冠中，墨彩，1983，石寨	香港《明报》月刊1984年7月号223期：50.	
图419 吴冠中，油彩，1972，丝瓜；28×36	香港《明报》月刊1984年7月号223期：封里.	
图420 吴冠中，油彩，1980，水乡（水上人家）；46×61	香港《明报》月刊1984年7月号223期：49.	中国美术馆
图421 吴冠中，素描，1984，茶座；29×49	吴冠中.吴冠中画集.香港：德艺艺术公司，1987：165.	
图422 吴冠中，墨彩，1984（约），四川人家	吴冠中.荣宝斋画谱（四十四）.北京：荣宝斋，1991：39.	
图423 吴冠中，素描，1984，江边小舟	吴冠中.吴冠中画册.北京：轻工业出版社，1986：58.	
图424 吴冠中，墨彩，1984（约），天府梯田；70×140	吴冠中.吴冠中画集（上）.南昌：江西美术出版社，2008：106.	

图号、作者、媒介、日期、图名、尺寸（cm）	引自	现藏
图425 吴冠中，素描，1982，滨江竹丛	吴冠中.吴冠中画册.北京：轻工业出版社，1986：66.	
图426 吴冠中，素描，1984，根	吴冠中.吴冠中画册.北京：轻工业出版社，1986：61.	
图427 吴冠中，墨彩，1984，青衣江；48×44	吴冠中.吴冠中画集.香港：德艺艺术公司，1987：46.	
图428 吴冠中，素描，1984，黄河壶口；24×57	吴冠中.吴冠中艺术回顾展.上海：上海书店出版社，2005：172.	
图429 吴冠中，墨彩，1984，咆哮；96×180	吴冠中.吴冠中画集.香港：德艺艺术公司，1987：74.	
图430 吴冠中，墨彩，1986，黄河东去；96×180	吴冠中.吴冠中画集.香港：德艺艺术公司，1987：86.	
图431 吴冠中，墨彩，1997，黄河；145×368	吴冠中.吴冠中艺术回顾展.上海：上海书店出版社，2005：140.	上海美术馆
图432 吴冠中，素描，1984，乌江人家	吴冠中.吴冠中画册.北京：轻工业出版社，1986：62.	
图433 吴冠中，墨彩，1986，乌江；70×140	吴冠中.吴冠中画集.香港：德艺艺术公司，1987：98.	
图434 吴冠中，墨彩，1985，大江东去；92×180	吴冠中.吴冠中画集.香港：德艺艺术公司，1987：102.	
图435 吴冠中，墨彩，1984，长河落日；70×140	吴冠中.吴冠中画集.香港：德艺艺术公司，1987：70.	
图436 吴冠中，素描，1984，葛洲坝工区	吴冠中.吴冠中画册.北京：轻工业出版社，1986：34.	
图437 吴冠中，墨彩，1985，话说葛洲坝；96×134	吴冠中.吴冠中画集.香港：德艺艺术公司，1987：88.	
图438 吴冠中，线描淡彩，1985，香港；26×59	吴冠中.吴冠中画集.香港：德艺艺术公司，1987：158.	
图439 吴冠中，墨彩，1997，都市之夜，细部之一	同上	
图440 吴冠中，墨彩，1997，都市之夜，细部之二	同上	
图441 吴冠中，墨彩，1997，都市之夜；145×368	范迪安.耕耘与奉献.北京：人民美术出版社，2009：332.	

图号、作者、媒介、日期、图名、尺寸（cm）	引自	现藏
图442 吴冠中，墨彩，1999，窗之眼；48×56	潘震宇.中华人民共和国文化部1999吴冠中艺术展作品集.南宁：广西美术出版社，1999：153.	
图443 吴冠中，墨彩，窗之眼细部	潘震宇.中华人民共和国文化部1999吴冠中艺术展作品集.南宁：广西美术出版社，1999：152.	
图444 吴冠中，墨彩，1985，家；48×59	吴冠中.吴冠中画集.香港：德艺艺术公司，1987：117.	
图445 吴冠中，墨彩，1985，山镇；69×69	吴冠中.吴冠中画集.香港：德艺艺术公司，1987：92.	
图446 吴冠中，墨彩，1985，老街；97×52	吴冠中.吴冠中画集.香港：德艺艺术公司，1987：83.	
图447 吴冠中，墨彩，1986，水乡周庄；70×140	吴冠中.吴冠中画集.香港：德艺艺术公司，1987：104.	
图448 吴冠中，素描，1985，水乡周庄；24×58	吴冠中.吴冠中艺术回顾展.上海：上海书店出版社，2005：169.	
图449 吴冠中，墨彩，1986，大宅；70×104	吴冠中.吴冠中画集.香港：德艺艺术公司，1987：100.	
图450 吴冠中，墨彩，1992，黑白故里；70×140	范迪安.耕耘与奉献.北京：人民美术出版社，2009：290.	新加坡美术馆
图451 吴冠中，墨彩，1986，藤与墙；70×140	吴冠中.吴冠中画集.香港：德艺艺术公司，1987：108.	
图452 吴冠中，墨彩，1991，北国春；70×140	郭庆祥，柴宁.吴冠中水墨里程.长沙：湖南美术出版社，2004：42.	
图453 吴冠中，墨彩，1997，照壁；68×138	范迪安.耕耘与奉献.北京：人民美术出版社，2009：328.	上海美术馆
图454 吴冠中，墨彩，1997，墙上秋色；145×365	范迪安.耕耘与奉献.北京：人民美术出版社，2009：326.	上海美术馆
图455 吴冠中，墨彩，1999，墙上姻亲；70×140	范迪安.耕耘与奉献.北京：人民美术出版社，2009：340.	和和美术馆
图456 吴冠中，油彩，1985，鱼乐；73×61	吴冠中.吴冠中画集.香港：德艺艺术公司，1987：156.	上海美术馆
图457 吴冠中，油彩，1985，江南村镇；73×61	吴冠中.吴冠中画集.香港：德艺艺术公司，1987：152.	

图号、作者、媒介、日期、图名、尺寸（cm）	引自	现藏
图458 吴冠中，油彩，1985，门户；73×61	吴冠中.吴冠中画集.香港：德艺艺术公司，1987：155.	
图459 吴冠中，油彩，1985，中流；73×61	吴冠中.吴冠中画集.香港：德艺艺术公司，1987：154.	
图460 吴冠中，油彩，1985，家；62×73.5	吴冠中.吴冠中画集（下）.南昌：江西美术出版社，2008：332.	
图461 吴冠中，油彩，1985，竹海；76×76	吴冠中.吴冠中画集.香港：德艺艺术公司，1987：157.	
图462 吴冠中，墨彩，1985，瀑；146×290	吴冠中.吴冠中画集.香港：德艺艺术公司，1987：94.	
图463 吴冠中，墨彩，1985，瑶池；95×180	吴冠中.吴冠中画集.香港：德艺艺术公司，1987：96.	
图464 吴冠中，墨彩，1985，大江东去；92×180	吴冠中.吴冠中画集.香港：德艺艺术公司，1987：102.	
图465 吴冠中，墨彩，1985，白桦；140×70	吴冠中.吴冠中画集.香港：德艺艺术公司，1987：93.	
图466 吴冠中，墨彩，1985，奔流；90×96	吴冠中.吴冠中画集.香港：德艺艺术公司，1987：82.	
图467 吴冠中，墨彩，1985，松与藤；70×140	吴冠中.吴冠中画集.香港：德艺艺术公司，1987：84.	
图468 吴冠中，墨彩，1985，周庄；34×39	吴冠中.吴冠中画集（上）.南昌：江西美术出版社，2008：43.	
图469 吴先生早期的画册	作者	
图470 熊秉明为《吴冠中画集》写《序》复印稿	作者	
图471 布置在香山饭店的赵无极作品之一	作者	
图472 布置在香山饭店的赵无极作品之二	作者	
图473 吴冠中，墨彩，1986，长城（立幅）；180×90	吴冠中.吴冠中画集.香港：德艺艺术公司，1987：91.	
图474 吴冠中，墨彩，1986，长城（横幅）	吴冠中.吴冠中国画选.成都：四川美术出版社，1982：11.	

图号、作者、媒介、日期、图名、尺寸（cm）	引自	现藏
图475 吴冠中，墨彩，1986，春秋之一；82×97	吴冠中.吴冠中画集.香港：德艺艺术公司，1987：90.	
图476 吴冠中，墨彩，1986，春秋之二；148×192	吴冠中.吴冠中画集（上）.南昌：江西美术出版社，2008：52.	
图477 吴冠中，墨彩，1986，芦苇；50×50	吴冠中.吴冠中画集（上）.南昌：江西美术出版社，2008：48.	
图478 吴冠中，墨彩，1986，养鸭场	吴冠中.荣宝斋画谱（四十四）.北京：荣宝斋，1991：29.	
图479 吴冠中，墨彩，1986，松曲；70×69	吴冠中.吴冠中画集.香港：德艺艺术公司，1987：113.	
图480 吴冠中，墨彩，1986，田；61×70	吴冠中.吴冠中画集.香港：德艺艺术公司，1987：110.	
图481 吴冠中，墨彩，1986，鱼乐；61×64	吴冠中.吴冠中画集.香港：德艺艺术公司，1987：115.	
图482 吴冠中，墨彩，1986，小巷；54×48	吴冠中.吴冠中画集.香港：德艺艺术公司，1987：112.	
图483 吴冠中，墨彩，1986，渔港；98×73	吴冠中.吴冠中画集.香港：德艺艺术公司，1987：116.	
图484 吴冠中，墨彩，1986，天池；95×180	吴冠中.吴冠中画集.香港：德艺艺术公司，1987：96.	
图485 吴冠中，墨彩，1986，春山雪霁；70×140	吴冠中.吴冠中画集.香港：德艺艺术公司，1987：120.	新加坡美术馆
图486 吴冠中，墨彩，1986，华山松；70×140	吴冠中.吴冠中画集.香港：德艺艺术公司，1987：118.	
图487 吴冠中，墨彩，1986，雪	吴冠中.荣宝斋画谱（四十四）.北京：荣宝斋，1991：13.	
图488 吴冠中，墨彩，1986，园林石；68×58	吴冠中.吴冠中画集.香港：德艺艺术公司，1987：111.	
图489 吴冠中，墨彩，1986，园林石笋；76×69	吴冠中.吴冠中画集.香港：德艺艺术公司，1987：114.	
图490 吴冠中，素描，1987，印度花市；33×24	吴可雨.吴冠中.石家庄：河北教育出版社，2006：235.	
图491 吴冠中，油彩，1987，印度妇女	吴冠中.吴冠中画作诞生记.北京：人民美术出版社，2008：94.	

图号、作者、媒介、日期、图名、尺寸（cm）	引自	现藏
图492 香港，德艺艺术公司出版的《吴冠中画集》封面，1987；书名为林风眠先生所题	作者	
图493 吴先生所赠部分画册和文献	作者	
图494 吴先生所赠部分文献扉页的改赠题：（1）《吴冠中素描选》，（2）《天南地北》	作者	
图495 吴冠中，油彩，1987，山城鱼池；105.5×78	吴冠中.吴冠中画集（上）.南昌：江西美术出版社，2008：335.	
图496 吴冠中，油彩，1987，旅途；46×54	范迪安.耕耘与奉献.北京：人民美术出版社，2009：116.	上海美术馆
图497 吴冠中，墨彩，1987，残荷；81×96	吴冠中.吴冠中画集（上）.南昌：江西美术出版社，2008：60.	
图498 吴冠中，墨彩，1987，北武当山；90×69	吴冠中.吴冠中画集（上）.南昌：江西美术出版社，2008：56.	
图499 吴冠中，墨彩，1987，海风；60×97	吴冠中.吴冠中画集（上）.南昌：江西美术出版社，2008：64.	
图500 吴冠中，墨彩，1987，松林；88×69	吴冠中.吴冠中画集（上）.南昌：江西美术出版社，2008：58.	
图501 崂山写生留影，1970年代初	作者	
图502 张效孟，水彩，1982，观象山远眺	张效孟供稿	
图503 张效孟，水彩，1978，岛城之夜	张效孟供稿	
图504 张效孟，水彩，2010，华灯初上	张效孟供稿	
图505 张效孟，水彩，1993，岸边夕阳	张效孟供稿	
图506 张效孟，水彩，2008，秋韵	张效孟供稿	
图507 效孟（左）与德侬写生，1975年11月，孙力摄影	孙力供稿	

图号、作者、媒介、日期、图名、尺寸（cm）	引自	现藏
图508 寿宾(近处作画者)与德侬写生，1975年11月，孙力摄影	孙力供稿	
图509 俞寿宾，水粉，1978，雪松	俞寿宾供稿	
图510 俞寿宾，水粉，2002，礁石	俞寿宾供稿	
图511 俞寿宾，水彩，2007，晨练（红方格坐标纸）	俞寿宾供稿	
图512 俞寿宾，水彩，2006，千丝万缕织秋色	俞寿宾供稿	
图513 俞寿宾，水彩，2005，教堂晨曦（红方格坐标纸）	俞寿宾供稿	
图514 效孟、寿宾和德侬（自右向左）重访崂山，2010年9月		

参考文献

[1] 张梅孙等.水彩技法经验谈.上海：上海人民美术出版社，1964.
[2] 吴冠中.吴冠中彩画素描选.济南：山东省第一轻工业科学研究所，1975.
[3] 吴冠中.吴冠中画选.北京：人民美术出版社，1979.
[4] 吴冠中.吴冠中油画写生.上海：上海人民美术出版社，1979.
[5] 徐邦达.中国绘画史图录（上、下）.上海：上海人民美术出版社，1981.
[6] 吴冠中.望尽天涯路.人民文学，1982(10).
[7] 吴冠中.东寻西找集.成都：四川美术出版社，1982.
[8] 吴冠中.吴冠中国画选.成都：四川美术出版社，1982.
[9] 吴冠中.吴冠中素描选.成都：四川美术出版社，1983.
[10] 吴冠中.天南地北.上海：上海文艺出版社，1984.
[11] 吴冠中.吴冠中画集.石家庄：河北美术出版社，1984.
[12] 吴冠中.风筝不断线.成都：四川美术出版社，1985.
[13] 吴冠中.吴冠中画册.北京：中国轻工业出版社，1986.
[14] H.H.阿纳森.西方现代艺术史.天津：天津人民美术出版社，1986.
[15] 吴冠中.吴冠中画集.香港：德艺艺术公司，1987.
[16] 吴冠中.吴冠中画集.天津：天津人民美术出版社，1987.
[17] 吴冠中.吴冠中绘画形式分析.成都：四川美术出版社，1988.
[18] 吴冠中.吴冠中文集.成都：四川美术出版社，1989.
[19] （日）西武百货店，北京荣宝斋.吴冠中.西武百货店，1989.
[20] 吴冠中.荣宝斋画谱（四十四）（山水部分吴冠中绘）.北京：荣宝斋，1991.
[21] 吴冠中.吴冠中92'新作选.香港：一画廊，1992.
[22] 吴冠中.夕照看人体.新加坡：达艺作坊，1992.

[23] 翟墨.圆了彩虹.北京：人民文学出版社，1997.
[24] 吴冠中.沧桑入画.上海：上海学林出版社，1997.
[25] 吴冠中.画外话·吴冠中卷.北京：人民文学出版社，1999.
[26] 何冰，翟墨.论吴冠中.南宁：广西美术出版社，1999.
[27] 潘震宇.中华人民共和国文化部1999吴冠中艺术展作品集.南宁：广西美术出版社，1999.
[28] 卢炘.中国名画家全集潘天寿·石家庄：河北教育出版社，2000.
[29] BIAD传媒《建筑创作》杂志社·2007-2009中国建筑设计年度报告·天津：天津大学出版社，2001.
[30] 郭庆祥，柴宁.情感·创新吴冠中水墨里程.长沙：湖南美术出版社，2004.
[31] 吴冠中.我负丹青.北京：人民文学出版社，2004.
[32] 吴冠中.画外文思.北京：人民文学出版社，2005.
[33] 吴冠中.吴冠中（吴冠中艺术回顾展）.上海：上海书店出版社，2005.
[34] 吴可雨.吴冠中.石家庄：河北教育出版社，2006.
[35] 吴冠中.吴带当风.济南：山东画报出版社，2008.
[36] 吴可雨，李大均.吴冠中2000-2003年作品年鉴.长沙：湖南美术出版社，2008.
[37] 吴冠中.吴冠中画集（上卷，下卷）.南昌：江西美术出版社，2008.
[38] 吴冠中.吴冠中画作诞生记.北京：人民美术出版社，2008.
[39] 吴冠中.吴冠中文丛（1-7）.北京：团结出版社，2008.
[40] 范迪安.耕耘与奉献——吴冠中捐赠作品集.北京：人民美术出版社，2009.
[41] 吴冠中.吴冠中画语录.北京：人民文学出版社，2009.

后 记

2005年9月，接到了吴先生说要出《全集》的电话后，我在准备资料的同时，给他写了一封信——我已经很久没有给他写信了。

信中，向他报告了我近年的状况，并告之已经动手写一个《吴冠中艺术的黎明》的稿子，打算通过他当年给我的信件，加上一点当时的背景，附上一些相关的作品，希望能较为形象地表现吴先生从"文革"后期顶着"四人帮"文艺路线的恶风，向吴冠中艺术高峰攀登的那个历史阶段。我在此信的署名前面，加了"吴茶门外走狗"几个字，用美术史中曾有过的方式，表达我这个年近70的建筑艺徒对吴冠中及吴冠中艺术的崇敬和向往。

10月9日我送搜集到的作品反转片到方庄吴师住所。谈话间我对他说，我看到先生出的几本著作装帧素雅、印刷精美，就给编辑写了一信，打算询问一下如何处理这类带有信件的书稿。那编辑可能把我当成了骗子，没有理我。吴先生听后笑道："若出版有困难可以联系此人"，并顺手写了一个手机号码给我。此后，书稿没有进展，我遇到一系列家庭之不幸：老母生病去世，老伴患疾行动不便，我自己的健康也出了问题。

2007年吴先生来信，要我寄去以往通信的复印件，说要整理资料，这就是后来附在《老树年轮》中他给我的那些信。虽然这事儿促我对久无进度的书稿着急，但现实依然只允许我打打停停。

直到2009年夏，我才有可能重新开始集中精力写这部书稿。我与寿宾、效孟频繁地交流，我计划第一稿完后，用大字打一份请吴先生审视，也希望他能写几个字。我还计划去青岛，三人对面审查稿中所述事件有无出入，尤其是吴先生的谈话是否准确。我还提出，三个70岁的老汉合拍一幅照片放在书里，与当年三个毛头小伙子加以对比，岂不有趣。

正当第一稿紧张进行之际，2010年5月7号的早上我忽然发现自己嘴歪了，医生诊断为"面神经麻痹"，幸好不是中风。我不得不再次停止工作，经一个月紧张、全面地治疗，"狰狞的面目"才逐渐消退，我试着重新工作。

6月26号中午，我从电视得知吴先生去世的消息，一霎时，全身瘫软，像是漂在水上，没有着落，大不幸的事情提前发生了。其实此前我在网上也见到过吴师患癌症的传言，但出自对网络消息可靠性的警惕，而且看到他和师母都好好的，所以我一直不信也不问。吴先生体瘦但一团精神，生活习惯健康，在世的一些百岁画家也有所不及，他实在去得过早。自那天起，我开始发愣，什么也干不下去。

我记得他说过，要找他，"到画里去"，因此我再次重温他的文字，详读并扫描他的画作。月余下来，倒有一些新的领悟，心情逐渐明朗。吴先生的一生十分完整：他想画的都画出来了，想写的都写了，想说的也都说了。他把作品献给世界，把著作传给后世，可以说没留大的遗憾。

有一次我对吴先生说，如果先生要建纪念馆，由我来做。他马上反问道："要那东西做什么？""那是坟墓！"确实，想念他"到画里去"，到他的文字里，那才是能够近距离看到他本人、与他亲密交流的地方。

在这段"发愣"的时段，不经意中，我竟然扫描了他约700幅画作，这样算来，并没有完全停止工作。8月，我完成了第一稿，改名为《看吴冠中艺术之日出》。

我把第一稿发给自认为可能提出意见来的几位"老中青"朋友，并收到他们许多中肯的意见，这里一并感谢他们的热心！寿宾是此稿最严格的审视人，不但直率地对内容、字句提出建议，还以审查设计图纸尺寸的精细，找出了当年录入书信时的误读等错误。尽管他是"义不容辞"，还是要衷心感谢他。效孟提出了一些我不知情的事件，充实了此稿的内容，真诚感谢这又一位"义不容辞"的人。

邹禾提出书名有些啰嗦，不如叫《看日出》，他说有一部记述日本电影导演黑泽明的书叫《等云到》，名字简洁，印象深刻。经再三斟酌，遂改成现名《看日出——吴冠中老师66封信中的世界》。

9月7日至9日,我去青岛会见效孟和寿宾,我们三人以特有的"仪式"——去崂山重履追随吴师写生的路线,来纪念我们崇敬的老师。多谢效孟的两位公子张健和张健波的安排和照应,能让我们去圆一个重温35年前"崂山闻道"处的梦。

可惜的是,大建设让这片海岸变成了城镇,要找当年写生的场景,还是得回到梦中。唯有路边竖起一块刻着"返岭村"的巨石,标出了我们曾经上上下下的山村位置,但那是前几年才树立的,不是遗迹。

花了两天的时间,实现了三人对面审视书稿的愿望。他们两位表示,所记吴先生的谈话,已经比较真实、传神。这不但因他们的回忆和补充,还要庆幸我当年的一点记录,真体会了"好脑筋不如赖笔头"乃至理名言。

第二和第三稿,我是用减法来处理的。近期再读吴先生的文字之后,更深切地认识到,有他的文字在,外人对他经历的叙述、作品的解释基本都是蛇足。所以,在工作中适当删减了叙述,同时尽量充实一些史实,也订正了一些错误。由此也想到,应当紧急展开一项课题,趁与他接近的学生、友好还在,发掘、整理出一个"吴门论语",那将是编纂他绘画、文字《全集》之后最有意义的工作。

2010年12月的最后一天,我把完成的稿子发给了出版社,这是我至今写作最努力也是文字最少的一本书。当然,其中的错漏、不足肯定不少,真诚期望读者给予批评指正。

衷心感谢中国建筑工业出版社的有关领导和责任编辑,他们在三五天之内就完成了批准出版计划的全过程。这本书出自"建筑口",彰显了吴冠中艺术除绘画领域之外的普遍意义,在美术界以外,不但建筑界最熟悉他,热爱他,事实上,吴冠中艺术的影响,早已超越了艺术"边界",连我们这三个美术行业的"业外人士",也能体验吴冠中艺术的真谛,并从中汲取营养和力量,在不同的职业生涯中取得成绩,这足以说明吴冠中艺术思想和实践跨行业的普适性。我们的"美术生涯"还生动说明,少年时代的美术教育乃至其他艺术教育,不但可以教化"美盲",健全人的修养,而且对于开发人的想象力和动手能力,培养合格的劳动者,具有不可替代的作用。

特别感谢吴可雨先生，慨然应允我在书中使用吴冠中老师的信件以及大量的绘画作品，使得这部著作有了灵魂。

十分感谢责任编辑王莉慧女士，她不赶风头，不惜时日，要出一部独具特色好书的决心和行动让我感动，促使我的工作不敢懈怠。

还要多谢美术编辑、当年吴先生的学生付金红女士，读者看到此书的第一美好印象以及无处不在的形式美感，是她创造的。

中国建筑设计研究院的摄影专家张广源先生多年支持我的研究工作，这次他亲自为我拍摄了吴先生赠我的原作，真让我感激不尽。

建筑出版界权威性的资深编审王伯扬总编辑在审查此稿后写的那些文字，让我深受感动和鼓励，十分感谢他的友情和赠言。

最后，深情地感激已经住进医院的我的夫人刘永志女士，是她当年花费大量时间把吴先生手写的字迹以及其他文献变成清晰的电子文件，还替我校对大量稿件，希望她看到此书后感到宽慰。

邹德侬
2011年4月3日于《有无书斋》